나의 인생 나의 철학

지은이 **라인홀드 메스너**Reinhold Messner

1944년생. 다섯 살에 처음으로 산에 오르고, 세계의 고산과 황무지를 수없이 여행했다. 히말라야 8천 미터급 고봉 14개를 역사상 처음으로 완등하고 그린란드와 남극대륙을 횡단했다. 현재 '메스너 산악박물관(MMM)'과 많은 저술을 통해 자신의 등산세계를 피력하고 있다. 그의 많은 저서 가운데 국내에 소개된 것으로는 『모험으로의 출발』『나는 살아서 돌아왔다』『제7급』『도전』『자유로운 영혼』『히말라야 설인』『산은 내게 말한다』『에베레스트의 미스터리』『벌거벗은 산』『내 안의 사막, 고비를 건너다』『죽음의 지대』『정상에서』『검은 고독 흰 고독』『세로 토레』 등이 있다.

옮긴이 **김영도**

1977년 한국에베레스트원정대 대장, 1978년 한국북극탐험대 대장, 한국등산연구소 소장 등을 지냈다. 그는 『우리는 산에 오르고 있는가』『나는 이렇게 살아왔다』『산에서 들려오는 소리』『서재의 산악인』 등을 집필했으며, 『검은 고독 흰 고독』『제7급』『8000미터 위와 아래』『죽음의 지대』『내 생애의 산들』『세로 토레』『무상의 정복자』『RICCARDO CASSIN』『하늘에서 추락하다』『산의 비밀』『太陽의 한 조각』 등을 우리말로 옮겼다. 현재는 한국산서회 고문을 맡고 있다.

* 이 도서의 국립중앙도서관 출판예정도서목록(CIP)은 서지정보유통지원시스템
홈페이지(http://seoji.nl.go.kr)와 국가자료공동목록시스템(http://www.nl.go.kr/kolisnet)에서
이용하실 수 있습니다.(CIP제어번호: CIP2016021268)

나의 인생

세기의 철인 메스너 인생론

나의 철학

라인홀드 메스너 지음
김영도 옮김

하루재클럽

세기의 철인 메스너 인생론

나의 인생 나의 철학

초판 2쇄 2021년 9월 14일

지은이 라인홀드 메스너Reinhold Messner

옮긴이 김영도

펴낸이 변기태

펴낸곳 하루재 클럽

주소 (우) 06524 서울특별시 서초구 나루터로 15길 6(잠원동) 신사 제2빌딩 702호

전화 02-521-0067

팩스 02-565-3586

이메일 haroojaeclub@naver.com

출판등록 제2011-000120호(2011년 4월 11일)

윤문 김동수, 선근혜

편집 유난영

디자인 장선숙

ISBN 978-89-967455-6-3 03900

* 책값은 뒤표지에 있습니다.

사람은 누구나 유용한 것을 이용할 줄 안다.
그러나 무용한 것을 이용할 줄 아는 사람은 없다.

장자莊子

차례

II ÜBERLEBEN

생존

III ÜBER LEBEN
인생

책머리에

내가 지금까지 대자연 황무지에서의 느낌을 쓴 글이 셀 수 없을 정도로 많다. 내가 내 방식의 모험을 어떻게 생각하는지 그리고 그 모험이 얼마나 큰 의미인지를. 이런 식으로 나는 내 이야기를 듣거나 내 책을 읽는 사람들에게 한계에 도전하는 사람으로 각인되어왔다.

오늘날 많은 사람들은 실내에서 스포츠클라이밍을 하고, 볼더링을 하려고 해외로 나간다. 또한 어린이의 생일이나 기업의 연수프로그램 등에도 자일 타기 같은 이벤트가 많이 있다. 사다리를 타거나 자일에 매달려 허공을 오르며, 때로는 다리에서 뛰어내리기도 한다. 이러한 모험적인 이벤트는 사람들에게 도전 욕구를 불러일으키고 용기를 시험하며, 짜릿함을 느끼게 한다. 사람들은 누구나 자신의 한계를 뛰어넘어보려 한다. 그러면서도 안전에 각별히 신경을 쓰면서 위험한 일이 없기를 바란다. 즉 기술감시협회TÜV가 공인한 등반으로 안전장치가 있는 정해진 공간, 문명세계의 한 구석에 그런대로 남아있는 자연이나 문명사회의 나머지 부분처럼 이미 도시화가 된 가짜 황무지에서 모든 이벤트가 이루어진다.

오늘날 황무지라는 곳은 겉보기에 그럴듯하지만, 실은 인위적으로 만든 곳에 지나지 않는다. 이제 어느 곳에도 본래의 황무지는 존재하지 않는다. 어떤 사람들은 자신이 체험한 '미개척 시대', '험난했던 일들'을 자랑스레 이야기하고, '최초로 도전했다'는 등의 이야기를 하기도 한다. 그러나 이런 이야기는 사람이 갈 수 있는 곳에서 언제든지 도움을 받을 수 있고, 여러 가지로 안전한 곳에 대한 이야기이다. 사람의 손이 닿는 자연에서 견딜 만한 일의 체험인 셈이다. 그렇지 않은 체험이란 비이성적이며 무책임하고 비도덕적이라고 말한다. 나에게 중요한 것은 '지금 이곳'을 벗어난 인간의 속성이며, 길들여진 자신을 벗어난 통찰이다. 그러나 바로 여기에 인간성의 문제가 있다. 사람들은 이제라도 길들여진 생활을 벗어난 세상으로 눈을 돌려야 한다.

나는 인간이란 자율적인 존재라고 믿는다. 나는 평생을 고정관념과 맞서 싸우며 보냈다. 그러나 인간은 스스로 결정하는 것이 가장 중요하기 때문에 삶의 모든 영역이 디지털화되어 자율성을 잃는 것은 우려할 만한 일이다. 무엇이나 효과와 정확성을 따지고 여기에 속도가 붙게 됨으로써 삶의 질과 민주주의 그리고 인간성이 적지 않게 침해당한다.

나는 지금까지 '이성적'으로 살지 못했고, 대자연 속에서 온갖 종류의 통제도 멀리했다. 전체를 위하여 개인을 소중하게 여기고 '올바르게' 사는 것은 자립적인 개인생활에 있다. 그렇다고 해서 전체를 위한 통제에서 벗어나려는 것은 아니다. 우리가 힘을 합쳐서 이룩한 이 사회, 내가 결정하고 이용할 수 있는 이 소모사회의 종합적인 정보와 사실 속에 나도 있다.

민주주의의 방식이라고 하는 투표에서는 얻는 것이 별로 없다. 도대체 정치가들은 무엇을 책임지며, 그들에게 무엇을 기대하겠는가. 내가 관심을 갖는 것은 개인이며, 정치와 기술, 정보가 미치지 않는 도시를 벗어난 오지에서 나는 그런 개인을 찾는다.

오늘날 모험여행과 익스트림 스포츠, 특별한 활동들이 유행하고 있는데, 이것은 전에 없던 일들이다. 어쩌면 창문을 통해 과거의 인간적인 삶을 들여다보려는 무의식적인 욕망의 발로가 아닐까? 아니면, 그전에 할 수 없었던 것들을 다시 해보려는 것일까? 6백만 년에 걸친 인간의 진화를 생각할 때 100년이라는 시간은 아무것도 아니다. 모든 문화가 '점차' 변화과정을 겪는 것은 당연하지만, 특히 문명화된 곳에서는 이런 현상의 속도가 빠르다. 그러나 자연에서는 서서히 변화가 나타난다. 이때 '점차'라는 개념은 매우 상대적인데, 아직 만 년도 되지 않은 도시문화는 백만 년이라는 시간을 생각하면 그저 순간일 뿐이다. 인간은 대체로 유목인 생활로부터 진화과정을 겪어왔다. 따라서 이런 생활이 우리 유전자 깊은 곳에 자리 잡고 있다. 역사상 일찍부터 인간의 많은 공동체가 깊이 관련되어 변화과정을 겪으며 당시의 지적 요소들은 점차 소멸될 수밖에 없었다.

나는 서구세계라는 공간에서 자라, 원정을 통해 많은 전통사회의 모습을 알게 됐다. 그러면서 달리 바꿀 수 없는 학습과정을 거친 생활의 변화 속에 있었다. 그래서 나는 오랫동안 호기심을 갖고 살아왔다. 그런 호기심이 없었다면 나는 수많은 원정에서 자기생존의 시험대에 오르지 못했을 것이다. 나는 고대古代와 다름없는 세계에서 리더십과 모험을 추구하며 생존 기술을 스스로 체험했다. 왜냐하면 위험한 상황에서 많은 사람이 함께 행동하는 것은 인간성을 저버리는 일이며, 거기에 어떤 도덕이 없기 때문이다.

나는 지금까지 모험을 의도적으로 하거나 주저하지 않았다. 그저 자연스럽게 했다. 그러나 거기서 일어나는 일들을 주의 깊게 관찰하고 배웠다. 처음에는 인식하지 못했던 것이 언제나 나중에는 크게 마음에 끌렸다. 그때 나는 나 자신이 어려운 상황이라는 것을 알았고, 우리가 요구하는 극한적인 조건 속에 파트너가 있는 것을 눈으로 보았다. 이렇게 해서 나는 인생을 체험하고 생명을 유지하는 일이 어떤 것인지 알게 됐다.

수천 년 동안 함께 살아온 호모사피엔스의 본능적인 활동이 오늘의 세계이며, 거기에 종족번식과 문화, 상호관계 등이 지속적으로 형성되어 왔다. 이 모든 사회적 현상은 집단생활에서 점차 도시와 국가 형태로 발전하며 그 필요성을 띠게 됐다. 5천 년 전이나 그 이전에도 벌써 종교적·시민적 규제가 있었다. 그러나 그런 풍습이 일부 남아있어 지금도 우리 속에서 원시인간의 모습 같은 것을 엿보게 된다. 우리가 지난날 유목민족이었다고 믿는 것은, 한때 우리가 그렇게 살아왔다는 것을 말한다. 이것은 우리의 의지와는 관계가 없으며, 우리가 세상을 인식하고 체험하며 살아남았다는 것, 그 자체가 오늘의 세계시민이면서도 전 세대前世代 인간으로 살고 있다는 이야기다. 적어도 우리 내면의 세계, 즉 유전자 속에 우리는 동물보다 훨씬 더 잘살고 싶어 하는 강한 욕망이 있다.

나는 이른바 원시적인 공동체와 오늘의 도시생활이라는 이중의식 속에 살고 있다. 그리하여 지식과 본능 속에서 생존 가능성을 찾아가며 이성과 정서를 따르고 있다. 그러면서 나는 오늘날의 도시인들에게 이것이 얼마나 가치 있는 것일까 생각하며, 다양한 인간 경험을 가능한 한 보다 넓게 그대로 남겨두고, 지금의 상태에서 절대로 손상을 입지 않도록 하는 길밖에 없다고 생각한다.

나에게는 대자연과 전통적인 사회의 생활양태가 제도교육보다 더 중요하다. 나의 세상과 인간성을 보는 눈은 모험을 통해서 형성됐다. 온갖 위험 앞에서 내 생활은 오히려 풍요로웠다. 오늘날 도시문화의 폭넓은 주도권은 기술과 정치, 군사적인 힘으로 이루어졌다. 현대적인 산업사회는 공동생활을 위한 적절한 방법이나 공정한 조치를 전혀 취하지 못했다. 아동교육이나 노인대책은 더욱 제자리를 찾지 못하고 있다. 대자연에 대한 생각이 변하고 있는 가운데에서 나는 원주민이나 나의 파트너들과 일종의 타협안을 찾아왔다. 이에 반해 문명 속의 갈등은 잔잔한 날이 없으며, 공동체의 분규 해결은 문명사회의 발전과 더불어 더욱 멀어지고 어려워지는 듯하다. 아마도 이러한 의문 자체가 잘못된 것일지도 모른다. 이런 해묵은 문제에 대한 해답은 없을지 모른다. 도대체 인간이란 무엇인가? 이 풀리지 않는 문제의 인식이 더욱 중요하다. 물론 우리는 인간이 함께 살아가기 위해 이 문제의 해답을 계속해서 찾아야 할 것이다. 이것이야말로 수천 년 동안 우리가 풀지 못한 숙제다.

I

ÜBERLEBEN

경험

1945년 여름. 브로글레스 뒤로 솟은 페르메다와 처음으로 엄마 무릎 위에 선 라인홀드 메스너

메스너의 아홉 형제들. 왼쪽에서 두 번째가 귄터, 오른쪽에서 두 번째가 라인홀드. 위는 라인홀드가 등반하는 모습

나는 걷기 시작하면서부터 산에 갔다. 어렸을 때에는 페르메다 밑 브로글레스에서 시간을 보냈고, 청소년기에는 돌로미테의 암벽과 스키 산행에 몰입했으며, 훗날에는 알프스 거벽의 눈과 얼음의 세계에서 인생을 보냈다.

R. geb. 17. 9. 1944 in Brixen
aufgezogen mit Haferflocken
u. Milch -
Er gedieh sehr gut.
Schon als Kleinkind zeigte
er keine Furcht (Mut)
Kampflustig (Schule)
Allergisch gegen Ungerech-
tigkeit.
Volkschule bis 13 J
davon 3 Jahre b/ Vater
Deutsch u. Mathe waren
seine Vorzugsfächer
Er war ein guter Schüler
In den Ferien machte
Vater mit den größeren
Buben Bergtouren

Mittelschule in Dorf Tirol
3 Jahre - Fasadenkletterei
Ferien schwierige Klettereien
in d. Geißlern -
Geometerschule Bozen
Gamperheim -
Fasadenkletterei geht
weiter - Mädchen -
Für Tanzen keine Interesse
Wollte als Bub Bauer
werden
Später Dolomiten Touren
mit Lambretta
Trägerprüfung in Gröden
Dann vereinzelte Führer-
touren
Dann Touren in der Brenta
Belluno - Westalpen

어머니는 아홉 명이나 되는 자식들(헬무트, 라인홀드, 귄터, 에리히, 발트라이트, 지그프리트, 후버트, 한스외르크, 베르너)에게 짤막한 성격 기록을 남겼다. 이 기록에는 어린아이였을 때부터 알아볼 수 있었던 각자에 대한 성격의 핵심이 잘 드러나 있다.

Eiger u. Matterhorn
1969 Einladung z. Nanga
v. Herligkoffer
Vorher schon kleine Berichte
in den „Dolomiten" -
Nach dem Nanga
kam das erste Buch
„Zurück in die Berge"
u. s. w. E.m.
Uschi 1972
Haus Kauf u. Umbau
Eltern Hochz. 12. 2. 72
Vorletzlich

나는 나 자신을 보고 남을 이해한다.

노자老子

I
어린 시절

1945년 초여름 부모님이 헬무트Helmut 형과 나를 페르메다-뛰르멘 아래에 있는 브로글레스Brogles 초원으로 데리고 올라갔다. 우리가 천식으로 만성 기침에 시달리고 있어서 높은 곳의 공기가 좋다고 생각했던 것 같다. 아버지는 이탈리아에서 퇴각하는 독일군 통역을 담당하다 얼마 전에 돌아왔는데, 가까운 숲에서 나무와 사냥을 하면서 일주일에 한 번씩 계곡으로 내려가 장인어른의 조그마한 가게에서 필요한 것들을 사왔다. 산속 높은 곳에서 살고 있는 가족을 먹여 살리기 위해서였다. 나는 이야기만 들었지, 그 시절은 흑백사진 몇 장만 남아있을 뿐이다. 가파르게 솟아오른 바위산 앞에서 찍은 어머니와 두 어린아이의 사진이 그것이다.

어린 시절에 대한 나의 기억은 긴 산책으로부터 시작된다. 상트 야콥으로 가는 길에 있는 곰의 동굴, 상트 막달레나로 가는 길에 있는 조부모님 댁, 플리처 폭포나 미그란츠, 또는 계곡 서쪽 끝에 있는 웅장한 저택까지가 나의 산책로였는데, 그곳에는 고향을 떠나지 않은 사람들이 살고 있었다. 이들은 고향을 떠나느냐 마느냐 하는 선택의 기로에서 남 티롤의 고향에 남기로 한 농부들이었다. 이렇게 산책을 나갈 때는 대개 어머니가 함께했는데, 어머니는 50년 전 필뇌스Villnöß 계곡에서 사살된 마지막 곰, 전쟁 중에 상트 발렌틴에 떨어졌던 포탄들 그리고 치료에 효능이 있다는 플리처 폭포의 얼음같이 찬 물에 대한 이야기를 들려주곤 했다. 우리는 집으로 돌아올 때면 그 물을 병에 담아 배낭에 지고 왔다.

사실 우리를 더욱 흥분시킨 것은 상트 페터 아래쪽 마을인 핏자크에서 노는 것이었다. 우리는 네 살부터 열두 살 사이의 20명 남짓한 사내와 계집애들이 모인 전형적인 작은 집단이었다. 우리는 가까운 숲이나 냇가로 나가 놀거나 곱사등 같은 언덕에 올라가곤 했는데, 그곳은 우리에게 학교운동장이나 마찬가지였다. 우리는 큰 아이들처럼 남자와 여자로 갈라지거나 나이에 따라 놀지 않고 한데 무리지어 놀았다. 산이나 계곡에 사는 대가족들은 서로 아는 사이여서, 학교가 쉬는 날에는 창고 근처에서 항상 무리를 지어 대결 구도로 놀았다. 그리고 결정할 일이 있으면 언제나 함께 의논했지 누가 나서서 지휘하거나 통솔하지 않았다. 마치 어른들이 주일예배를 드린 후 마을에서 일어난 일들을 서로 의논하는 것과 같았다. 엄격한 규율은 오로지 교실과, 계곡에서 가장 큰 건물인 교회에만 있었다. 당시 어린아이들만 학교에 다니는 것은 아니었지만, 사춘기에 접어든 청소년들은 더 이상 학교에 가지 않았다.

이 지방은 신분의 차별도, 노동의 분배나 경제적인 문제 같은 것도 거의 없었다. 또한 아주 가난한 사람도 없이 모두 검소하게 살았다. 마을 공동체는 민주적이었고, 우리가 노는 것도 그랬다. 놀 때는 누구에게나 기회가 균등했다. 그래서 모두가 서로 다른 능력을 가진 상대를 존중하는 인격체로 성장했다.

수만 년 전에나 있었을 듯한, 우리와 같은 공동체를 나는 훗날 뉴기니와 티베트, 네팔 등의 고원지대에서 보았다. 사람의 발길이 거의 닿지 않은 오지에 내가 70년 전에 필뇌스에서 알았던 작은 공동체가 존재하고 있었다. 그들은 친척이나 씨족 관계보다는 삶을 지역적으로 구성하는 각각의 공동체로 이루어져 있었다. 여름에는 양과 가축들을 고원지대의 초원에서 키우고, 공동으로 나무를 하며, 사람이 죽으면 함께 장례를 치른다. 농가에는 계곡의 신선한 풀들을 겨울 동안 건초로 보관하기 위한 헛간이 있다. 그러나 이런 일들은 관료가 주도하지 않는다. 수백 년 전부터 권리와 의무가 이어져 내려오면서, 결정할 일이 있으면 언제나 말로 하는 것이다. 지도자는 남을 억누르기보다는 공동으로 의논하거나 설득해야 할 경우에만 앞에 나선다. 우리에게는 시장과 시의원, 농가위원회가 있었는데, 당시 이 위원회에는 위임된 단독 결정권이 없었고, 신의 뜻으로 결정된 신분이라는 목사에게 최고 결정권이 있었다. 계곡의 공동체는 정치적인 이념보다는 영토적이고 종교적인 정체성에 바탕을 두고 있었다. 갈등이 생기면 목사와 지역에서 영향력이 가장 큰 농부가 맡은 시장 그리고 학교 선생이 나섰다. 아이들은 그저 순종했고, 자신의 의견은 놀 때만 자유롭게 낼 수 있었다.

우리 아이들은 놀 때만 마음껏 자기 의사를 내세울 수 있을 뿐 어른들의 말을 따라야 했다. 하지만 미처 깨닫지 못하고 놀면서도 어른들이 살아가는 방식을 흉내 내기는 했다. 전 세계의 씨족사회 아이들이 언제나 그렇듯이, 아이들의 놀이란 그저 어른을 흉내 내는 것이다.

내가 20년 후에 가 본 뉴기니 고원지대에서는 아이들이 나무를 깎아서 군인이나 돼지 모양을 만들고 있었는데, 이것은 어른들의 세계가 전쟁과 목축 위주였기 때문이다. 동아프리카 마사이족에게는 소가 그들 삶의 중심이었고, 아이들은 어른들의 삶을 따라갔다. 다시 말해서 그들은 가축과 함께 살면서 목동 일을 했다. 남자들이 바다표범 사냥에 나가는 그린란드에서 이누이트족 아이들의 놀이 대상은 바다표범이었다. 내가 나중에 알게 된 모든 씨족사회에서는 아이들이 눈과 모래, 또는 나무나 진흙으로 자신들이 상상하는 세계를 만들고 있었으며, 그때 그들의 장난감은 목동과 군인, 표범 사냥꾼을 형상화한 것이었다. 우리는 놀면서 차차 집을 벗어난 바깥세상을 알아갔다. 우리는 아주 어려서부터 이런 식으로 우리 지방의 자연과 문화를 배웠다. 나도 놀이를 통해 새로운 아이디어로 사물을 다른 각도에서 보고 발전시키려는 창조적인 노력을 하게 됐다. 나는 넘어졌다가도 다시 일어나 앞으로 나아갔다. 훗날 나는 불가능에 가까운 아주 위험한 모험을 했지만, 아직도 놀이를 하던 그 어린 시절로 되돌아갈 수 있을 것만 같다. 그리고 이제서야 지금까지 나의 인생을 이끌어 온 것이 바로 이 '놀이 정신'이라는 것을 깨달았다.

학교나 집과 같은 사회는 우리에게 바라는 것이 있었다. 다시 말해서 우리가 무엇을 해야 하고, 무엇을 해서는 안 되는지 분명하게 정해져 있었다. 그런데 우리와 같은 산간 농민의 어린아이들은 어른들의 세계에 접근할 기회가 없었다. 어른들에게는 나름대로의 규칙이 있었다. 일상생활에서 우리는 어른들이 원하는 대로 해야 했다. 학교나 집에서는 하라는 것보다 하지 말라는 것이 더 많았다. 그러나 놀 때만큼은 우리는 보호받고 싶어 하지 않았다. 또한 또래들 사이에서도 공정하게 대우받기를 원했다. 지능이나 체격, 힘 같은 것은 그저 사실 그 자체로만 받아들일 뿐 어느 누구도 부러워하거나 감탄하지 않았다.

우리가 자신감 넘치고 생존력 있는 인간이 되는 것은 교육에서 오는 것이 아니다. 나는 살아남는다는 것이 자신의 능력과 힘에 달려있다는 것을 일찍이 깨달았다. 마치 놀이를 할 때처럼. 내가 부모나 선생, 목사에게 순종했다면, 아마도 나는 어린아이로서는 잘 지냈을 것이다. 하지만 나는 감정적인 확신과 호기심, 자기신뢰 등으로 어른들이 원하는 대로 하지만은 않았다. 나의 독립성과 사회적인 능력은 부모나 교회의 보호 아래서가 아니라 먼저 놀이로, 그리고 후에는 바위를 올라가며 얻게 됐다.

그 당시에는 텔레비전이나 비디오, 인터넷 같은 것이 없었다. 따라서 나는 훗날 산에서도 등반에만 집중할 수 있었다. 또한 나에게는 무엇을 하라고 지시하는 사람도 없었다. 산이 나의 두 번째 놀이터였으며, 도시와 낮은 지대는 나의 자유공간이 아니었다. 나는 언제나 얽매이기를 싫어했다. 오로지 나의 이성만이 인간이 만들어놓은 법칙에 따랐을 뿐, 나의 본능과 감정은 그렇지 않았는데, 결국은 이 두 가지가 나의 본질을 만들어준 정신이었다. 그 무렵부터 나는 자연이 인간에게 일깨워주는 어떤 드높은 법칙이 있다는 것을 깨달았다.

2 불공평

어머니는 아홉 명이나 되는 자식들의 성격을 일일이 기록으로 남겼다. 어머니는 주일마다 새벽미사를 드리는 독실한 신자로, 많은 자식들을 똑같은 애정으로 대했다. 그러면서도 막내에게는 특별히 더 신경을 썼다.

나는 어머니가 언제 나에 대한 기록을 남겼는지, 그리고 그것을 어디에 보관했는지 전혀 알지 못했다. 다만 내가 기억하는 것은 손수 쓴 3장의 기록을 건네받던 순간이다. 나는 마흔 살에 필뇌스를 떠날 때 그것을 갖고 갔다. 어머니와 나는 주방에 앉아있었는데, 나는 옆집 헛간 너머로 마을의 거리를 바라보고 있었다. 가문비나무의 거무스름한 숲이 좁은 계곡 남서쪽으로 뻗어있었다. 아주 멀리 경사면을 향한 쪽, 라쇠츠의 포르퓌뤼켄 밑으로 갑자기 어떤 형상이 나타났다. 추억이었다. 그곳은 어렸을 때 리글 농가가 있었던 가파른 삼림지대로, 더 높은 곳보다도 밝게 보였다. 지금은 나무들이 자라서 온통 주위를 덮고 있지만, 예전에는 목초지와 경작지 그리고 농가와 축사가 있었다.

“리글 농가의 노인은 말이지…” 어머니는 이렇게 말했다. “떠나려고 하지 않았단다. 하지만 젊은이들은 다른 곳으로 아주 가버렸지.” 그러나 나중에는 그도 떠날 수밖에 없었는데, 당시는 ‘제3국의 고향’으로 간다고 했다. 아무도 없는 리글에 혼자 남아서 무엇을 할 수 있었겠는가? 농토는 가파르고 숲은 100헥타르가 넘었으며 남은 것은 사냥뿐이었다. 그 사이에 이 땅들은 목재상에게 넘어갔다. 그 뒤 리글에서는 불빛 하나 보이지 않았다. 그러고도 오랜 세월이 흘렀다. 나치가 리글 주민에게 약속했던 ‘제3국’의 슈타이어마르크 농가는 오래전에 없어졌고, 마치 고대 게르만족의 씨족 공동체 지페Sippe처럼 필뇌스의 소식도 끊겼다. 모든 것은 곧 잊히고 말았다.

우리는 어머니를 따라 자주 마쉬쉬에 갔다. 그곳은 1939년 자작농민들에게 버려진 땅이었다. 그리고 플리츠를 지나 리글까지 가기도 했다. 냇가 위에 높이 걸린 출렁다리를 몸의 균형을 잡고 건너면 아주 짜릿했는데, 우리는 그 위를 달려가기도 하고 달려오기도 했다. 다리 건너편에는 황토색 바위가 하늘을 찌를 듯이 높이 솟아있었고, 그 위로는 리글의 숲 한가운데에 ‘리겔 코펠’이라는 두 번째로 작은 황량한 마을이 있었다. 어머니가 이런 이야기를 들려준 적이 있었다. “언젠가 농가의 여주인이 교회에서 돌아오며 자기 아이들이 바로 밑에 낭떠러지가 있는 가문비나무에 올라가서 노는 것을 보고 기절할 뻔했단다." 그때 그 나무가 그대로 서있었다. 나는 처음으로 그 나무를 보았고, 아래를 내려다보았다. 순간 현기증이 났다. 나는 생기발랄한 아이들의 기분도, 위험하다는 생각이 들어 소리 없이 짤막한 기도를 드리는 그 어머니의 절망적인 감정도 모두 알 것 같았다. 나무에서 정신없이 떠들며 노는 아이들이 자신의 소리를 들으면 떨어질 것 같아 숨을 죽이고 기도를 드리는 그 어머니의 심정은 오죽했으랴. 어머니의 본능으로는 당연했다. 아이들이 노는 것은 잘못이 아니지만, 아무 이유 없이 위험하게 노는 것은 어머니에게는 불공평하지 않을까?

어머니는 남을 함부로 평가하지 않았다. 어머니에게는 부당함을 느끼는 남다른 능력이 있었다. 그리고 좋지 않은 일이나 분쟁 또는 불공평과 같은 일이 있으면, 곧바로 중재에 나서서 잘 해결하는 균형감각이 있었다. 가정이나 마을, 어느 공동체도 공평이 중요하다. 사람은 누구나 태어날 때부터 옳은 것에 대한 지각을 갖고 있다. 그리고 정의의 기초가 평등과 자유에 있다는 것도 알고 있다.

어머니의 기록에는 내가 불공평에 예민하다고 되어있었다.

나는 이것을 유발Juval의 새 집으로 가는 차 안에서 읽었다. 그 무렵 나는 사람들이 불공평한 일에 휩쓸리는 것을 보고 얼마나 화가 났는지 모른다. 결국 나는 그들의 독단적인 놀음에서 나를 지킬 수밖에 없었고, 그것이 오늘날까지 이어지고 있다. 어머니가 지녔던 균형을 잡아주는 관대함, 즉 어머니의 가장 근본적인 인성이 나에게는 없다는 이야기인가? 아니다. 나는 지금도 횡포나 부당한 일에 대해서는 여전히 예민하며, 자연이 정해준 나의 길을 가고 있다.

불공평, 이것이이야말로 인간에게 고통을 안겨주는 가장 큰 원인이 아닐까? 의견의 충돌, 전쟁과 파괴는 모두 불공평에서 비롯된다. 카인과 아벨의 신화를 보면, 바친 물건을 두 형제가 서로 비교하자 하늘에서는 그것을 똑같이 받아들이지 않았다. 카인은 분명 동생 아벨보다 사랑을 받지 못했다. 그렇다면 어디서 달랐던 것일까? 그것은 베두인족의 정착을 생각하던 신神만이 안다. 그러나 굳이 다른 점을 들라면, 소외감을 느낀 카인이 동생 아벨을 점점 멀리했다는 것이다. 그래서 끝내는 그 차별을 없애려고 동생을 죽였다. 부당함이 오래가면 견디기 어렵다. 카인은 절망 상태에 빠져 부정을 저지르고 더욱 불행하게 된다. 선악을 구별하고 판단하는 권리는 누구에게 있는가? 공평은 우리 인간이 평등이라는 권리를 갖고 스스로 결정할 때만 존재한다.

자연이나 우연에서 오는 불공평에 분개하는 것은 별로 도움이 되지 않는다. 자연은 언제나 옳기 때문에 불공평을 만들어내는 것은 오직 인간뿐이다. 불공평과 재난이 간혹 일어난다. 적대감과 배척, 인종차별이 그것인데, 정의사회는 이상과 계획이 있지만 그것들을 잘 제어하지 못한다.

때때로 남을 이해하고 동정하면서 어머니는 어머니로서의 정도正道를 보여주었다. 나는 남이 가는 길을 그대로 따라갈 수는 없었다. 그러다가는 어디로 가게 될지 알 수 없었기 때문이다. 그런데 당시 나는 그것을 잘 몰랐고, 미리 알 수도 없었다. 나는 일렬종대 행진에는 만족하지 못했다. "까치 한 마리가 나무에 앉아있을 때 한 무리의 새들이 날아가도 까치는 함께 날지 않는다."라고 어머니가 말한 적이 있다. 다수가 밀어붙인다고 해서 반드시 옳은 것은 아니다. 군중이 결정한다고 반드시 좋은 해결책이 나오는 것이 아니다. 나는 오직 나의 길을 갔다. 그리고 컴퓨터에서 얻는 지식이 나에게는 그다지 필요하지 않았다. 그 길을 따라가다가 잘못 간 적도 많았다.

'불공평에 예민한 것', 그것이 언제나 어머니의 삶의 기준이었으며, 그것으로 나는 나의 길을 찾았다. 그것은 예언도, 어머니가 적어두었던 나의 질병도 아니다. 그것은 인간성에 대한 어머니의 지식이었다. 그래서 내가 이 책의 첫 머리에 어머니의 인식에 대해 쓴 것이다.

이제 와서 알았는데, 어머니는 내가 세상을 살아가는 데 있어서만이 아니라 나라는 인간을 만들어주고, 더 나아가서는 나의 공정 관념까지 형성해주었다. 그리고 그것이 시민적인 용기와 결부되어 나에게 반항심을 싹트게 했다. 그래서 나는 더욱 불공평을 극복하는 힘을 길러나갔다.

나는 어려서 어떤 아이였고, 어떻게 자랐을까. 나는 그것을 어디에서도 알 수 없었다. 왜냐하면 오직 현실로 나타난 행동만이 나 자신을 말해주기 때문이다. 그 안에는 어떤 깊은 뜻이 있는 것도 아니고, 나 또한 나의 이력에서 어떤 면죄부를 바라지도 않는다. 인간의 존재란 굳이 도망친다고 되는 것이 아니다. 또한 한 걸음 한 걸음 이루어나간 삶이라 해도, 훗날 마치 책처럼 한 장 한 장 읽어볼 수 있는 것이 아니다. 나는 어렸을 때의 어머니와 관련된 기억에서 예언과 같은 깨달음을 얻는다.

고향 3

춥고 음산한 겨울날 아침이었다. 나는 어머니의 손을 잡고 여러 어른들 사이에 서있었다. 납골당 안에 관이 있었는데 보이지는 않았다. 목사가 먼저 기도를 올리고 조문객들이 다함께 소리 내어 따라 했다. 관을 묻기 전에 누군가가 성서의 고린도전서 구절을 읽었다. 커다란 교회 안에 서있었는데, 머리 위로 사람의 뼈가 겨울 하늘을 배경으로 높이 쌓여있다는 느낌이 들었다. 많은 사람과 분위기 그리고 열린 무덤에서 오는 감명은 깊었고, 그 많은 십자가 사이에서 기적이 일어날 듯했지만, 죽음은 나에게 자명한 것으로 인식됐다.

그 후 교회에서 기도가 있었고, 작별을 고하는 종이 울렸다. 그러는 사이에 관이 묻혔다. 나는 그의 인생이 결코 헛된 것은 아니라고 생각하며 집으로 돌아왔다.

나는 어머니와 형들과 함께 장례 행렬 맨 뒤에 있었는데, 사람들이 외우는 기도문을 하나도 알 수 없었다. 오후에 아주 사나운 구름이 남동쪽 가이슬러Geisler 산군을 덮으면서 태양 주위를 가렸다. 먼 서쪽에서는 지평선이 오렌지색으로 빛났다.

날이 개며 하늘이 갑자기 밝아지자 아무도 본 적이 없을 것 같은 아름다운 구름이 나타났다. 그러자 바로 태양이 안개 속에서 빛났지만 다시 어두워졌다. 깊은 것과 높은 것, 빛과 그늘이 거의 동시에 다가오더니, 숲이 우거진 곳에서는 더 이상 보이지 않았다. 오늘도 우리 고향 계곡은 겨울날의 단조로움으로 인간의 감성에 다가오지만, 하늘까지 언제나 같을 수는 없지 않을까.

이런 장례 행렬을 따라간 것은 이번이 처음이 아니었다. 어머니는 죽은 사람 이야기를 했다. 성자聖者나 다름없는 그는 필뇌스를 결코 떠날 수 없는, 이 계곡의 기둥 같은 존재였다.

봄이었지만 나는 여전히 학교에 가지 않고 어머니와 함께 콜 쪽으로 산책을 했다. 푸른 초원과 작은 냇가의 노란 야생화…. 시냇물이 산비탈 한가운데서 흘러나오고 있었는데, 힘차게 흐르던 그 물소리를 나는 지금도 기억하고 있다.

니더문트Niedermunt에서 잠시 쉬었다. 어머니는 지난겨울에 죽은 농부의 집터를 우리에게 보여주었다. 농가들 밑에 있는 비탈진 초원의 경사는 그다지 심하지 않았다. “이 농부는 필뇌스에 사는 다른 사람들처럼, 여기를 떠나 다른 곳으로 가려 하지 않았단다. …"라고 어머니는 말했다. 독일에서 온 선동자들이 그에게 고향을 떠나도록 설득하며, 독일 국적을 선택하면 독일제국에서 크고 아름다운 땅을 준다고 했지만, 그는 여기에 남기를 원했다. 기후가 온화하고 밭은 가파르지 않았으며, 계곡도 그다지 좁지 않았다. 사람들은 그에게 독일 사람이니 독일로 가야 한다고 했지만 그는 가이슬러로 가겠다고 했다. 가파른 초원과 산인데도, 나는 이와 같은 하늘을 어디에서도 보지 못했고, 남 티롤 니더문트에서도 어쩌다 한 번 볼까말까 했다."

당시 나는 그 국적 선택권이라는 것에 대해 아무것도 모르고 있었다. 국적 선택권은 '독일제국'으로 갈 것인가, 아니면 옛날부터 살아오던 고향에 그대로 있을 것인가를 선택하라는 것이었다. 그것은 1939년 무솔리니와 히틀러 사이의 협정에 의해 남 티롤 주민들에게 강요된 것으로, 주민들에게 토지와 언어를 선택하라는 것이었다. 고향의 운명이 걸려있었다. 내가 체험한 바로는 당시 독일어를 사용하는 80퍼센트의 남 티롤 주민들이 히틀러의 독일을 선택하겠다고 표를 던졌다. 하지만 얼마 안 있어 전쟁이 일어나자, 처음에는 남 티롤의 몰락을 막아주었지만, 결국에는 그것마저 불가능했다.

당시에는 소수의 남 티롤 주민들만이 '제3국'에 저항했다. 북쪽에서 사람을 잡으러 온 자들은 남 티롤 주민들을 보고, 고향을 등진 떠돌이들로 알았다. 하지만 그들이 남 티롤 주민이라는 것을 알게 되자, 통일 독일에 충성하라고 선동했다. 이에 대해 토론이 벌어졌지만 선동에는 한계가 있어, 결국 일방적인 입장에서 벗어나지 못했다. 내면의 깊은 감정까지는 어찌할 수 없었던 것이다. 그것이 아니라면 남 티롤 주민들의 정서를 이해하려 했던 것일까? 이성에 바탕을 두지 않은 의사 결정은 언제나 위험하며 잘못된 결론을 내리기 쉽다.

어머니는 이런 이야기를 우리에게 들려주고 싶었을까? 당시 우리 남 티롤은 외지인들 앞에서 한없이 작게 비쳐졌다. 그러나 자신의 감정에 충실했던 니더문트 농부는 논쟁에 휘말리지 않았다. 어머니처럼 그에게도 고향은 과거와 현재 그리고 미래였으며, 이 계곡과 하늘, 비밀에 싸인 산 너머까지도 그의 고향이었다.

나의 고향은 어렸을 때의 이런 인식이 그대로 하나의 정서가 됐다. 그리고 거기서 가족에 대한 감정적인 공감대가 생겼다. 더욱이 훗날 주변 사정이 바뀌자, 이 정서는 더욱 견고해졌다. 오늘날 나에게 고향은 여러 이미지로 다가온다. 그중 하나가 내가 태어난 지리적 고향으로, 부모님이 살았던 곳이며, 또한 나를 믿는 사람들이 찾아오는, 결국은 미래가 있는 곳이다. 이런 고향이 오늘날 나의 남 티롤이다.

사실 이곳에는 많은 사람들이 발자취를 남겼으며, 변함없는 경치와 바꿀 수 없는 역사가 아로새겨져 있다. 이 지방은 또한 오래된 방언과 문화, 여러 가지 일들을 생각나게 하는 사람들과 추억이 남아있는 곳이다. 나는 남 티롤을 떠나 세계를 방랑하고 다시 남 티롤로 돌아왔다. 설사 인터넷 같은 통신수단이 없어도 나에게 남 티롤은 변함없는 남 티롤이다. 나는 시대에 뒤떨어진 별난 사람일지 모르지만, 언제나 가능성에 도전해왔다. 우리는 누구나 자신만의 숨겨진 이야기가 있다. 내일도 언제나 그대로일 것이라는 믿음은 없지만, 현실과 주관적인 생각은 어떤 속임수도, 잘못도 아니다.

나에게 고향은 집 뒤에 있는 멋진 초원이 아니며, 유발의 성城이나 저녁놀에 빛나는 가이슬러 산군도 아니다. 나에게 고향이란 만지고 느끼며, 맛보고 듣고 볼 수 있는 하나의 감정이다. 눈을 감고 있어도…. 고향을 잃거나 떠난 사람들도 — 티베트, 북 아프리카, 동 프로이센, 독일계 남 티롤 사람들도 — 누구나 자신의 고향에 대해 말하기를 좋아한다. 그들의 추억 속에는 지난날이 언제나 어제 내린 눈처럼 반짝거리고 있다. 나도 봄날의 뻐꾸기 울음소리를 여전히 기억하고 있다. 또한 어려서 놀던 자작나무 숲이 그대로 나의 마음에 남아있고, 산울림이 지금도 들려오는 듯하다. 그러나 새로 내뿜는 가스 냄새처럼, 때로는 니더문트 숲의 새소리처럼 고향은 조용하기만 하다.

저녁에 니더문트 농부의 무덤으로 갈 때는 부드러운 눈 위를 걸었다. 세상이 얼어붙은 듯, 어떤 소리도 들려오지 않았다. 마을 전체가 하얀색이었다.

어떻게 이럴 수가 있을까? 어떻게 하나의 마을 공동체가 이토록 좁은 계곡에서 살고 있을까? 그것도 수천 년을. 겨울철 한동안은 외부와 단절된다. 하지만 우리 인간은 개발에 의해 그 세계가 바뀌는 것을 본다. 이것이 살아간다는 것일까? 그래서 본능과 노하우가 우리에게 주어진 것일까? 취미는 바뀌고 문화는 계속 발전하며, 기술은 끝내 지구의 멀고 먼 곳까지 뻗친다. 그리하여 결국 본능이란 우리가 생존을 위한 길을 찾아 나서도록 하는 것일까? 내 생각에는 당시 니더문트 농부의 판단이 옳았다. 몇 해 전에야 나는 비로소 그 이유를 알았는데, 우리의 생존 능력이 모두 본능이며, 본능이 우리를 이끈다는 것을 알게 된 것이다. 그런데 나는 한참이 지나고 나서야 비로소 이 모든 문제를 철학적으로 생각하게 됐다.

나는 고향을 말로 표현할 수 없다. 어렸을 때는 처음 밟아보는 눈이 너무 좋아 소리를 지르기도 했다. 눈이 올 때는 모든 것이 그저 신기하기만 했다. 내 고향 필뇌스Villnöß에는 양쪽이 가파른 계곡과 황량한 고원지대, 일하는 사람들 그리고 가이슬러 산군의 사계절이 있다. 고향에 눈이 오면 세월이 간다. 이렇게 나이도 먹고, 고향도 변해간다.

4 자연법칙

학교에 다니던 어린 시절에 아쉬웠던 것은 마음대로 뛰어놀 수 있는 공간이 없다는 것이었다. 자유로운 시간이 많았을 것 같지만, 그렇지 않았다. 그래도 자질구레하게 쪼개진 시간이 생기면 우리는 그저 생각 없이 나돌아 다니며 놀았다. 당시 아버지는 조그맣게 가축 사육을 했었는데, 후에는 양계장으로 키웠다. 나는 어린 나이였지만 매일 한두 시간씩 아버지를 도우면서, 이웃 친구들과 어울렸다. 그리고 마을을 벗어난 '자연' 속에서 마음껏 뛰어놀았다. 학교가 쉬는 날에는 멀리 가거나 나무에 올라갔다.

학교에 들어가기 전 여름 한동안 나는 나무와 바위를 기어오르고, 부모님을 따라 가이슬러산군의 높은 곳에 올라가기도 했다. 어린아이로서는 위험한 일이었지만, 이렇게 해서 나는 장차 대자연에서 맞닥뜨리는 모험을 몸에 익힐 수 있었다. 이런 일들은 위험해서 조심해야 했다. 그러나 오늘날 위험을 모르는 보통의 어린아이들에게서는 찾아볼 수 없는 것이었다. 다행히도 나는 자연이라는 학교에서 이런 것들을 일찍부터 배웠다.

공명정대와 친절, 공평 같은 원칙은 외부로부터 배우는 것이 아니라 처음부터 우리의 일부나 다름없다. 이를테면 자연법칙과 같은 것이다. 우리는 밖에서 놀 때도 함께했고, 서로 맞서서 '경쟁'할 때도 함께했다. 공동사회에서는 모두 다 같이 얻거나, 잃는 일이란 없다. 힘으로 해서도 안 되지만, 비굴해서도 안 된다. 서로를 배려해야지, 독단적으로 남을 짓눌러서는 안 된다. 우리는 조용하게 그저 타고난 도덕, 즉 집단의 규범을 따랐다. 부모와 학교, 교회는 확실히 우리의 태도에 영향을 주었고, 도덕 자체가 놀이 공동체의 규범으로서 불문율이었다. 그것은 우리의 정서에 도움을 주었으며, 우리가 함께 잘 어울리도록 이끌어주었다. 사실 우리는 개인으로는 이따금 이기적으로 놀아도, 집단으로는 공동체의 규범을 따르게 된다. 이런 공동체에서는 이기적인 우리 자신의 감정을 숨기게 된다.

내가 오늘날 감사히 여기는 것은 어린 시절 필뇌스 핏자크에서의 체험이 세계 오지에 있는 전통사회에서의 체험과 같았다는 것이다. 운명까지는 아니었지만, 나는 나보다도 100년 또는 그 이전의 세대가 갔던 길을 나 자신의 길로 생각하고 살아왔다.

훗날 내가 간 길은 어렸을 때 필뇌스에서 놀던 것과는 완전히 다른 길이었다. 그러나 어렸을 때의 놀이가 몸에 깊이 배어 내면화한 것은 틀림없다. 그래서 고향은 나의 경험적 재산이며, 인생의 무대에 자주 나타난다. 필뇌스 계곡은 좁아서 해가 곡식이 자라는 밭의 한쪽만을 비추고, 별이 나타나는 하늘도 좁다. 그러나 한없이 깊고 높은 숲과 산의 모습은 절대적이고, 여기 비할 만한 곳이 없다. 나는 주일날의 미사 소리와 교회 안의 프레스코 벽화, 성서에 나오는 창조 이야기와 무의식의 테두리 속에서 그리고 계시 속에서 하나의 언어를 찾아 나갔다. 모든 암시가 나의 환상을 키워준 것도, 그렇다고 호기심에서 온 것도 아니다. 이 모든 것이 바로 고향에 있었다. 고향이 의미를 만들어내고 소속과 공동체를 만들었다. 그리하여 탄생과 죽음의 의식을, 그리고 가톨릭에서 말하는 죄와 벌, 결혼의 의식까지도….

내가 자란 핏자크에서는 소문이 멀리, 라누이나 찬두이, 플라봐치 계곡을 넘어서 밖으로 퍼져 나가지 않았다. 당시 계곡의 중심부는 이미 도시화의 조짐이 보였다. 가구 제조업이 생기고 함석이 사용됐으며, 말에 편자를 박고 돼지를 잡았다. 소방대도 생겼고, 1년에 한 번 목초 축제와 가축 시장이 열리기도 했다. 마을 악대가 행진하지도 못 할 만큼 좁았던 거리가 넓혀졌고, 겨울에는 말이 땀 흘리고 콧김을 내며 나무를 산에서 제재소까지 날랐다. 당시 우리 마을에는 사람들에게 필요한 모든 것이 있었다. 그리고 수도원의 작은 방에서는 따뜻한 식사가 나왔다.

우리는 마을 한가운데에서 모범적인 메스너 집안의 아이들로 자랐다. 어머니는 금요일에는 마른 대구, 토요일에는 도넛, 일요일에는 닭고기를 내놓았는데, 그때마다 우리는 쟁탈전을 벌이곤 했다. 고향이라고 하면, 나에게는 이런 일들이 추억으로 남아있다. 언제나 멀리 떨어져 있지만 결코 벗어날 수 없는 곳, 그곳이 바로 고향이다.

나는 고향에서 이렇게 자라는 동안 오늘날 현대사회에서보다 더 많은 것을 배웠다. 결국 고향에서의 경험이 오늘날의 나를 있게 했다.

당시 숲의 가장자리에는 출입금지 표지가 없었고, 정상에는 십자가도 서있지 않았다. 수영장이 없어서 우리는 필뇌스 계곡물을 막아놓고 놀았다. 나는 수영을 할 줄은 몰랐지만, 나의 모든 행동에 대한 결과를 스스로 받아들일 줄은 알았다. 그러나 도시문화는 이와 반대로 사람들에게서 책임을 빼앗고, 어떤 식으로든지 금치산자禁治産者 취급을 한다. 오늘날에는 소유와 행위가 보장되어 있고, 위험한 경우에는 보호대책까지 세워져 있다. 그러나 우리 세계에서 완전한 해방은 가능하지 않다. 또한 무사무욕無私無慾의 도덕성도 적다. '좋은 사람'으로 위장하는 일들이 전적으로 인간성과 모순되는 것은 공동체의 존엄성보다는 개인의 명예욕에서 비롯되기 때문이다.

요즘 세상에는 지시니 제한이니 하는 규율이 많아서 아이들은 하고 싶은 것을 하지 못한다. 우리 아이들에게 꼭 필요한 놀이공간과 가치의 다양성이 모두 다 사라져버렸다. 물이 고여 있는 곳에는 울타리가 처져 있고, 그 울타리는 올라가지 못하게 되어있다. 숲은 출입금지 구역이다. 불만이 있어도 어쩔 수 없이 돌아서 갈 수밖에 없다.

친구들과 어울려 재미있게 놀던 일은 우리의 양심과 사회생활을 편안하고 즐겁게 하도록 하는 일종의 도덕성을 길러주었는데, 이것은 단순한 인식이 아니라 공감과 동정이었다. 다른 사람의 자유를 소중히 여기는 것과 충정, 공평, 배려, 위신 등은 원래가 감정의 작용으로, 이해나 어떤 도덕의식에서 오는 것이 아니다. 인간은 수천 년 동안 생존을 위해 싸워왔다. 따라서 인간이란 존재는 우리의 동물성에서 오는 헌신적인 선택의 산물인 셈이다.

인간이 자유로운 공간과 다양한 평야에서 살아온 것이 오랜 세월 자리를 잡으며 — 이를테면 도시문화가 되어 — 오늘에 이르렀다. 또한 주변에서 우리로 인해 일어난 것들이 결국은 인간성과 개성을 더욱 변화시켜 나갔다. 그 속에서 우리는 함께 어울리지만 언제나 개인주의로 치닫는다. 그것은 우리가 남을 배려한다고 하면서도 제멋대로 행동하기 때문이다. 그렇지 않았다면 우리는 기술에 의존하지 않고 함께 살아갈 수 있는 길을 찾았을지도 모른다. 이렇게 하면 어떨까? 즉 자유에 제약을 가하는 모든 규제를 없애버리는 것이다.

내가 만약 온종일 아무 생각도 없이 텅 빈 머리로 산다면, 그 생활은 온기가 없는 차디찬 골방과도 같을 것이다. 생활의 즐거움이란 자유로운 공간에서 자라나며, 저항하는 심리에서 온다. 이런 일을 공동으로 극복해나가면 더욱 더 그렇다. 인간성이란 그런 것이며, 그것이 바로 자연법칙이다.

1234567890

5 자유공간

2013년 2월의 어느 겨울날 아침, 나는 뮌헨의 한 제과점에서 카푸치노 커피 한 잔을 앞에 놓고 『쥐트도이체차이퉁』 신문을 들여다보고 있었다. 젊은 엄마가 일고여덟 살로 보이는 어린아이를 데리고 들어왔다. 간식으로 빵을 사는 것 같았다. 나는 계산대 앞 엄마 곁에 서있는 아이를 눈여겨보다가, 큰 유리창 너머로 밖을 내다보았다. 거리에는 오가는 차도 없이 눈만 내리고 있었다. 어려서 눈사람을 만들던 생각이 나자, 다시 그 아이에게 시선이 갔다. 기름에 튀긴 과자를 손에 든 소녀의 눈이 반짝이고 있었다. 모녀는 내일 아침거리도 사는 것 같았다. 엄마는 차를 마시며, 자신이 어렸을 때는 이런 빵을 구경하지도 못했다고 아이에게 말했다. 그것이 그들의 삶에 무슨 위안이라도 되는 것일까? 아니면, 어떤 변명을 하려는 것일까?

나는 신문을 다시 들여다보았다. 그때 엄마가 "이제 가자." 라고 하더니 아이의 손을 잡고 문으로 갔다. 아이는 "눈사람 만들고 싶어, 엄마!" 하고 소리쳤지만 엄마는 아무 말도 없이 문 밖으로 나갔다.

나도 평범한 환경에서 자랐다. 도넛을 처음 먹어본 것이 열네 살 때였다. 눈이 내리는 것을 처음 보았을 때 나는 상당히 흥분했었다고 한다. 우리는 눈사람을 만들고, 학교 가는 길에 눈싸움을 했으며, 겨울방학 때는 거리에서 마음껏 놀았다. "새로운 매체"라는 주제로 국제회의가 열리고 있는 동안 나는 색다른 경험을 했다. 저명한 연구자가 해커 공격과 사이버 전쟁 등 통신의 발달과 그에 따르는 미래의 위험에 대해 발표했다. 마치 세상을 새로 발견하기 위해 우리가 함께 모여 있는 것 같았다. 커피를 마시는 시간에 많은 젊은이들이 인류의 미래에 대해 토론을 벌였는데, 장차 어린아이들이 눈사람을 만들 수 있을 것인가에 대한 이야기는 나오지 않았다. 계층과 생활환경이 다른 청중들은 어려서 눈사람을 만들어보지 않은 것이 분명했다. 그러는 사이에 오후가 되자 다시 눈이 내렸다.

나는 평생 다른 사람들로부터 차별을 느껴본 적이 없다. 어려서도 그랬다. 우리는 마을에서 함께 눈사람을 만들었다. 젊어서는 남들이 불가능하다고 하는 것에 도전했다. 사람들은 보통 나이가 들면 조용히 살지만, 나는 미래와 모험에 도전했다.

아침에 소녀와 만났던 느낌을 이것저것 메모지에 남긴 나는 스위스로 가는 야간열차 속에서 참참한 기분에 빠졌다. 이름은 알지 못하지만, 그 소녀가 살아갈 앞날이 순탄하지 못할 것이라는 생각이 들었다. 우리가 살고 있는 사회는 빈부의 격차가 날로 벌어지고 있는데, 소녀는 과연 그것을 뛰어넘을 수 있을까? 빈부의 격차도 문제지만 늘어나는 많은 아이들을 위한 놀이공간도 점점 사라져가고 있다. 과거에는 이런 놀이공간이 모든 아이들에게 열려있었다.

나에게 가장 중요했던 사회적 경험과 나 자신의 가치관을 형성하게 했던 — 특히 내 생활의 지혜를 몸에 익히게 했던 — 세계는 이제 더 이상 존재하지 않는다. 그러니 사람들은 앞으로 어떻게 살아가야 할까. 교육도 중요하지만, 사실은 아이들이 살아가는 지혜를 배울 수 있는 자유공간이 더욱 중요하다. 그 속에서 아이들은 자기 자신의 책임을 배운다. 위험하기는 하지만 그것도 놀이의 일부다. 그런데 규칙이나 규제가 이것을 막고 있다. 아이들의 장래를 위한다고 하면서 변호사와 보험회사원들이 사업적으로 개입해 사고를 줄이려 하다 보니 서구 사회는 점점 더 암울해지고 있다. 결국 우리는 공동체 속에서 이렇게 운명적으로 살아갈 수밖에 없어, 그 운명에 저항하려는 생각이 점점 사그라들고 있다.

1234567890

6 통제

나는 어렸을 때부터 꿈과 이상이 상당히 컸다. 따라서 언제나 좁은 세계에 산다는 느낌이 들었고, 커가면서 자유를 좇는 일과 그것을 통제하는 일이 내 자신을 지배했다. 어느 여름날 양계장 일을 끝내고 나서 사촌형의 농사일을 도우러 갔다가, 우리 둘이서 산행에 나선 적이 있었다. 우리는 고원지대를 지나 리트너호른에 오른 다음 계곡 건너편의 슐레른Schlern을 오랫동안 바라보았다. 태양의 높이와 구름의 모습이 시시각각 변하는 것이 재미있었다. 가을이 오면 고향의 가이슬러에 올라보고 싶었다.

그 무렵 나는 무엇보다도 아이자크 계곡을 건너, 단숨에 로젠가르텐Rosengarten과 랑코펠Langkofel 그리고 특히 슐레른에 가보고 싶었다. 슐레른은 마치 신기루처럼 하늘 높이 솟아있어서, 필뇌스 계곡에서 놀던 우리가 그쪽 계곡과 산길 이야기를 듣곤 하던 것을 생각나게 했다. 그러나 리텐은 너무 멀었다. 나는 자유 시간을 쪼개 돌로미테에서 암벽등반을 해보고 싶었지만, 그 세계는 그림의 떡에 불과했다. 나는 이따금 농가가 있는 곳으로 올라갔다. 하지만 그곳 역시 갇힌 세계나 다름없었다.

열두 살 때는 이전과 달랐다. 이제는 더 이상 동생이나 다른 아이들과 함께 놀고 싶은 생각이 없었다. 씨족사회의 소속감 또한 나를 자유에 대한 갈망에서 해방시켜 주지 못했다. 나는 여기서 벗어나 내 마음대로 하고 싶었다. 외따로 떨어진 농장에서 일하는 농부들은 변화에 대한 욕구 자체가 없었다. 물론 그들은 나의 꿈을 이해하지도 못했다. 그들은 가뭄이나 재난과 같은 상황에 따라 생활방식을 바꾸기는 했지만, 여러 세대에 걸쳐 자신들의 조상이 지켜온 곳에 안주하기는 마찬가지였다.

하지만 권위주의 사회의 고정관념으로 인해 변화가 이루어지지 못한다는 것은 새삼 놀라운 일이 아니다. 사촌형 루이스는 항상 농장에서 자급자족하는 길만이 생존의 방법이라고 역설하며, 농토를 잘 지켜야 한다고 했다. 그러면서도 그는 우리가 밖으로 나돌아 다니는 것을 막지 않았다. 그는 이 지방을 잘 알고 있어서 우리가 반드시 다시 돌아오리라고 믿었다. 그래서 그는 우리의 자유를 향한 작은 탈출을 눈감아주었다. 만일 그렇지 않았다면 권위주의 사회에서 돌발사건이 일어났을지도 모른다. 지평선을 넘어가고 싶다는 것이 우리의 꿈이기는 했지만, 오랜 세월 동안 남 티롤에 안주해왔던 사람들에게 그것은 하나의 공포였다.

사촌형 루이스는 당시 마흔 살에 미혼이었는데, 결혼을 해서 자신의 농장을 잘 꾸려나가는 것이 소원이었다. 그의 세계는 작고 푸른 농장에 삶의 의미를 두는 것이었다. 모든 일이 자신의 생각대로 되던 사촌형은 어떤 일을 주도적으로 이끌지 않았다. 그는 두 여동생과 농장에서 축사를 돌보고, 일요일에는 교회가 있는 렝슈타인에 갔다. 그리고 가을에는 시장에 나가기도 했다. 그는 소에 쟁기를 달아 밭을 갈았으며, 여름에는 물푸레나무 잎을 긁어모으고 포도나무를 길렀다. 그에게는 포도나무와 밭갈이 하는 소가 언제나 자랑이었다.

사촌형은 슐레른에서 풀을 베어야 하는 시기가 너무 이르면 뇌우가 온다는 것을 알 정도로 기상의 변화를 잘 알고 있었다. 하지만 구름이 비를 몰고 온다는 간단한 지식에 만족하지 않은 나는 구름이 생성되는 과정과 슐레른의 암벽에 주는 영향에 대해 알고 싶었다. 그리고 이따금 번개와 벼락, 우박이 리텐 산군을 어떻게 덮치는지 알고 싶었다. 구름을 알게 되자, 돌로미테 암벽과 검은 숲 그리고 붉게 물든 하늘에 밝고 맑은 줄을 긋는 그 모습이 너무나도 좋았다. 모든 것이 구름에 덮여 있어 이 세상 같지 않았다. 마치 내가 농부가 되어 큰 비가 내리고 번개가

치는 하늘 속으로 들어가 다른 사람으로 변신이라도 한 듯했다. 농부는 자신의 생활을 통해서 축복을 받고 가정을 지켜왔다. 성경 속의 동방박사가 찾아왔다는 날에 해충 소독을 하는 등 일기日氣는 일상에 그대로 녹아있었다.

요즘 나는 이따금 나 자신에게 물어보곤 한다. 우리 인간들은 위험하기 짝이 없는 기계장치를 개발해, 이를 활용하면서 우리 자신을 보호하고 있다. 하지만 나는 산에서 많은 위험과 맞닥뜨린다. 나는 이런 위험에 얼마나 잘 대응해왔을까?

위험 속에서 살아온 것은 중요한 인생 공부였다. 거기에는 사람이나 초자연 같은 외부의 통제가 없다. 문명 속에서 사는 인간은 서로 통제하면서 협력하지만, 통제가 없으면 어느새 이기적이 된다. 그러나 그런 통제에서 멀리 벗어나면, 예를 들면 등반에서 2인조의 자일파티는 자연스럽게 본능에 따라 움직인다. 서로 살기 위해서 그리고 공동의 성취를 얻기 위해서, 즉 '서로'를 위해서. 인간의 존재는 살아남겠다는 본능이 중요하지, 신적이거나 초자연적인 통제가 필요한 것이 아니다. 우리 인간의 본성은 옳은 것을 행하고, 서로 협력하며, 남을 위해 책임진다. 이 모든 것은 인간의 '좋은 개성'에 속하는 것이 아니라, 본래 인간성과 생존 본능에 속해있다.

어렸을 때 우리가 등반을 하며 배운 신뢰 관계는 본질적으로 모험에 따르는 행위였고, 거기에 의미가 있었다. 그런데 훗날 어른이 되어 공개토론을 벌였을 때 어떤 대원들은 도덕적인 가치를 중요시하며 내 등반 태도 — 나는 원정대에 속해있었지만 본능에 따라 등반했는데 — 를 문제 삼았다. 그들에게는 그것이 하나의 이상이며 고귀한 희생정신이었다. 물론 나에게도 그것은 언제나 자명한 자연법칙이었다. 스스로 '뛰어난 대원'이라고 하는 사람들이 많았지만, 내 경험에 의하면 이들은 믿을 수 없었다. 오히려 함께 곤란을 극복해나가고, 어려움을 헤쳐나가는 사람들이 더 믿음직스러웠다. 힘든 모험은 함께하면 할수록 더욱 더 서로 단결하게 되어, 함께 어려움과 싸우게 된다. 그래서 나는 위에서 정해져 내려오는 지시 같은 것을 믿지 못한다. 그리고 보편타당한 법규를 가진 국가나 사회도 믿지 못한다. 나는 나의 경험이 등산 단체의 사람들에게 도움이 된다고는 생각하지 않는다. 다시 말해서 나는 스스로 파트너를 찾고, 오히려 무정부적인 무질서 속에서 나 자신의 기준을 찾는다.

국가라는 질서가 생기기 오래전에 존재했던 수렵인들은 서로 협력했을 것이다. 예를 들면 짐승몰이 같은 것이 그것이다. 이때 그들은 서로를 알지 못하지만 믿고 함께 힘을 합쳤을 것이다. 만일 나의 극한등반에서 그와 비슷한 일이 벌어졌다면 대개의 경우도 그랬을 것이다. 그런데 대원들 간에 능력 차이가 크게 벌어지자 불균등과 무력함이 한군데로 집중되고, 위험을 줄이려 하다가 오히려 무리한 경우를 낳게 됐다.

나는 사회적 의무에서는 자유를 찾을 수 없었다. 나는 그저 문명으로부터 멀리 떨어져 내 마음대로 행동하기 위해 언제나 대자연으로 돌아갔다. 어떤 법칙이나 공동의 신념에 끌린 것이 아니다. 나는 거기서 집이라는 삶의 근거지를 이해하고 생존을 위한 본능을 확인했다. 그리고 다시 현실 생활로 돌아와 시민 공동체의 일원이 됐다. 다른 모험가들처럼 나에게도 내 모험을 지켜보는 숨은 감시자가 있어, 나는 내 마음대로 행동하지 못했다. 그러나 선천적인 통제 따위가 내 길을 막은 적이 없었고, 내 행위가 대도시의 이웃에게 방해되는 일도 없었다.

중요한 것은 살아남는 것이다. 동정과 공감이 있으면 서로 사이좋게 조정한다. 남을 통제하거나 간섭할 필요가 없다. 법칙이 없어도 서로의 관계는 잘 돌아간다. 내가 이런 인간관계의 법칙을 이해하는 데는 상당한 시간이 걸렸다. 성장의 동력이 되는 경험은 위험 속에서 스스로를 책임질 때 생기는 것이며, 그때 비로소 위험이 자신의 통제 안으로 들어온다. 우리 모험가들이 거친 자연 속에서 자신을 극복하며 무정부 상태에서 행동하는 것도 바로 그런 이유 때문이다.

1234567890

조심성

어렸을 때 부모님을 따라 숲속을 산책한 기억이 아직까지 남아있다. 어떤 경험이었을까? 헬무트 형과 나는 부모님 뒤를 따라갔다. 물레방아가 있는 냇가를 따라 필뇌스 계곡의 핏자크를 지나 점차 경사를 이루는 그늘진 숲길을 올라갔다. 처음에는 훤히 뚫린 길을 갔지만 나중에는 확실치 않은 길을 더듬으며 계속 올라갔다. 키 큰 가문비나무 숲 사이로 햇빛이 닿지 않아 바닥에는 이끼가 끼어있었고, 길 주변은 작은 나무들과 풀들이 제대로 자라지 못하고 있었다. 부모님이 앞에 가고 있어 나는 아무 걱정이 없었지만 힘이 들어서 쉬고 싶었다.

늦은 시간이었는데 부모님이 찾아가는 숲은 높은 곳이어서 우리는 따라갈 수 없었다. 그곳은 어머니가 물려받은 땅이었다. 우리는 어느 전나무 밑에서 쉬면서 부모님이 돌아올 때까지 기다리기로 했다. 헬무트 형과 나는 그루터기에 웅크리고 앉아서 아버지가 짙은 숲속을 헤쳐나가는 것을 지켜보았다. 어머니는 아버지 뒤를 따라갔다. 두 분의 발자국 소리가 점점 멀어지고 숲은 어두워갔다. 밤은 아니었지만 주위에 빛이 거의 없어 무섭다는 생각이 들었다. 나뭇가지가 꺾이는 소리와 찌르레기의 울음소리가 들리면서 개미들이 달려들어 우리는 서로 바싹 붙어 앉았다.

기다리는 시간이 길어지면서 밤이 깊어지자 더욱 무섭다는 생각이 들었다. 나무를 스쳐가는 바람소리와 길 없는 숲속을 걷는 것 그리고 다람쥐들까지 모두 신기하면서도 우리의 마음을 조마조마하게 했다.

나는 이때 우리가 따로 행동하면 — 어둠 속에서 교대로 자면 — 어떨까 생각했다. 불행한 일이 닥쳐 부모님이 돌아오지 못한다면 우리끼리 돌아갈 수 있을까? 빛이 없어 어두운, 부모님 뒤를 따라 올라온 그 길을 기억하지 못하는데….

거의 50년 후인 1995년, 나는 북극의 얼음 바다에서 동생 후버트Hubert와 함께 '세상의 종말' 같은 체험을 했다. 그때 우리는 시베리아 해안에서 북극점을 거쳐 캐나다까지 2,000킬로미터를 걸어가려 했다. 공중 보급도 없었다. 둘째 날 밤에 느닷없이 주변의 얼음이 깨졌다. 유빙流氷이 갈라지면서 서로 부딪치고 부서졌다. 어슴푸레한 달빛 속 세상은 그야말로 혼돈과 무질서 그 자체였다. 얼음덩어리들이 깨지면서 아수라장이 되고 있었다. 구름 사이로 별들이 보였다. 눈은 반짝거렸지만 얼음덩어리들과 바닷물은 온통 검은색이었다. 바다에서 들려오는 것은 오직 유빙 소리뿐으로, 우리는 위험 한가운데에 그대로 있을 수밖에 없었다.

우리는 추위를 무릅쓰고 텐트를 버린 다음, 해안의 안전지대로 가까스로 탈출했다. 우리 뒤에 남은 것은 거친 파도뿐이었다. 얼음덩어리의 장애물들이 가로놓여 있었는데, 그 너머로 푸른 보랏빛이 북극에 정교한 커튼을 드리우듯 빛났다. 그것은 다양한 색깔의 불꽃놀이 축제였다. 폭풍으로 발밑의 얼음이 움직여서 발을 옮기기가 어려워지자 점점 마음이 불안해졌다. 유빙이 어떤 상태로 움직이는지 아무도 알지 못했다. 후버트는 손가락이 얼기 시작했다. 영하 50도부터는 혈액이 얼어붙는다. 그러면 마치 손이 녹아내리는 것같이 고통스럽다. 이때의 비명은 고통스럽다는 뜻이 아니다. 그것은 절망의 표현이며, 목숨을 구하기 위한 시도에서 느껴지는 두려움의 표현이다. 또한 스멀스멀 올라오는 절망을 억누르기 위한 표현이기도 하다. 우리는 말로 의사소통을 할 수 없었다. 턱이 얼어붙고, 어두워서 손의 움직임도 보이지 않아, 내뱉는 말들은 마치 원시인의 입에서 나오는 것 같았다. 하지만 맞닥뜨린 위험으로 우리의 집중력은 더욱 높아졌고, 동물적인 주의력으로 주변을 살폈다.

어릴 적 부모님과 산책할 때도 그 높은 숲속에서 우리는 부모님에게 우리의 상태를 알릴 수 없었다. 하지만 부모님이 내려오자 우리는 바로 산을 내려갔다. 아버지가 손전등을 들고 앞서 가고 우리는 뒤따라갔는데, 어머니가 맨 뒤에 섰다. 길이 어디에서 꺾이는지 아버지는 알고 있어도 나는 알 수 없었다. 우리는 왔던 길과는 전혀 다른 곳으로 돌아 내려갔다.

당시 나는 방향감각이란 '스스로 익히는 것'이며 남의 뒤를 따라가기만 하면 끝내 알 수 없다는 것을 깨달았다. 나는 죽을 뻔한 실패의 경험보다 위험으로 가득 찬 미지의 세계를 더욱 소중하게 여긴다. 우리는 행동을 할 때는 서로 말을 주고받지 않는다. 다만 극도의 위험에서 빠져나왔을 때 다시 살아났다는 느낌으로 자신의 경험을 이야기하게 된다. 깊은 숲속이나 광야에서 사람의 흔적이 없으면 우리는 벙어리가 된다. 그리고 불확실한 상황에서는 두려움이 많을수록 의심부터 하게 된다. 나도 불안을 느끼지만, 그것은 어린아이들에게 으레 따르는, 일종의 건설적인 편집증 같은 것이다. 그런데 만일 이것을 일찍이 깨닫고 대처하지 못했다면, 나는 평생 거기에서 벗어나지 못했을 것이다.

많은 모험에서 나는 절대적으로 조심하면서 신중을 기했다. 그러나 조심성이 지나쳐 행동을 주저하면 어떤 체험도 할 수 없다. 주저하지 않되 모험에는 언제나 조심성이 따라야 하고,

조심성 있는 사람은 위험에도 신중하게 대처한다. 그리고 무엇이 위험한지를 확인하고 행동하며, 언제나 더욱 조심한다. 하지만 끝내 모험에 나서지 않는 사람은 결코 실패하지 않는다. 그러므로 모험이란 언제나 죽음을 껴안고 있는 셈이다. 위험의 조건은 지역에 따라서 상당히 다르다. 예컨대 숲이 황폐하면 수원이 고갈되고, 산허리에 초목이나 이끼가 없으면 빗물이 고이지 않는다. 이렇게 되면 강바닥이 메마르고, 소나기가 오면 숲에 물을 공급하는 대신 토양을 쓸어내 홍수를 일으키고, 그 밑에 있는 논밭들을 망가뜨린다. 숲의 황폐는 결과적으로 광대한 지역의 삼림 기반을 파괴한다. 그리하여 인간이 자연에 저지르는 잘못은 더 이상 돌이킬 수 없게 된다.

내가 산에서 겪는 위험은 성질이 다르다. 설사 그것이 내가 자초한 것이라도 나는 그 위험을 등반으로 해결한다. 그런데 왜 나는 생명을 위협하는 이 위험을 받아들이는 것일까? 내 경우는 평범한 일상생활과 달라 보편적인 사례가 될 수 없겠지만, 위험을 받아들여야 하는 순간이 있다. 물을 구하고 음식을 만들기 위해서, 또는 적을 해치우려 하는 경우는 이와 다르다. 극한에 도전하는 사람들의 평균수명은 은행가들의 그것에 훨씬 못 미친다. 그 원인은 통제가 불가능한 눈사태와 추위 같은 것에도 있지만 본인의 실수에도 있다. 우리는 누구나 조심하지만 완벽을 기할 수는 없다. 우리는 100년도 살지 못하면서 완벽하게 살려고 노력한다. 그렇다면 나는 조금 짧게 살 각오로 위험한 모험을 하는 것일까? 그렇지는 않다. 만일 내가 다른 직업을 가졌더라면 나는 스무 살에 이미 늙어버렸을지도 모른다. 나는 위험 속에서도 살아남을 수 있다고 믿는다. 위험에 부딪치면 누구에게나 조심성이 나타난다. 세상을 일터로, 몽상을 비전으로, 두뇌 속의 생각을 사실로 만드는 그 능력이야말로 우리가 자연에서 배우는 것이다. 우리가 할 수 없는 모든 것에 대해서도 마찬가지다. 삶과 죽음의 전제조건은 최선의 노력을 다하는 것이다.

전통적인 등반은 물론이고 일상생활에도 불가피한 위험이 도사리고 있다. 물론 이 모든 것은 사람마다 차이가 있다. 지금까지 우리는 위험을 극복하기 위해 많은 노력을 해왔다. 만일 누가 어디서 어떤 위험을 만났고 어떻게 대처했는지 알 수 있다면, 우리는 위험에 대해 훨씬 더 잘 이해하고 평가할 수 있을 것이다. 그것에 대한 옳고 그름이 아니라, 인생에서 위험을 두려워하지 않는 방법을 배울 수 있다. 전통적인 위험은 조심하는 것이 언제나 중요하다. 바위의 냄새와 눈의 빛깔 그리고 바람의 방향 등을 제대로 모르니 우리는 위험에 부딪칠 수밖에 없었다. 지금은 전통적인 위험에 대한 자료가 축적되어, 우리는 그런 위험에 일일이 신경 쓰지 않게 됐다. 그러나 나는 이런 식의 안일함보다는 언제나 조심하라고 말하고 싶다.

우리는 오랜 세월 축적되어 온 경험을 통해 어떻게 하면 위험을 줄일 수 있는지 알고 있다. 문명의 이기利器가 위험을 줄이고 있지만, 위험은 위험이다. 따라서 위험이 커질수록 조심성도 더 커진다. 한밤중에 극지의 유빙이 부서지고, 머리 위의 바위나 눈이 무너지는 돌발 사태가 벌어지면 죽고 사는 것은 순식간이다. 이런 전통적인 위험에서 조심성만으로는 아무것도 할 수 없다. 따라서 선구자들이 쌓아올린 지식과 자신의 경험으로 대처해야 한다.

위험을 일종의 쾌감으로 여기면서, 불안을 모르는 흥미 위주의 사람들도 있지만, 그것은 전통적인 위험을 체험하는 것과는 다르다. 사람은 위험의 의미를 알아야 이를 극복할 수 있다. 이때 가장 중요한 것은 위험한 상태에서 빠져나오는 자신의 기술이다. 조심성이란 최선을 다해 위험과 싸우는 데 도움이 된다. 내가 위험에 뛰어드는 것은 나 자신의 용기를 보여주기 위해서가 아니다. 나는 "위험과 맞서는 사람은 위험으로 죽는다."라는 식의 역설에 반론을 제기하거나 항변하고 싶지 않다. 그러나 반대로 위험을 모르는 사람은 위험으로 죽을 수 있다는 것을 알아야 한다.

우리는 지금 미디어의 시대에 살고 있다. 그러면서 인터넷과 TV, 라디오, 비디오 등을 통한 간접 경험의 홍수 속에 안주하고 있어, 경험한 것을 직접 들려줄 시간이 없다. 우리는 미디어를 통해서 정보를 얻는 것보다 위험 자체를 다루는 일에 조심해야 한다는 것을 잊고 있다. 나는 지금까지 내가 체험한 것들이 기억 속에 깊이 새겨져, 조심성이 하나의 본능이 됐으며, 일상생활에 도움이 되고 있다. 나에게는 가끔 본능적으로 꿈속에서까지 조심성이 나타난다.

8
둥지

나는 대가족 속에서 자랐다. 어쨌든 형제자매가 아홉 명이나 됐으니까. 우리는 100제곱미터의 주택을 둥지로 삼고 함께 살았다. 집 뒤의 양계장을 지키던 개를 누군가가 죽였을 때 그것을 우리는 노동을 함께해야 하는 우리 가족에 대한 공격으로 받아들였다.

식사 시간이 되면 석기시대의 사람들이 모닥불 주위로 모이듯 우리는 주방에 모였다. 아버지는 아버지로서의 위치에서 우리에게 할 일을 지시했다. 우리는 각자 숲과 초원과 산으로 갔다. 누이동생은 집에서 어머니와 함께 부엌일을 했다. 우리 형제는 일솜씨로 보나 가족으로 보나 석기시대 때처럼 단단히 결속되어 있었고, 중세 때처럼 모든 규정과 부모님의 지시를 마치 신의 명령처럼 지켰다.

우리가 집과 학교 그리고 교회에서 해야 할 일은 모두 정해져 있었다. 다만 자유 시간에 노는 일에는 어떤 규정도 없었다.

그래서 나는 이때 서로의 역할이 대립되지 않도록, 여럿에게 도움이 되는 일과 나 자신이 하고 싶은 일을 적절히 구별해야 했다. 우리는 밖에서 보낼 때는 개인이었지만, 집에서는 공동체가 됐다. 때로 무엇인가를 고안해야 하거나 좋은 일이 있으면 함께 생각하고, 함께 움직였다. 우리 집에서는 그런 일이 없었지만 마을에서는 가끔 좋지 않은 일이 있었는데, 사람에 따라서는 오히려 그것을 별것 아닌 것으로 받아들이기도 했다.

한편 우리 계곡 공동체에서는 종교가 큰 역할을 했다. 종교로 조직이 통일되어 있었고 모두 종교의식에 참가했으며, 누구나 시키는 대로 따르고 행동했다. 종교가 요구하는 도덕은 엄격했는데, 이런 것들이 나에게는 거부감으로 다가왔다. 조그마한 공동체에 그런 것들이 필요할까. 어떤 분쟁이 일어나 문제를 풀어야 할 때는 대화가 필요하지만, 집단에서는 명백한 것만이 언제나 문제의 해결책이다.

나는 뒤늦게 여러 민족들을 만나면서 그들의 생활과 종교를 알게 됐다. 그들은 수장이나 족장이 신의 명령을 받고 하늘과 땅을 조정하는 것으로 알고 있었다. 그리하여 신이 비를 보내 농사를 짓게 하는 등 모든 것이 신의 혜택 속에 있었다. 인간의 행복도 예외가 아니었다. 족장은 마을 사람들에게 이익이 되도록 수로와 사원, 농가 등을 건설하는 데 중요한 역할을 했다. 이렇게 해서 일정한 의식이 생겼다. 다시 말해서 신하들의 생활은 하나의 명령을 따르는 것, 즉 순종하는 것이었다.

나는 이런 상관관계를 일찍이 등반을 통해 알았는데, 그때도 나는 내 마음속의 법칙에서 떠날 수 없었다. 도덕적 개념의 이해만으로는 그렇게 할 수 없었던 것이다. 올바른 행동이라고 명령으로 해나갈 수는 없다. 옳고 그름은 스스로 판단하는 것이다. 그것은 감정이며 인간의 본성에 속하는 것으로, 종교에서는 도덕이라고 한다. 자신이 해야 할 일, 즉 의무와 책임은 암벽등반에서 잘 나타나며, 이것이 다름 아닌 자연법칙이다.

나는 큰 공동체 사회에서 체험한 것이 많지 않다. 신적이거나 초자연적인 것, 또는 예언자들의 예언서나 전형적인 십계명에 대해서도 나는 잘 알지 못한다. 그런 것들은 대자연 황무지에서 살아남는 데 아무 쓸모가 없다. 종교란 대부분 독자적인 진실의 전매품이다. 즉, 자기 종교를 믿지 않으면 모두 거짓이라고 하니 종교를 믿을 수 없다.

어렸을 때는 협력과 경쟁, 이타심과 이기심이 뒤섞인 인간성이 지배한다. 어른이 되어서는 남보다 앞서려는 노력과 호혜의식이, 그리고 뒤에 가서는 배신과 자각이 작용한다. 그 뒤 그것이 경쟁이든 오락이든 점차 이기적이면서도 때로는 서로를 돕는 일이 지배하기도 한다. 우리 안에는 이성과 직관이 언제나 대립하고 있다. 인상과 감정, 의도와 이성의 통제, 또는 개인의 감정이 작용하면 일이 바람직하게 될지 모르지만, 집단은 여전히 개인의 상태와 감정에서 벗어나지 못한다. 물론 지금도 종교는 그 역할을 다하고 있다. 불교는 명상을, 기독교는 하늘을 그리고 이슬람은 그들의 성지를 갖고 있다. 우리가 둥지인 자신의 고향을 믿고 의지하는 것도 결국 옳은 일이 아닐까?

어린 시절의 기억으로는 둥지가 좁다는 감정이 탈출 욕구로 작용한 것 같다. 이것이 나 자신의 문제를 해결하는 강한 동기였다. 그리하여 내 생활은 마치 모든 일이 내 뜻대로 된 이야기와 나 자신의 의견이 모인 듯했다. 그 기억들은 지금도 생생하다.

우리의 역사가 기억 속에서 바뀔 수 있을까? 기억 속에서는 경험한 모험이 중요하며, 그 결과나 그것을 인정하는 것은 중요하지 않다. 모험에서는 우리가 기대하는 것이 무엇인지 어느 정도 예측할 수 있다. 설사 아무것이 없다 할지라도…. 얼마나 춥고 위험하며, 얼마나 잘 이겨낼 것인가? 그 속에서 우리는 얼마나 외롭고 고통스러울까? 그런데 우리가 거기서 무사히 돌아올 수 있었다는 것이 기억에 남는다. 이것이 그때까지의 온갖 위험과 고통을 모두 감싸고 오직 빛으로 덮는다. 이렇게 해서 우리는 둥지로 돌아오게 되는데, 그 기억은 이전의 생활이 어려우면 어려울수록 더욱 강해진다. 마치 온갖 불안과 고난 속에서 살아온 나와 다시 태어난 듯한 나를 갈라놓는 것 같다. 이것은 탄생과도 같은 것이다.

60여 년 전 에드먼드 힐러리Edmund Hillary가 인류 최초로 에베레스트에 올라갔다. 그는 살아서 내려오는 것이 올라가는 것보다 더 중요하다고 말했다. 그 뒤로 그 최고봉의 신비는 다른 산과는 달리 점차 우리를 매혹했다. 그리고 시간이 흘렀다. 최고봉이 지닌 신비는 그대로 남은 채 셰르파들은 그들의 일을 해나갔다. 그런데 힐러리와는 달리 아무런 축하 행사도 없이, 그저 '올랐다'는 것뿐이었다. 사람들은 그 높은 곳에서 자신을 위해 자기 자신과 싸웠으며, 포기하지 않으려고 안간힘을 쓰며 자신의 이상을 위해 끝까지 견디어 냈다. 등반이 자신의 목적이 아니었다면 어떻게 했을까?

파시즘은 알피니즘을 대리 전장으로 삼았다. 그리하여 그것을 추구하는 동시에 인종 우월주의로 속화시켰다. 의지와 용기를 '우량한 종족'의 상징으로 내세웠다. 모험과 싸움이 동의어가 됐다. 오늘날 성취 자랑과 기록 등은 모두 그럴듯하게 계산된 것이다. 나는 산 하나에 매달려, 그 비밀과 위험과 장대함을 박탈하는 것을 뒤따라 할 수 없다. 등반하려는 노력을 스포츠의 새로운 분야로 만들 수는 없을까? 모험은 '익스트림'과 '스피드'와 '체력' 등을 총체적으로 전제하고 있다. 하지만 사람들은 남들이 하는 것을 그대로 하고 있다. 정상은 성공의 표현이고, 그것이 전부다. 그러나 거기에는 아직도 체험 공간이 남아있다. 등반가로서의 경력을 끝까지 쌓아가려는 사람은 그저 '올랐다'는 데 더 이상 매력을 느끼지 않는다. 거의 모두가 정해진 루트를 따라 정상으로 향한다면, 그런 안일한 집단에는 더 이상 기대할 것이 없다.

결국 나는 둥지에서 나와서 혼자 산에 돌아다녔다. 어째서 나의 산행이 나만의 것이 되어서는 안 된다는 말인가? 이것이 '자신만을 생각하는 에고이즘'이라고? 아니! 나는 내가 해야 할 일을 제대로 알아야 했는데, 부모님은 내가 학업을 마치고, 형제들을 생각하며, 확실한 직업을 갖고, 좋은 친구들과 사귀기를 바랐다. 하지만 나는 내 멋대로 꾸준히 목표를 바꾸어나갔다. 그리하여 끝내는 독특하고 남다른 인생의 단계에 이르러, 더 이상 갈 데가 없는 데까지 갔다. 그리고 다시 고향으로 돌아오자, 나는 지난날의 둥지가 나에게 많은 전환을 허락해주었다는 것을 알게 됐다.

우리 인간은 '일에 불려가지 않고 일을 찾아간다.' 가족이라는 테두리 안에는 '해야 할 일'이 있는데, 그것은 화초나 동물과 달리 '숙명'은 아니다.

1234567890

신중

다섯 살 때 부모님이 나를 데리고 첫 산행에 나섰다. 고향의 산인 자스 리가이스Sass Rigais를 올라간 것이다. 그 뒤 나는 파이틀러코펠Peitlerkofel과 클라이네 페르메다Kleine Fermeda 그리고 필뇌스 타워를 올라갔다.

아버지가 그로세 페르메다로 데리고 갔던 날을 나는 지금도 기억하고 있다. 우리는 일찌감치 그슈마겐하르트Gschmegenhard 고원지대를 떠나, 가이슬러 산군에 있는 그뢰트너 측면의 가파른 사면으로 내려왔다. 길은 멀었고 태양은 빛났으며, 하늘에는 뭉게구름이 떠있었다.

우리는 처음에 루트를 따라 올라갔는데, 짧은 침니가 나타나서 그곳을 재빨리 통과해 더욱 높이 올라갔다. 끝에 가서 수직의 벽이 나타나자 아버지는 처음에 왼쪽으로 갔다가 다시 돌아와 오른쪽으로 건너가 가파른 벽에 붙었다. 나는 자일 없이 가보고 싶었다. 그러자 자일이 걸려있지 않은 곳에 눈이 갔다. 하지만 눈앞의 벽이 30~40미터나 되어 결국 빳빳한 대마 자일을 잡고 뒤따라 올라갔다. 그렇게 아버지는 앞에서 그로세 페르메다를 조금씩 높이 올라갔다.

아버지는 조심스럽게 올라갔다. 손잡을 데와 발 디딜 데를 단단히 잡고 디뎠다. 아버지는 바위가 단단한지, 제대로 서있을 수 있는지 자주 확인했다. 아버지는 언제나 내가 잘하고 있는지 살폈다. 우리는 루트 개념도를 갖고 있지 않아서 자주 루트를 찾아야 했다. 그것은 불확실성보다는 자기 책임을 중시하는 것이었다. 이런 신중성으로 우리의 등반이 가능했으며, 위험에 노출되면 바로 개입하여 — 전통적인 등반에서는 으레 있는 일이지만 — 우리는 실수하지 않았다. 발밑이 300미터에 달하는 수직의 벽이었을 때 아버지가 주저해서 내가 불안해진 일이 있었는데, 아버지도 불안했던 것일까? 그렇지는 않았다. 아버지는 신중을 기하고 있었다. 젊어서 아버지는 여기를 자주 오르내렸지만, 그것도 이미 20년 전의 일이었다.

문명 속에서 사는 인간은 위험을 잘못 평가할 수 있다. 문제는 산에서 이런 실수를 하면 목숨을 잃는다는 것이다. 전통적인 등산은 위험을 무릅쓰거나 길을 잃거나 악천후에 빠지지 않도록 조직된다. 하지만 경험이 많은 알피니스트들도 산에서 조난당한다. 등반이란 갑자기 위험해질 수 있기 때문이다. 그래서 알피니스트는 죽음에 이르는 위험에 빠지지 않기 위해 본능적으로 다양한 조치를 취한다. 그들은 운에 기대지 않고, 더듬고 살피며 위험지대를 탐지한다. 문명사회를 벗어난 이 위험지대에서는 훨씬 더 큰 위험의 근원이 되는 작은 단서들을 발견할 수 있다. 위험에 대처하는 준비는 그 경험과 비례한다. 왜냐하면 위험한 상황에서 끌어내는 잠재적 가능성과 마찬가지로 자신감도 경험과 함께 증가하기 때문이다.

우리는 루트를 제대로 가고 있다는 자신이 없자 내려가기도 했지만, 결코 착각하는 일은 없었다. 조금이라도 불확실하면 되돌아가서 대책을 강구했다.

책임이란 혼자 지는 것이 아니다. 산에서는 모두 함께 나누어서 지게 된다. 우리의 경우에는 육체적으로나 정신적으로 유능한 사람, 즉 아버지가 더 많은 책임을 졌다. 자일파티의 구성원은 자기 몫을 직감적으로 파악해, 책임지고 맡은 일을 하게 된다. 이렇게 되면 모두가 자신의 능력을 발휘하고 동등한 권리를 행사하게 된다.

등반을 마치고 출발지점으로 돌아오자 나의 감정은 더욱 성숙해졌다. 갈증이 심했다. 오랫동안 햇빛 속에 있어서 목이 타고 몸이 쑤셨다. 아버지가 바위틈에 있는 샘터를 알고 있어서 시원한 물을 손으로 받아 나에게 주었을 때, 그 맛은 글라스로 마신 어느 물과도 비교되지 않았다.

우리가 설사 보잘것없이 작은 존재로 거대한 암벽에 매달려 허공 속에 있다 하더라도, 우리는 미약한 존재가 아니다. 신중과 행동 사이에 있을 때는 언제나 독창적인 생각이 떠오르기 마련이지만, 나는 오직 살아남아야 한다는 생각만 했다. 나는 집으로 돌아오며 전통적인 등반 세계의 모순 — 죽지 않겠다며 위험 속으로 들어가는 — 을 생각했다. 그 무렵 나는 암벽을 제대로 오르려면 훈련을 충분히 해서 어떤 모험도 이겨나가야 한다는 것을 깨달았다. 그러기 위해서는 우선 도전하는 천부적 소질이 있어야 한다. 그러나 여기에는 신중과 시간, 통찰이 필요하다. 살아남을 수 있을지 걱정만 하는 사람은 엄습해오는 불안 앞에서 생존의 기회를 놓칠 뿐이다.

1234567890
위안

우리 형제들은 여름에는 주변에 있는 산에 가고, 겨울에는 고원지대에서 스키를 탔다. 이것은 하나의 정해진 의식과도 같았는데, 겨울이 와서 크리스마스 연휴가 되면 우리는 에지도 씰도 바인딩도 없는 스키를 메고 브로글레스, 감펜, 글라취 고원지대의 눈 속을 돌아다녔다. 이런 때는 아버지도 함께 갔으며, 높이 올라가 사면을 스키로 횡단했다. 그리고 직활강과 회전기술을, 때로는 점프대처럼 생긴 데를 뛰어넘기도 했다. 어두워지면 깊은 눈 속을 크게 돌아 좁은 숲길을 통해 마을로 돌아왔다. 이것은 당시 고집에 가까운 우리 나름대로의 방식이었다.

이 무렵의 흑백사진을 보면 헬무트, 귄터Günther, 에리히Erich와 내가 브로글레스 정상의 나무로 된 십자가 옆에서, 그리고 감펜 초원에서 찍은 모습이 담겨 있다. 이런 사진에는 당시의 기분, 즉 올라갈 때의 고생이나 서로 소리 지르며 아래쪽 마을로 내달리던 기분이 나타나 있지 않다. 그때 바람이 얼굴을 세차게 때렸던 것 같다. 자세히 떠오르지는 않지만 그때는 강렬했던 경험 속에 우리들의 일상생활이 고스란히 담겨있었다.

그 무렵 우리 고장에는 스키리프트가 없었다. 그래서 우리가 스키를 타는 것은 산행이나 다름없는 훈련이었다. 우리는 활강을 하기 위해 마을 가까운 사면을 높이 올라야 했다. 남들은 랑라우프Langlauf, 즉 스키로 멀리 가는 것을 스포츠로 알고 있었다. 나는 초등학교에 다닐 때 집에서 5분도 안 걸리는 사면에서 훈련하고 나서 지역 대회에서 입상했다. 당시 나는 나 혼자서 하는 훈련을 취미로 삼고, 그저 남보다 빨리 내려가려고 애를 썼다. 가장 즐거웠던 것은 — 이것이 당시 내 생활의 즐거움이었는데 — 우리 형제들끼리 겨울 산에 오르는 일이었다. 우리는 얼음같이 차디찬 샘터를 만나 쉬고, 산장에서 뜨거운 차를 마시고 사과를 구워 먹었다.

스키를 타든 산에 올라가든 그것은 육체적으로는 고통이었지만, 우리의 즐거움이기도 했다. 그때도 그랬고 지금도 역시 그렇다. 아직 미성년이었지만 당시는 스키와 산행을 함께 할 수 있었다. 우리는 산장에 둘러앉아 즐거워하며 피로를 풀었다. 그렇게 놀 수 있었던 것도 몸이 건강한 덕분이었을 것이다. 그것은 지금도 다를 바 없다. 언제까지 계속될지 모르지만 나는 건강하다. 나의 노력으로 몸이 견디어준다면, 나는 행복에 젖을 수 있을 것이다. 이런 결정이 우리 형제들이 함께 사는 동안 우리를 하나로 묶어주었다. 거기에는 한가하고 편안한 휴식이 있었다. 열심히 살면서 잡다한 생각을 버리고 깊이 생각하다 보면 한숨 놓이는 해방감이 있다. 불교도들이 말하는 열반과 같은 것이다. 이런 식으로 우리는 나이가 들면서 멀리 가거나 가파른 데를 올랐다. 그러자 능력과 함께 인내도 점차 커져갔다.

오늘날 산에 오르는 일은 나에게 하나의 위안이 되었다. 물론 옛날에도 그렇기는 했다. 등반일기에는 그런 이야기를 쓰지 않았지만…. 경험과 노력, 위험 뒤에 오는 편안함이 의미하는 것은 곧 위안이었다. 이것이 내가 산을 오르는 근본적인 동기가 됐다. 나는 경험한 것을 연습할 겨를도 없이, 그저 무의식적으로 모든 것을 해나갔다. "1956년 겨울 — 브로글레스 스키 산행"이라는 글을 읽어보면 "우리는 씰도 없이 고원지대로 올라가서, 가파른 숲길을 그냥 활강했다. 그리고 글라취로 갔다. 뒤에 우리는 감펜 초원으로 깊은 눈 속을 스키로 갔다. 봄이 오자 에리히와 클라이네 페르메다에 올랐다. 비가 오고 눈이 내렸다. 기숙사에서 지낸 몇 달 동안은 무척 좋았다."라고 쓰여 있다.

나는 처음에는 모험에서 오는 위안을 몰랐다. 더구나 죽음에 관해서는 아무것도 몰랐다. 내 의식이 깨어가자 나는 언젠가는 죽는다고 생각했다. 나는 마을사람들이 죽는 것을 보고, 결정적으로 그것은 운명이라고 생각했다. 우리가 어려서 학교에 다닐 무렵, 가까운 이웃이나 친척의 장례에 묘소까지 따라간 적이 있었다. 그러나 그런 일로 나의 마음에 두려움이 생기지는 않았다. 나는 죽음이라는 것을 부정적으로 생각하고 싶지 않았고, 그렇다고 위로로 여기지도 않았다. 즉 모두가 '에덴동산'을 상상하며, 하늘나라에서 마음의 평안을 얻는다는 식으로 생각하고 싶지 않았던 것이다. 나는 죽음에 깊은 의미가 있다고는 생각하지 않는다. 죽음은 그저 하나의 사실일 뿐이다. 이 세상의 모든 괴로움이 저 세상에서 보답 받는다는 식의 이야기는 비굴한 생각이고, 신심信心으로 굳어버린 위선적인 유혹일 뿐이다. 자연 속에서 한 경험은 이와는 전혀 다르다. 이 세상에서 자신의 마음에 따라 행동하고, 그 속에서 의미를 찾는 것이 우리의 삶이 아닐까?

나는 종교가 현실을 외면하는 것에 동의하지 못한다. 구원이나 하늘나라는 우리와 너무나 거리가 멀다. 나는 삶의 의미를 행동이라는 관점에서 찾는데, 그것은 우리가 갈 수 있는 데까지 가는 일이다. 선악이라고 하는 흑백도식 같은 도덕적 규범은 모험에서는 간단하게 허물어진다.

나는 여행을 하면서 다양한 신앙을 보았는데, 그들은 생활과 신앙을 구별했다. 그래서 나는 종교가 위안을 주는 역할을 한다는 것을 알았다. 하지만 나 자신은 저 세상에서 위로 받기를 원하지 않는다. 광야에서의 체험으로 내가 마치 종교와 싸움이나 하려는 것 같지만, 오늘날 우리가 할 수 있는 것, 즉 기계적이고 사회적인 매체가 품고 있는 여러 위험을 최소화할 수 있는 길은 거기에 있지 않다. 종교의 과제는 우리 인간의 존재의미를 자명한 것으로 주장하는 데 있지 않다. 이런 독단은 어느 누구에게도 권리나 자격이 아니다. 세상은 유동적이고 무의미하며 무목적인 듯이 보이지만, 불확실성의 의미는 극대 또는 극소의 세계와는 상관없다. 결국 우리는 이 세상에서 한 개인으로 살면서 스스로 존재의 의미를 찾아내야 한다.

I 걷기 I

어렸을 때 필뇌스에는 우편물 배달차가 있어서 나는 아침에 그 차를 타고 갔다가 저녁에 돌아오곤 했다. 처음에는 그 차를 잘 타지 않았었다. 그 차를 타고 다니는 것이 어색했고, 그 차로 좁은 협곡을 달리는 것이 싫어서 나는 주로 걸어 다녔다. 마을 계곡은 물론이고, 마을을 벗어난 고원지대와 숲을 중심으로 한 주변의 넓은 지대를 나는 언제나 걸어 다녔다. 그곳까지는 도로가 없었다. 이런 식으로 내 머릿속에는 온전히 나만의 지도가 생겨났는데, 마치 4차원 속에 시간과 장소가 명시되어 있는 듯했다. 그러나 이것들은 모두 내 머릿속에서 나왔다. 한 걸음을 옮길 때마다 만나는 것이 이 지역의 명소나, 계곡을 조망할 수 있는 곳이었다. 이곳에는 수많은 명소가 있었는데, 바위 위의 나무가 그런 곳이었고, 계곡을 조망할 수 있는 곳 또한 그런 곳이었다. 곳곳에 표지가 있었다. 걸어서 건너는 냇가에는 그 냇가에 대한 이야기가 자세히 쓰여 있었다. 날이 갈수록 주변이 다 나의 세상이었다. 나는 어느 모퉁이든 잘 알고 있었고, 거리도 내 걸음으로 잴 수 있었다. 나는 지금도 이런 식으로 여행한다. 마치 내가 오래전에 이 세상을 발견한 사람이나 되는 것처럼…. 이렇게 돌아다니는 것은 명상이 아니라, 이 세상에서 나 자신을 분명히 알고, 내가 갈 방향을 아는 일이다. 그리고 나에게는 실제적이고 현실적인 존재 근거를 보편타당하게 알아보는 적절한 방법이기도 하다. 비록 이용 가치가 없다고 할지라도.

부모님은 우리가 나돌아 다니는 것을 좋게 받아들였다. 나는 다섯 살에서 열 살 사이에 상당히 많이 걸어 다녔다. 그래서 나는 우리 계곡을 많이 알게 됐다. 그다음에는 필뇌스 계곡을 벗어나 이웃 계곡을 찾아다녔다. 한번은 뷔르츠요흐를 지나 플로제로 갔는데, 그때 갑자기 하늘이라도 터져나간 듯한 비와 우레를 만나 정말 공포에 질린 적이 있었다. 도대체 몸을 피할 곳이 없는 넓은 고원지대였다. 또 한번은 고원지대와 그곳 목장을 통해 가더 계곡의 캄필로 가고 있었는데, 그 여름 무더위는 이루 말할 수 없었다. 그리고 그뢰덴 계곡의 상트 크리스티나까지 걸어가기도 했다. 마치 장사꾼이나 된 것처럼. 이렇게 나는 우리 세계의 자연현상에 적응하는 법을 배웠다.

그 뒤 — 아직 어렸을 때 — 고향에서 동쪽으로 가이슬러 산군을 돌아 그뢰트너요흐로 가서 치슬레스를 넘어 집으로 돌아온 적이 있었는데, 이것은 차원이 달랐다. 나는 고통과 피로를 어찌해야 할지 몰랐다. 주위는 초목이 무성했는데, 나는 마침내 쓰러질 것 같았다. 그러나 끝없이 오르내리며, 이런 걷기가 나에게 소중하다는 것을 알았다. 이런 걷기가 살아가는 데 도움이 되는지에 대해서는 관심이 없었지만, 이렇게 돌아다니는 동안은 나 자신을 완전히 잊어버릴 수 있었다.

우리는 일주일에 한 번 두세 명씩 짝을 지어 돌아다녔다. 이것이 뒤에 가서는 등반이 되어 종일 여기에 열중했다. 나는 이렇게 지내기를 좋아했는데, 그것이 꼭 양계장 일에서 벗어나고자 하는 것만은 아니었다.

어린 우리에게 필뇌스 계곡은 세계를 의미했다. 숲속의 이끼가 무성한 묘지와 건초가 없는 헛간에서 뛰어놀며 우리는 모험의 왕국에서 살았고, 도둑과 정복자가 되어 이 왕국을 정복했다. 우리 고향 계곡은 작고 좁아 탐구할 비밀이 거의 없었다. 그래서 나는 산을 넘어가고, 그다음에는 세계로, 즉 남미의 안데스와 인도로 갔다. 또한 다니 부족의 원주민을 데리고 뉴기니 밀림지대에서 몇 주일 동안 나 자신과 싸웠다. 그리고 후에는 열세 살이 된 아들 시몬을 데리고 낙타로 아프리카의 테네레Ténéré 사막을 갔으며, 일흔 살에는 영화 촬영팀과 몇 달 동안 히말라야에서 살기도 했다.

그러나 많은 것을 보고 멀리 여행할수록 더욱 분명한 것은 내 고향만 한 데가 없다는 것이었다. 우리 지방의 특정한 장소, 특히 돌로미테의 풍경과 강하게 유착된 것은 어린 시절의 인상과 관련이 있다. 그것은 오랜 세월 어려서 걷던 경험에서 온 것이 분명했다. 내가 만일 바닷가에서 자랐다면 항해사가 됐을까? 아마 그랬을지도 모른다. 그러나 지평선을 보고 그것이 상징하는 세계로 가고 싶다는 충동으로, 걸어야겠다는 생각이 일찍부터 내 마음속에 싹텄다. 그리고 뒤에 가서 등반과 산행이 다시 돌이킬 수 없는 경험이 됐다. 그러나 그 시절의 사진들을 보면 암벽을 올라가거나 정상에 서있는 나보다는 오히려 어떻게 이 산들을 오르게 됐으며, 어떤 마음으로 이 산들을 찾게 되었는지 알 수 있다.

초등학교를 끝낼 무렵 — 아버지를 교장선생님으로 두고 — 나는 반항아였다. 나는 나의 자유를 증명하기라도 하듯 할 수 있는 모든 것을 다했다. 스키를 타며 내가 생각하는 것을 솔직히 말함으로써 나는 나 자신을 방어했다. 그러나 내가 가장 좋아한 것은 산에 가는 것이었다. 지금까지도….

이렇게 해서 이 나이에 이르기까지 나는 오직 걷는 사람이 됐다. 그리고 어려서부터 걷던 그 율동이 끝내 나에게 추억과 여운으로 남았다. 나는 등반은 그만둘 수 있지만 걷기는 그만둘 수 없다. 나에게 유목 민족의 정신이 있는지 모르지만, 그것은 어쩔 수 없는 나의 버릇이나 다름없었다. 그렇다고 지평선에 미친 것은 아니고, 다만 언제나 나의 둥지를 떠날 구실과 시간을 찾았을 뿐이다. 그리고 자리를 박차고 앞으로 나아갔다! 여기서 결정적인 것은 가는 길이 얼마나 먼가가 아니라, 어떤 곳에 갈 수 있는가 하는 가능성이었다. 나는 나의 힘으로 할 수 있는 것을 스스로 경험했다.

걷기는 사람마다 기준이 있다. 걷는 속도를 보면 그의 의도를 알 수 있다. 중단 없는 걸음은 세계가 그만큼 비밀에 차있고 크다는 것이며, 결코 평범하지 않다는 이야기다. 지난날 젊었을 때 솟아오르던 그 힘과 인내, 기민성 속에 자랐던 믿음이 후에 자연스러운 나의 속도가 됐다. 걷기와 사고思考는 둘이 아니고 하나다. 걷기와 사고가 요구하는 것은 육체와 정신의 상호관계다. 오늘날 나는 나 자신의 가능성을 생각하며 걷는다. 그리고 기진맥진할 때까지 노력한다. 우리의 사고에는 심장의 고동과 걸음이 따르며, 세계를 자세히 알아보는 데는 거리가 문제되지 않는다. 인간은 자기가 가는 것을 인식하며, 그때 발과 눈으로 느끼고 본다.

나는 성공 여부는 중요하게 여기지 않고 가볼 만한 곳이면 간다. 그리고 거기서 생기는 모든 부름에 응한다. 만일 이때 내가 사고를 중지하면 길은 닫히고 무한궤도를 돌게 된다. 직선은 정도가 아니다. 정도는 우리를 철학적이고 근본적인 악과 도덕에서 놓아주지 않는다. 우리는 떠날 때 그 자리에서 모든 것에 의문을 품는다. 언제나 그렇다. 그래서 우리가 모험을 통해서 인생의 의미를 알려는 것은 당연한 요구며, 생각에 그치지 않고 길을 나선다는 것은 멋진 감성이다. 이제 나는 나의 발과 눈으로 알아간다. 여기에 나의 심장과 폐가 아무런 기술적인 편견을 갖지 않고 순종한다. 이것은 일상생활을 벗어난 체험의 세계이며, 두 발로 하는 하나의 기술이다.

남 티롤은 정말로 이상적인 곳이어서 나는 이곳에 살고 있다. 그런데 실은 이름난 공원도 없으며 토지는 대부분 숲과 산 그리고 고원이다. 이런 마을에 자연과 이어지는 길과 발자국이 있다. 그러나 이것들은 그저 사람들이 다른 곳으로 가기 위한 것이 아니다.

12 용기

클라이네 페르메다 북벽에서 나는 동생 귄터와 함께 처음으로 우리들만의 등반에 나섰다. 그곳은 위가 보이지 않는 여러 갈래의 500미터 암벽이었다. 동생은 열둘 나는 열네 살이 채 안 됐을 때였다. 우리는 그때까지 아버지를 따라 쉬운 암벽을 많이 올랐었고, 글라취 쾨펠른 연습암장에도 자주 갔었다. 우리는 어깨끈이 달린 바지에 전신 우모복을 입고, 고무창이 달린 등산화를 신고 있었다. 그리고 배낭에는 아노락(겉옷)과 식량(빵과 정어리 캔)에 암벽 사진 같은 것이 들어있었다.

등반에 나서기 며칠 전 우리는 대상지 암벽을 공부하고 상상했던 루트를 암벽 사진에 표시했는데, 이것이 후에 우리 루트가 됐다. 그리고 적당한 등반선을 사진과 여러 번 대조했다. 이렇게 해서 목표를 확인하고, 그것이 그대로 모험으로 이어졌다.

한편 계획했던 등반에 의구심이 생겨 조심스럽기도 하고 마음도 불안했다.

과연 우리가 해낼 수 있을까? 오르지 못하면 어떻게 하나? 그러다가 해볼 만한 시나리오가 머리에 떠올라 나는 불안을 자극으로 삼았다. 그때까지 조금씩 또 조금씩 발을 옮겼던 많은 등반이 생각났던 것이다. 사실 나에게는 안전이 가장 중요했다. 그러나 귄터와 나는 위험하다는 것을 알고 있었기 때문에 위험을 피할 생각은 없었다. 위험을 위험하다고 생각해서는 위험에서 오는 불안에서 벗어날 수 없다.

위험이냐, 아니면 모험이냐 하는 문제는 당시 우리의 관심사가 아니었다. 그런 이야기보다는 우리가 어떻게 할 것인가가 중요했다.

우리는 1시간쯤 걸어서 그슈마겐하르트에서 뭉켈벡을 넘어 길이 없는 비탈진 권곡을 지나 클라이네 페르메다 북벽 밑의 등반 시작지점까지 갔다. 그리고 처음에는 자일 없이 오르고 트래버스 해서 돌출 암부까지 갔다. 이때 비로소 서로 안자일렌을 했다. 겔렌데는 아직 어렵지 않았지만 전체를 볼 수 없었고, 아무런 표시도 없었다. 우리는 오른쪽으로 루트를 잡고 올라가며, 상대방을 확보하기 위해 교대로 푸석 바위 위로 올라갔다. 한 사람이 오르면 다른 사람은 확보를 했다. 미리 정한 루트가 없어, 우리는 머릿속에 있는 등반선을 따라 올라갔다.

그렇지만 조금도 불안하지 않았다. 높이 올라가자 멀리 그리고 깊이 밑이 내려다보였다. 우리가 개척해 나가는 구간마다 전망이 넓어지자 마음이 흡족했다. 밑은 나락이고 위는 하늘이었다.

이렇게 높이 오르자 우리는 기분이 좋아졌고, 더욱 자신감을 가질 수 있었다. 더불어 용기와 신중함도 생겼다. 루트는 생각보다 단순했지만, 이번 등반이 처음 계획했을 때보다 외롭다는 느낌이 들었다. 특히 앞에 놓인 루트가 예상외로 위험하고 어려워 보였다. 처음의 절반은 용기가 필요했다.

다소 머뭇거렸지만 다음 암벽에 달라붙자 날이 어두워졌다. 이제 어떻게 할 것인가를 생각하기보다는 실수가 없어야 했다. 정상까지는 100미터가 채 안 됐다. 나는 바위지대를 지나 오른쪽으로 올라가 넓은 곳에서 귄터를 확보했다. 자일을 암각에 걸고, 가슴에 둘러 묶은 한쪽 자일을 잡아당겼다. 그렇게 해서 우리는 빨리 올라갔다.

마지막 피치는 경사가 셌지만 어려운 등반은 아니었는데, 문제는 고도감이었다. 발밑은 500미터의 낭떠러지로 그야말로 허공이었다. 그런 인상적인 장면을 그저 추상적으로만 생각하는 것이 과연 가능할까? 그런 경험을 해보지 않고서는 — 자신이 그렇게 높은 암벽에 매달려 보지 않고서는 — 그 불안감을 모를 것이다. 나는 깊은 숨을 내쉬며 위만 쳐다보고, 손잡을 데와 발 디딜 데를 신경 썼다. 그러자 순간 햇빛이 눈에 들어왔다. 정상이었다. 귄터가 뒤따르고, 우리는 그다지 어렵지 않은 암벽을 통해 정상을 향해 올라갔다. 날씨는 아주 좋았다. 우리는 주위를 둘러싼 돌로미테의 유명한 봉우리들의 이름을 하나씩 불렀다. 랑코펠에서 안텔라오Antelao까지. 그러자 나의 앞날에 대모험이 펼쳐질 것 같다는 막연한 생각이 들었다. 조금도 불안하지 않았다. 우리는 길을 찾아 내려갔다.

누군가 나를 이해하고 싶다면 당시 우리가 클라이네 페르메다를 오르는 모습을 보았어야 할 것이다. 또한 우리가 얼마나 벅찬 가슴으로 그 정상에 서있었는지 상상하기 위해서는 새의 눈으로 주위를 내려다봐야 할 것이다. 자신을 인정하고 겸허하게 받아들이면, 자신감은 용기 있는 사람의 가장 중요한 요소라는 것을 나는 그제야 깨달았다. 위험을 공동으로 조절해나가면 우리는 점점 강해지고 서로가 서로에게 신뢰감을 갖게 된다. 이것 또한 긍정적인 모범이 아닐까? 물론 꼭 그렇지는 않다. 왜냐하면 용기는 스스로 해낸 일에서만 배울 수 있기 때문이다. 용기란 어쩌면 다른 사람에게 전염될 수도 있다. 심지어 용기는 위험을 마다하지 않는 성질로까지 성장할 수 있다. 해결책이 없는 상황에서, 또는 모두가 흥분한 상태에서는 더욱 그렇다. 그러나 위험한 상황을 함께 겪으면서 서로 믿고 각자의 능력으로 대처했을 때 용기야말로 도전에서 오는 모든 것을 이겨내게 한다.

3 두려움

1961년 7월 20일, 나는 귄터와 함께 6시간 만에 자스 리가이스 정상에 섰다. 그때까지 24번이나 정상에 올랐지만 그 순간만큼은 특별했다. 우리는 800미터에 달하는 수직의 북벽을 올라갔는데 밑은 허공이었다. 그 몇 주일 전부터 우리는 텐트에서 지내며, 루트를 확인하고 벽의 위험성에 대해 생각하고, 결빙 상태와 낙석에 대해 이야기했다. 잠이 잘 오지 않았다.

길게 그늘진 벽의 모습이 우리의 심리에 영향을 미친 것 같았다. 그것은 집에서부터 '우리의 벽'에 붙어 다닌 두려움도 아니고 끝까지 해낼 수 있을까 하는 근심도 아니었다. 당시 귄터는 열여섯 살, 나는 열여덟 살이어서 모험을 그다지 즐겼던 것도 아니며, 다른 사람들처럼 두렵기도 했다. 두려움이란 용기의 또 다른 면이다. 우리는 천성적으로 알지 못하는 위험에 예민한 편이었으며, 그것에 조용히 반응했다. 우리는 우리의 두려움에 대해 이야기할 필요가 없다. 왜냐하면 결국에는 누구나 다른 사람의 감정을 느낄 수 있기 때문이다. 만일 모두가 두려움을 느끼지 않는다면, 굳이 용기에 대해 이야기할 필요가 없을 것이다. 우리는 한 가족으로 살면서 많은 감정을 공유했기 때문에 두려움을 서로 나누고 용기를 함께 모을 수 있었다. 우리는 그렇다고 말은 하지 않았지만, 서로가 어떻게 받아들이고 있는지 알고 있었다. 이렇게 하면 두려움은 반감되고 용기는 배가 된다.

당시 수직의 모험 세계로 결정적인 발걸음을 내딛게 된 것은 극한 등반가가 되려는 꿈이 아니라 호기심 때문이었다. 그렇다고 우리가 위험에 대해 등한시했던 것은 아니다. 다만 위험이 없는 전통적인 등반이란 있을 수 없다고 생각했을 뿐이다. 모든 것은 우리가 두려움을 통제하며 가능성을 이용하는 것에 달려있다. 유치하게 들릴지 모르지만, 우리는 여행을 통해서 더 많은 경험을 쌓을 수 있고 용기를 모을 수 있다. 두려움은 각자의 능력으로 대처하고, 그렇게 함으로써 용기를 배가시키는 노력은 해볼 만하다. 그렇게 하면 두려움을 긍정적으로 받아들이게 되고, 우리의 열정을 위한 기회를 찾을 수 있다. 그러므로 위험에 대해 너무 깊은 생각을 하기보다는 오히려 두려움 그 자체로 받아들이는 것이 중요하다.

우리는 북벽 밑 고원지대에 텐트를 치고 밤을 보냈지만 거의 잠을 자지 못했다. 춥기도 했지만 머리 위 높은 벽에서 나는 소리에 놀라곤 했기 때문이다. 이때 두려운 감정이 생기자, 커다란 돌이 위에서 굴러 떨어져 산산조각 나는 장면이 번개처럼 머릿속을 스쳤다. 그러나 아침 일찍 우리는 그 위험한 공간에서 행동을 개시하고, 두려움 속에 위험과 싸워나갔다.

우리는 이른 아침에 벽을 올라갔는데 여간 위험하지 않았다. 눈과 얼음이 녹아, 낙석을 일으킬 수 있는 물소리가 들렸다. 우리는 부서지기 쉬운 암벽을 올라, 얼음 걸리를 건너가서 단단한 홀드가 있는 바위를 찾았다. 이곳에 적당한 루트가 있지 않을까? 우리는 벽의 구조를 잘 알고 있었는데, 밑에서 올려다본 것은 피상적인 것에 불과했다. 개념도에는 암벽을 넘어서면 그물이 쳐진 듯이 넓고 그것이 머리 위에 펼쳐지는 것으로 되어 있었는데, 중요한 것은 빨리 올라가서 등반이 가능한 루트를 찾는 일이었다. 여기에 성공의 열쇠가 있었다.

이런 대암벽은 나 혼자 오를 수 있을 것 같지 않았다. 나는 동생과 두려움을 나누며, 함께 용기를 내고 조심스레 높이 올라갔다. 그러나 무서운 소리가 나면 서로 조심하고 격려했다. 그리고 적절한 바위 밴드를 따라 벽의 한가운데로 나아갔다. 이때 각자의 동작은 확실했고, 자신감 있게 올라갔다. 살아야 한다는 것은 여전히 맞는 말이었다. 우리는 벽을 바로 보고 올라갔는데 두렵다는 생각이 들지는 않았다. 함께 마주 섰어도 앞으로 어떻게 할 것인가 이야기하지 않았다. 돌이 떨어지면 어디서 떨어지는지 살폈다. 그러다 얻어맞으면 어떻게 될까? 우리는 서로를 돌아보며 돌이 우리를 비켜 떨어지는 것을 바라보았다. 위험에 눈을 감는 사람은 위험으로 죽는다. 죽느냐 사느냐 하는 것은 선택하는 것이 아니기 때문에 우리는 '용감하게' 행동하는 수밖에 없었다. 그런데 운 좋게도 낙석이 모두 우리를 피해가서 바로 올라갈 수 있었다.

이제 벽 한가운데서 우리는 상당히 노출되어 있었다. 불확실한 느낌 — 거기다 걱정까지, 그러나 전혀 두려움은 아니었는데 — 이 계속됐다. 마치 시간이 천천히 흘러가고 있는 것 같았다. 바위와 손끝이 하나가 되면서 등반이 그대로 녹아, 승화하는 것이 눈에 보였다. 이렇게 되면 그 등반은 더욱 가벼워진다. 우리는 그런 심정으로 어려운 구간을 통과했다. 머리에서는 육체와 정신이 완전히 하나가 되어 움직였다. 잠재의식은 위험 상태에 재빨리 반응한다. 우리는 잇따른 위험에도 적절하게 처신할 수 있었다. 그래서 위험에 노출된 경험은 기억에 저장되는 것일까? 이런 경험은 원하든 원하지 않든 그냥 다가온다.

우리는 아무 사고 없이 정상에 올라 그곳에 비치된 기록지에 "북벽으로"라고 써넣었다. 두려움도 의구심도 많았지만, 달리 보탤 것이 없었다.

1,000미터 밑을 내려다보았다. 고원지대와 우리가 밤을 새웠던 파르될은 나락일 뿐이었다. 어두워지는 협곡을 둘러보니 폐허 같은 거대한 산들이 둘러싸고 있었다. 놀라운 것은 그때 지구의 역사가 깊이 들여다보였다는 것이다.

대모험은 반드시 두려운 것일까? 사실 그렇다. 사람은 조심하게 되는데, 그 조심성이 우리의 인생에 영향을 끼친다. 한 걸음 더 나아가 결정적인 상황에서는 생사와 관련이 있다. 그러나 위험을 찾아 대결할 때는 큰 의미가 없다. 일상생활에서는 용기를 일깨워주기도 한다. 예를 들면 '시민적 용기'가 그것이다. 이와 반대로 아무런 두려움도 느끼지 않는 사람은 생명이 길지 않다. 두려움은 압도적인 힘으로 인간을 무력하게 만든다. 그러나 발을 내디디기가 무서워 두려움에 예민해지지만, 그와 동시에 그 두려움을 다스리고 자신을 단련할 수도 있다. 대모험에서 이 점을 이해하면 큰 위험과 부딪쳤을 때 재빨리 대처할 수 있다.

두려움은 등반가뿐만 아니라 행동하는 인간의 근본적인 마음이다. 따라서 두려움에 대해 부끄러워하지 말아야 한다. 그런 사람들이 산에서 구조된 어느 시대의 사람들보다도 더 많이 자신의 생명을 구했다. 만일 우리에게 두려움이 없었다면 인류는 일찍 멸망했을 것이다. 마치 등산이 있기 전 안전이 보장된 세상에 나타난 퇴폐적인 양상이 보여준 것처럼.

두려움이란 없어져야만 할까? 아니, 오히려 그 반대다. 두려움을 느끼는 인간일수록 역동적인 삶을 살게 되며, 위험에서 자신의 경험을 살려 이에 대처할 수 있다. 인간성은 무엇보다도 두려움과 창조성 사이에서 발휘되며, 그 외에 확실한 대안이 없다. 문제의 해법을 아는 사람은 일이 잘 풀리는 경우에도 그것을 평가할 줄 안다. 성공적인 인생도 '풀이 잘 깎인 풀밭처럼' 그 길이 평탄한 것은 아니다.

우리는 어려운 상황과 사회에서 여러 가지 두려움에 대처하면서 많은 것을 배운다. 이처럼 두려움은 우리가 곤란을 극복하도록 가르친다. 그리하여 자신의 의지로 어려운 처지를 행복과 바꾸어놓을 수 있게 한다. 즉 행복이란 곤란을 극복하는 것을 말한다. 그때는 두려웠지만 두려움이란 그런 것이다. 그래서 두려움이 전통적인 등반에서 좋은 평을 얻는다. 이제는 그것을 숨길 필요가 없다. 두려움은 천부적인 자질과 한 쌍이 되어 마지막까지 걸음을 재촉하는 역할을 한다.

두려움에 맞서는 용기와 정상에 깃발을 내걸지 않는 고집, 이 두 가지가 나의 자존심이었다. 나는 개인적인 목표에 도전하지 않았다. 그것은 특별한 용기가 있어야 했기 때문이다. 그런 목표를 달성하려고 사람들이 저마다 아우성이었는데, 그들은 적은 용기로 해보려고 했다. 하지만 나는 그런 식으로 목표를 정하지 않았다.

나는 내 인생의 말년에 어려서의 경험을 이용했는데, 이때는 언제나 새로운 아이디어를 거기서 꺼내곤 했다. 내가 늙어서까지 암벽을 오를 수는 없다. 나는 말년에 문화, 예술, 정치, 사람들의 이해 그리고 발전을 위한 원조 등에 나의 에너지와 용기를 쏟아부었다. 즉 가축 사육사와 저술가, 제작자와 박물관 설립자로. 이런 일들에 나는 용기나 에고이즘을 결부시켜 많은 산사람들을 위해 적지 않은 잉여가치를 산출했다. 물론 이런 일로 인해 내가 하는 일의 이유를 분명히 하는 데도 도움이 됐다. 그것은 용기도 결과도, 그렇다고 이해도 타산도 아니다. 나아가 모범을 보이려는 것도, 능력을 과시하기 위해서도 아니다.

성장하는 학생들에게 가치를 좇는 것이 무슨 뜻인지 전달하기가 점점 어려워지고 있다. 새로운 가치 창조는 더욱 그렇다. 나는 목표를 지향하는 생활방식을 과제로 삼지 않았다. 그러나 어린아이들이 성공과 만족, 새로운 목표를 서로 연결지어 — 외양, 높이, 깊이의 기쁨과 함께 — 배우려 한다면, 이들은 경험하는 법을 연습해야 할 것이다. 두려움을 자백하며, 실패하는 법을 배우지 않는 사람들은 자기연민에서 벗어나지 못할 것이다. 인생은 순식간에 지나가지만 어린 시절 밖에서 뛰어놀던 일만큼 즐거운 일은 없다. 그러나 이런 여러 감정은 뒤에 남는 것이 없다. 그것은 오직 위험과 도전에서만 남는다.

50여 년 전 자스 리가이스에서 내려와 텐트로 돌아왔을 때

'우리의 벽'은 기울어가고 있는 저녁 햇살을 받고 있었다. 능선 사이에 짙은 그늘이 드리워졌고, 그 모습은 사진에 담고 싶을 정도로 아름다웠다. 우리는 하나의 팀으로, 이 의미 있는 벽을 드디어 우리의 것으로 만들었다. 그것은 우리의 미래를 위한 것이었다. 낙석은 더 이상 없었다. 찰나가 완전히 하루같이 느껴졌고, 두려움과 용기 속에 행복이 있었다.

14 본능

유명한 토니 히벨러Toni Hiebeler가 동료 3명과 함께 아이거 북벽을 동계초등 했을 때, 그는 혁신적인 등산잡지 『알피니즘Alpinism』을 편집하는 저널리스트이기도 했다. 그 무렵 히벨러는 귄터와 나를 스위스로 초대해 베르너 오버란트의 거벽에 도전하자고 했는데, 그 일은 영광이면서도 불안감을 주었다. 히벨러가 계획한 과제를 해낼 수 있을 만큼 우리가 성장했을까? 뿐만 아니라 알피니즘에 대해 우리가 얼마나 알고 있을까? 토니 히벨러는 많은 책을 냈고, 등산의 역사적 주제에 대해 토론을 해왔으며, 유럽 전역에서 강연을 하고 있었다.

토니는 그린델발트에 온 프리츠 마쉬케Fritz Maschke와 함께 있었고, 그때 그는 아이거 북벽의 왼쪽에 있는 과제를 우리에게 설명했다. 토니는 그곳을 '북릉North Pillar'이라고 불렀는데, 얼음과 바위가 뒤섞인 1,500미터 높이였다.

우리 4명은 처음부터 한 파티가 되어 지형을 따라 천천히 올라갔다. 날씨가 점점 나빠져, 우리는 두 번 비박을 해야 했다. 토니는 귄터와 나에게 앞장서서 루트를 찾아 나가라고 했다. 그는 자신이 고안한 돔형 텐트를 시험하기 위해 프리츠와 함께 밤을 보냈고, 나는 귄터와 비박을 했다. 종일 안개가 끼고 눈이 내린 데다 밤에는 추웠지만, 큰 문제는 없었다. 그 유명한 토니 히벨러가 나 보고 정상까지 이끌라고 했기 때문에 나는 자신감이 충만했다. 마치 다른 사람들로부터 혜택을 받기라도 하는 것처럼, 귄터와 나는 두 선배의 경험을 받아들였다.

우리가 직감적으로 대하는 많은 것들은 '유전적인 것'이거나 다른 사람들로부터 배워 자기의 것으로 만든 것이다. 그리고 이런 모든 정보들은 — 경험으로 쌓인 것이든 본능에서 나온 것이든 — 축적되어 지식이 되고, 자신의 역량을 알게 한다. 이 과정에서 우리가 영향을 끼칠 수 있는 경우는 거의 없고, 대부분 자동적으로 이루어진다. 등반가가 되는 주관적인 과정 또한 세상과 동떨어져 벌어지는 것이 아니다. 우리는 늘 다른 사람과 반응하고, 그에 따라 서로 얽히는 역사가 생겨난다. 마치 우리가 다른 사람의 경험과 우리의 경험을 섞어 천을 짜는 것처럼….

이렇게 보았을 때 아이거 북릉 초등은 나에게 등용문이나 다름없었다. 그것은 내가 사전에 들은 적이 없는 이야기였으며, 하나의 깨달음이었다. 내가 경험이 부족하다는 것을 — 실제로도 그랬는데 — 나는 아이거 정상에서야 인식하게 됐다. 등반에서는 생각보다는 직감을 따라가는 일이 많다. 그러면 몸이 생각 이상으로 잘 따라주고, 어려움 속에서 자신감도 생긴다. 그리고 기술이 늘어간다. 나는 나 자신도 모르는 사이에 강해졌고, 나 자신의 약점도 알게 됐다.

안개 속을 하산하며 토니 히벨러는 길을 잘못 들기도 했다. 아이거 등반이 처음이 아닌데도 그랬다. 내가 다시 앞으로 나섰다. 귄터와 나는 우리 팀을 노멀 루트로 인도했다. 우리는 조심조심 단단히 확보하며 화이트아웃 상태에서 길을 찾아 내려갔다. 그리하여 밑으로 내려와 원기를 회복하고, 훗날의 우리 과제에 더욱 자신감이 생겨서 기분이 상당히 좋았다.

귄터와 나는 낙관적인 성격이 아니었다. 우리는 또한 그다지 긍정적인 성격을 타고나지도 못했다. 우리는 이미 어느 정도는 알고 있었다. 그러나 생명이 늘 위험에 처하는 대자연 황무지에서는 그때마다 올바른 길을 찾았다. 그리하여 시간이 지나면서 동료들은 우리가 더 큰 모험을 할 수 있도록 사기를 북돋아 주었다.

토니 히벨러는 우리를 과소평가하지 않았다. 그는 클라이네 샤이덱으로 돌아와서 밝은 표정으로 우리에게 "브라보!"를 외쳤다. 나는 그 말에 기분이 좋았다.

아이거에 도전할 때 나는 토니 히벨러의 요구에 잘 응했다. 또한 그가 새로운 책을 내는 데도 도움을 주었다. 그때 나는 나 자신에 대한 확신이 서서 다시 한 번 강력한 추진력을 발휘했다. 나는 책을 쓸 생각을 꿈에서도 한 적이 없었지만, 그때 나도 책을 쓸 수 있다는 자신감이 생겼다. 그리고 2년 뒤 내가 처음으로 책을 냈을 때 토니 히벨러는 자신의 잡지 『알피니즘』에 서평을 싣지 않았다. 이유가 무엇이었을까? 그는 내 첫 작품인 『산으로 돌아가다』를 비판하고 싶지 않았다고 말했다.

그러나 그 책은 성공적이었고, 나는 또 하나의 경험을 얻었다. 이 경험은 장차 저항하고 싸울 때 큰 힘이 됐다. 인간의 양면을 체험한다는 것은 행운이다. 즉, 능력과 후광이 그것이다. 나는 꾸준히 낙천적이고 새로운 방향으로 나아가면서 소심하고 겁 많은 성격이 사라지고, 생활이 점차 안정되었다. 어려서는 선배와 경험 많은 사람들을 쳐다보았고, 그 뒤로는 특히 제프 마이에를Sepp Mayerl과 페터 하벨러Peter Habeler로부터 많은 것을 배울 수 있었다. 그러나 나는 상대방들의 자기 확신을 알게 되면서 파트너를 찾는 데 까다로워졌다. 나는 내가 누군가의 위험 속으로 들어가기 전에 미리 그에 대해 알고 싶었다.

불확실한 것은 불안을 가져오고 우리를 흥분시킨다. 그러나 그런 속에서 벌어지는 사태를 주시한다면, 우리는 침착한 태도를 유지할 수 있다. 우리가 행동을 취하면 자신의 강점이 약점을 노출시켜서 처리하기 때문이다. 나의 이런 믿음은 선구자들과, 나에게 배움을 주고 나로 하여금 본능적인 인간관계를 형성하게 해준 모든 체험 덕분이라고 생각한다. 인간의 다양한 성격을 판단하는 일은 결코 쉽지 않다.

본능이란 경험의 축적에서만 오는 것이 아니다. 인간의 본능 대부분은 타고난 것이며, 그것은 동물도 마찬가지다. 이런 본능은 위험에 처했을 때 반응하며 하나의 직관으로 작용하는데, 우리의 행동을 강요하지는 않는다. 이런 때의 행동은 통제 불능인 경우가 많다. 인간의 본능은 이성보다 빠를 뿐만 아니라 지속적이다. 어쩌면 그것은 이성보다도 훨씬 더 먼저 인간의 인격형성에 관계하는지 모른다.

1234567890
5 희망

우리 인간은 언제나 위험에 노출되어 있다. 생활방식이나 공간에 따라 각양각색의 위험이 존재하기 때문이다. 인간은 이런 위험을 피하고자 노력해왔으며, 그 결과 지난 만 년 이래 적지 않은 성과를 가져왔다. 이것은 물론 문명 덕분이다. 그러나 지진에 대한 불안과 허리케인 그리고 쓰나미는 지금도 존재한다. 여기 또 다른 두려움 — 사막화와 사자와 악어 — 은 우리가 이미 제3국으로 몰아냈다. 현대사회는 모든 지역의 위험을 최소화하기 위한 조치를 취하고 있는데, 인간에 의한 위험인 테러가 오늘날 가장 큰 주목을 받고 있다. 그밖에도 많은 위험들, 특히 지구 문제는 이와는 달리 경시되고 있다.

우리 등반가들은 많은 위험을 스스로 받아들이며 모험에 나선다. 알려져 있는 위험은 그때그때 대처해 나갈 것같이 보이지만 때로는 추락 같은 일이 벌어진다. 예방으로 그런 위험을 줄일 수 있다고 믿고 있지만, 죽는 일이 적지 않다.

한창 젊은 극한 등반가였을 때 나는 모든 것이 오직 내 손에 달려있다는 엉뚱한 생각을 한 적이 있었다. 등반가가 작은 실수로 사고당하는 것을 보고, 나에게는 그런 일이 일어나지 않는다고 믿었다. 훈련을 철저히 하고 극히 조심하면 되지 않을까? 그러나 위험이란 통제가 가능한 것이 아니다.

내가 스무 살이 됐을 때 나는 위험에 대한 대비책을 잘 세운 다음 알프스의 아주 어려운 암벽에 도전했다. 낙석으로 인한 유황 냄새, 뇌우로 생긴 폭포, 한여름에 내리는 눈 등은 곧바로 지옥을 연상케 했다. 음산하게 얼어붙은 암벽 한가운데에서 언제 무슨 일이 일어날지 알 수 없었다.

서부 돌로미테에 퍼붓던 폭우가 멎자 파이틀러코펠 서벽이 눈앞에 나타났다. 하이니 홀처Heini Holzer와 나는 정상에서 200미터 떨어진 암벽의 한 구석에서 온몸을 떨고 있었다. 암벽은 온통 눈이 덮여 있었고, 바위틈마다 얼음이 얼어있었다. 찬바람이 서쪽에서 불어와 얼어붙은 암벽을 때렸다. 머리 위로는 검은 하늘만 보일 뿐, 음산하고 암울했다. 오버행에서 물이 떨어지자 곧바로 얼어붙었다. 순식간에 얼어붙는 얼음이라니! 우리는 슐리슬러 루트를 통해 어두워지기 전에 내려가고 싶었다. 그러나 하산 길은 빙판이었다. 그런 데를 밤에 가는 것은 결코 쉽지 않다. 이제 살아남는 것이 문제였다. 만일 위로 오르지 못하면 얼어 죽을 수밖에 없었다.

"돌아갈까?"

"아니, 불가능해!"

몸에서 물이 뚝뚝 떨어지는 가운데 나는 암벽 한가운데 서 있었다. 하이니는 내 위에서 수직의 암벽에 붙어있었는데, 금방이라도 떨어질 것 같았다. 나는 그저 그가 위험을 극복하기만 바랄 뿐이었다. 과연 그가 아주 작은 홀드에 매달릴 수 있을까? 게다가 얼음과 물속을…. 드디어 그는 확보를 하더니 소리쳤다. "여기서 비박해야겠어!" 나는 뒤따라 올라갔는데, 추위와 불안에 온몸이 덜덜 떨렸다. 내가 꽁꽁 얼어붙은 파트너 옆에 섰을 때 그는 "여기서 비박하면 우린 얼어 죽을지도 몰라."라고 말했다. 그는 내가 올라오는 동안 의구심에 사로잡혔던 것이다.

마지막 구간은 거무칙칙한 수직의 암벽이었다. 나는 얼어서 몸이 굳은 하이니 옆으로 빨리 오르려고 했다. 나는 불안감보다는 지옥 같은 이곳을 빨리 벗어나고 싶었다. 그러나 움직임이 느렸고 홀드에는 눈이 쌓여있었다. 그럼에도 우리는 계속 나아갔다. 나는 냄새를 맡고, 보고, 느꼈다. 나는 홀드에 어떻게 눈이 쌓이는지 알고 있었다. 나를 앞으로 나아가게 한 것은 단순한 두려움이 아니라 오히려 모든 위험을 뒤로 하고 싶다는 욕망이었다. 그것은 마치 자연법칙처럼 확고했다. 정상만이 구출이었다. 하산은 위험 부담이 너무나 컸다. 희망이 우리를 암벽에 붙어있게 했으며, 살아있게 만들었다.

손가락으로 눈을 파헤쳤다. 그러자 바위의 촉감이 느껴지며 다음 행동이 머리에 떠올랐다. 처참한 순간이었다. 등산화 위로 물이 흥건히 떨어졌다. 빨리 위로 올라가고 싶었고, 그러면 몸도 따뜻해질 것으로 기대했지만, 극한등반은 그런 일을 허락하지 않았다.

나는 바위 턱에 도착해서 하켄 3개를 두들겨 박아 내 확보를 하고 하이니가 오르도록 했다. 드디어 그가 올라오자 긴장이 다소 풀렸다. 가만히 서서 파트너를 확보하는 일은 차라리 고통이었다.

당연한 이야기지만 등반가는 어려운 상황에서 서로에게 용기를 준다. 희망을 갖게 하고, 불안감을 줄여주는 것이 이에 속한다. 우리도 그렇게 했다. 파트너와 불안을 나누었기 때문에 공포감을 이겨낼 수 있었다. 모든 것이 불안했다. 확보 자리에 몇 시간씩 매달려 기다리는 상황이라니! 젖은 발에 온몸으로 스며드는 추위…. 추위는 점점 기어 올라와 다리를 지나 위쪽으로 몸을 점령해가고 있었다. 나는 온몸을 떨었다.

멀리서 또다시 우레와 같은 소리가 들려왔다. 두 번째 악천후가 우리를 위협하고 있었다. 마치 사형선고와 같은 검은 구름이 다시 하늘을 뒤덮었다. 그러나 우리는 계속 전진했다.

이제 본능이 꿈틀거리면서 우리는 살아남아야겠다는 생각밖에 없었다. 자유로운 의지로 이런 위험에 뛰어들기는 했지만, 우리는 얼마나 자주 이런 위험을 저주했던가! 그때 중요한 것이 속도였다. 우리는 어둠이 내리기 전 정상에 올라서기 위해 정말 온힘을 쏟아부으며 발걸음을 재촉했다.

하산할 때가 되자 주위가 캄캄해졌다. 암벽 밑에서 우리는 잠깐 위를 올려다보았다. "우리가 지금 저 위에 있다면 살아남지 못했을 거야." 하이니는 걸으면서 흘리듯 이렇게 내뱉었다. 마침내 우리는 위험에서 벗어났다. 위험을 산에 그대로 둔 채로.

주말이 되자 우리는 다시 산에 갔다. 극한 등반가는 절망적이라 할지라도 살아남을 수 있다는 희망을 가지려고 노력한다. 마치 위험을 극복하기 위해, 그 와중에 소름끼치는 경험을 하기 위해, 그리고 살아남은 것을 축하하기 위해 일부러 위험을 찾아다니는 것처럼.

지금 지난날을 돌아보니 악명 높은 벽을 얼마나 많이 올라갔는가는 중요한 것이 아니었다. 오직 나와 내 생활을 얼마만큼 사랑하고 체험했는가가 중요했다. 하나의 루트를 제대로 평가하지 못하면 죽음에 이를 수도 있다. 그러나 위험과 마주한 경험은 배움의 과정이며, 기억 속에 깊이 남는다. 나는 바로 이런 가치들을 놓치고 싶지 않았다.

모험에서의 실수는 무엇보다도 직접 한 일이 없는 간접 경험, 또는 텔레비전 등 매스컴이나 남의 이야기를 통해서 알고 있는 것에서 온다. 나의 경우는 어려서 경험한 위험과 모험에서 결과를 얻었다. 나는 다른 사람들의 경험에서 배웠고, 나 자신의 행동으로 알았다. 이렇게 해서 나는 위험을 피했으며, 그것은 학교나 교회에서 배운 것과는 달랐다. 나는 그저 고도의 모험과 대결해 나가며, 살아남으려고 발버둥 쳤다. 나는 오랜 세월 그렇게 살아왔다.

산에서의 위험은 끊임없이 증가한다. 얼음이 녹으면서 낙석이 심해지고, 날씨가 변덕을 부리며, 빙하가 아래로 움직인다. 하지만 이제 위험의 세계는 점차 줄고 있다. 기상예보와 장비가 좋아지고 있으며, 위성 통신과 등반 기술이 발달해, 100년 전이나 또는 몇 십 년 전에 비해 모험 계획을 안전하게 수립할 수 있게 됐다.

1234567890

6 지식

내가 젊었을 때 우리 등반가들은 모닥불 옆에 둘러앉아 지난날 겪었던 위험과 성공했던 모험에 대해 이야기했다. 당시 우리는 고산에서 텐트를 치거나 모닥불을 피울 수 있었다. 물론 휴대폰도 없었고, 산장에 TV도 없었다. 우리가 하는 이야기는 자랑이나 재미를 위한 것이 아니라 서로의 경험을 나누는 것이었다. 우리 같이 젊은 등반가들에게는 무엇인가를 배울 수 있는 가치 있는 이야기들이 있었다.

우리가 우리의 지식을 다른 한계 도전자들과 관련시켜서 생각하는 것은 그들이 체험한 것을 우리의 것으로 삼기 위해서다. 설사 그들이 실패했거나 또는 불행한 일을 당했더라도 그들의 체험에 관심을 가졌고, 거기서 나는 많은 것을 배웠다. 우리 젊은이들에게는 사건이 구체적일수록 배울 것이 더 많았다. 특히 위험에 대해서 그리고 생명을 구하는 태도에 대해서 배울 수 있는 소중한 교훈들이었다. 그 하나하나의 상황은 내가 그대로 체험한 것 같아서 마치 비밀을 캐내는 듯했다. 그것은 나 자신의 이야기로, 마치 내가 다시 살아난 것같이 느껴졌다. 두려움을 숨기는 우리 젊은이들에게서는 찾아보기 어려운 일이었다. 위험을 제대로 알아서 불필요한 모험을 하지 않는 것은 옳다. "이미 너무나 많은 사람들이 산에서 생명을 잃었다."라는 것이 우리의 입장이었다. 그렇다고 해서 우리가 등반을 단념할 수는 없지 않을까?

그 무렵 나는 선배들의 기억을 그대로 믿었다. 그들의 이야기는 옛날 신화처럼 들렸다. 그리고 백과사전같이 누가 어디서 누구와 무엇을 체험했는지에 대한 내용들을 자세히 알 수 있었다. 그들은 또한 수많은 문제 — 비상시에는 어디서 비박을 해야 하는지, 특정한 등반을 할 때는 언제가 가장 좋은지, 어디서 물을 찾을 수 있는지 등 — 에 대한 해답을 알고 있었다. 다만 나는 그들의 자기자랑만은 사양하고 싶었다. 그러나 그들의 지식이 없었다면, 나는 아마 살아남기 힘들었을지도 모른다. 그들의 충고에는 절대 패닉에 빠지지 말라는 말도 들어있었다.

나는 아직도 내가 처음으로 상당히 높은 난이도의 루트를 단독 등반하던 때를 기억하고 있다. 그때 나는 피츠 치아바제스Piz Ciavazes의 졸다Soldà 루트를 오르고 있었다. 나는 정상 벽에서 주저했다. 이제 어디로 가야 하나? 계속 위로, 아니면 오른쪽으로…. 지금까지 올라온 엄청난 높이의 허공이 나의 주의력을 산만하게 하고 있었지만, 나는 떨리는 마음을 참아가며 움직임을 통제하고, 평정심을 유지하면서 마음을 가라앉혔다. 그때 눈앞의 검은 벽을 보자 추락해서는 안 되겠다는 생각이 들었다. 나는 발밑으로 깊이 입을 벌리고 있는 나락에 대한 생각을 하지 않으려 했다. 추락을 상상하면 마음속에서 공포심이 일어난다. 오직 올라간다는 생각만 하자, 온갖 환상이 없어졌다. 이렇게 오르기 시작했고, 홀드와 스탠스가 보이면서 공포심이 사라졌다. 발이 떨리지 않고 홀드를 잡는 것이 확실해졌다. 발 디딜 데를 찾으려고 밑을 보아도 나락은 눈에 들어오지 않았다. 홀드에 손이 가는 순간 다음 잡을 곳이 보였다. 온몸이 움직이며 허파와 근육이 힘으로 넘쳤다. 심호흡을 하는 순간 마지막 턱이 눈에 띄어 성큼 발을 내디뎠다. 그리고 몸도 가볍게 정상으로 올라갔다.

등산의 발전 역사는 산에서 체험한 것의 총화다. 일찍이 나는 그 과정을 내 등반에서 습득했다. 처음에 불안과 공포로 시작된 사람과 산의 관계가 프랑스 혁명과 때를 같이하여 낭만적인 차원에서 "자연으로 돌아가라."라는 명제에 이르렀다. 그때까지 산에 오르는 것은 쓸데없는 일이고 죄악으로 여겨졌는데, 18세기 말엽에 알프스 최고봉 등정을 경쟁하게 되면서 오늘날의 알피니즘이라는 말이 생겼다. 산은 마녀나 귀신의 왕국이었으며, 지금도 유럽 외의 산에는 그런 이야기가 남아있다. 하지만 최고봉은 호기심에 차있는 도전자들의 대상이 됐다. 그들은 특히 눈부시게 발전하고 있던 산업국가 출신들이었다.

1786년 자크 발마Jacques Balmat와 미셸 파카르Michel Paccard가 몽블랑을 초등하고 나서 등산이 시작되어 알프스 정복이 100년 동안 계속되었고, 또 다른 100년이 히말라야에서 이어졌다. 스위스의 과학자인 오라스 드 소쉬르Horace de Saussure는 일찍이 괴테에게 몽블랑을 함께 오르자고 했는데, 그것이 알프스 최고봉에 대한 초등을 자극했다. 그는 1년 뒤 몽블랑을 두 번째로 올랐다. 그의 알프스 원정은 과학적인 목적과 결부된 것이었지만, 등산가로서의 이런 야심은 다른 산을 오르는 일로 이어졌고, 온갖 노력과 위험과 인내를 동반하며 억제하기 어려운 힘을 발휘했다.

초기의 이런 도전자들은 대부분 유복한 도시 출신들이었다. 그들은 지리나 지질 연구를 목적으로 등산을 계획하면서 원주민들의 도움을 받았다. 즉 원주민들은 짐을 나르고 길을 안내했다. 이들 유능한 알프스 원주민들은 사냥꾼이나 장사꾼이었는데, 이들은 처음에 아무것도 모르고 오직 돈을 벌 목적으로 산에 접근했다. 이것이 뒤에 가서 등산 가이드로 발전하고, 알프스 등산의 역사에서 독특한 역할을 하게 됐다. 그러나 이들은 등산을 실질적으로 유도하거나 결정적인 일을 하지는 않았다. 다만 주인이 산을 선택하면 오랜 세월 고산지대에서 살아온 알프스 원주민의 체험으로 주인을 따라다녔다. 당시의 등산 장비는 아이젠과 지팡이, 피켈과 스패츠 등 수렵이나 숲에서 일할 때 쓰는 것들이었다.

이런 초기의 알피니즘은 부유한 시민들과 귀족들이 하는 일이었다. 다음 단계에 가서 등산 단체들, 즉 AC(The Alpine Club, 영국 산악회), CAI(Club Alpino Italiano, 이탈리아 산악회), OEAV(Österreischer Alpenverein, 오스트리아 산악연맹), DAV(Deutscher Alpenverein, 독일 산악연맹), SAC(Schweizer Alpen Club, 스위스 산악회), CAF(Club Alpin Francais, 프랑스 산악회) 등이 생겼는데, 제1차 세계대전이 끝나자 등산은 '국민 스포츠'로 발전해 누구나 할 수 있었다. 그리고 50년 뒤부터는 여성들도 여기에 끼어들었다.

1865년 에드워드 윔퍼Edward Whymper가 알프스에서 가장 멋진 봉우리인 마터호른을 정복했다. 그리고 처음에는 소수에 불과했지만, 점차 '등정주의' 파동이 유럽 밖의 고산지대로 퍼져나갔다. 이와 반대로 알프스에서는 이미 등정된 산에서 더 어려운 루트를 찾아 도전하기 시작했다. 이런 신루트를 가이드 없이 오르는 것은 쉽지 않았다. 그리하여 정상보다는 더 어려운 루트를 찾게 됐다. 즉 곤란한 루트가 목표가 되고, 정상은 그다지 중요하지 않게 됐다.

이 두 번째 단계는 '보다 어려운 알피니즘'으로, 여기에 이상주의와 낭만주의가 점차 바람을 일으키며 영국을 비롯한 그 밖의 산악국가에서 많은 추종자가 생겼다. 그리하여 개인주의와 사실주의가 등산의 기본정신으로 굳어졌다. 가이드를 동반하지 않은 등반가들 — 머메리Mummery와 지그몬디Zsigmondy, 푸르첼러Purtscheller 등 — 이 자기 자신을 극복하고자 적당한 위험을 찾던 낭만주의 풍조는 점차 모습을 감추었다. 람머Lammer나 빈클러Winkler의 영웅적이고 낭만적인 영향에 대해 그들은 위험을 오히려 위험하기 때문에 좋아하는 것으로 대하는 듯했지만, 머메리의 경우는 '정당한 방법으로by fair means'를 내세우며 대담하고 강한 자아의식으로 대해 나갔다. 이 영국 등반가는 보다 어려운 알피니즘을 예고했는데, 파울 프로이스Paul Preuss는 그의 주장을 따라간 사람이었다.

어려운 벽을 정복하기 위해서는 새롭고 우수한 장비들이 개발될 수밖에 없었다. 프로이스는 1911년 그런 장비들의 사용에 반대했다. 그러나 등산의 기술화가 계속되는 가운데, 이런 알피니즘을 기피하는 풍조 역시 그대로 이어졌다.

양차 세계대전 사이에 등산은 국민 스포츠로 발전했으며, 특히 독일어권에서 활발히 진행됐다. 그리하여 노동자 계급에서 뛰어난 등반가들이 출현했다. 그들은 '아름답고 어려우며 위험한 것'을 지지하고 나섰으며, 그 모토는 '산과의 싸움'이었다.

그러자 알프스 최후·최대의 과제인 거벽에서의 싸움이 시작되어 워커릉과 아이거 북벽이 그 무대가 됐고, 1938년에 그 싸움은 최고조에 달하면서 끝이 났다. 이때는 국가가 알피니즘을 관리하면서 경쟁을 합법적으로 선전했다.

전후에 알프스에서 새롭고 어려운 목표가 점차 없어지자, 단독등반과 동계등반이 유럽 밖의 고산지대에 집중됐다. 이때 뒤늦게 투입된 '등정주의 알피니즘'이 꽃을 피우면서 1950년에 안나푸르나, 1953년에 에베레스트와 낭가파르바트, 1954년에 K2가 모두 등정됐다. 그러자 서구 산업국가에 이어 일본도 세계 최고봉 도전에 의욕을 보였다.

오늘날 등산이라는 스포츠는 글로벌 현상을 보이고 있다. 북미와 일본, 남아프리카뿐만 아니라 세계 도처에서 스포츠클라이밍이 유행하고 있다. 등산은 동시에 히말라야 8천 미터급 고봉 등정으로 내달리고 있으며, 동구권에서도 경기등반이 널리 벌어지고 있다. 그리하여 스포츠로서의 등산은 규칙에 의해 측정·비교하게 됐으며, 그런 경기는 실내에서 편하게 훈련하고 경쟁하게 됐다. 이렇게 해서 등산이라는 스포츠는 모험과 전통적인 알피니즘에서 벗어났다. 지난날 히말라야와 안데스 그리고 힌두쿠시에서 자유롭게 행해지던 등산이 지금은 일종의 여행으로 변했다. 한편 히말라야 최고봉에는 많은 사람들이 동시에 등반할 수 있도록 루트가 스키장 슬로프 같이 정비되고 있다.

1965년 발터 보나티Walter Bonatti가 마터호른을 동계에 단독으로 직등하여 전통적인 알피니즘에 종지부를 찍었다. 그의 모범은 산에서는 무한한 체험이 가능하다는 것을 알리는 것이었다. 그런 체험으로 나도 새로운 것을 알았는데, 그것은 내가 살아있을 때만 가능한 것이었다. 오늘날 나는 그렇게 살고 있다. 등산만큼 자유로운 직업도 없다고 하지만, 뛰어난 알피니스트의 절반이 쉰 살을 넘기지 못했다. 많은 사람들이 자신의 모험에서 살아남지 못한 것이다. 그러나 선구자로서 스스로 남다른 지식과 경험을 가졌던 사람들은 제대로의 생존 기회를 가질 수 있었다. 물론 거기에는 운도 따랐다. 성공적인 삶은 우리의 유전자 속에서 찾을 수 있는 것이 아니다. 그것은 모험을 감행하는 우리의 행동과 재능에 대한 경외심에서 나온다.

I 7
체험

나는 고등학교 졸업시험(대학입학 자격시험)에 실패하고 나서 헬무트 형 덕분에 중학교 보조교사를 하며 시간이 나는 대로 산에 갔다. 나는 진학을 포기했다는 자책감, 호기심과 명예욕에 이끌려 1966년 돌로미테의 거벽에서 신루트에 도전했다. 나는 여기에서 희망을 찾으려 했다. 그 당시 나의 미래는 정지된 상태였다.

고등학교 졸업시험에 통과하고 나서도 나는 몇 년 동안 시험에서 떨어지는 악몽에 시달렸다. 이와 반대로, 등반에서는 시작하기 전의 불안감이 실제 등반에 들어가면 금방 사라졌다. 실패를 할 때도 역시 그랬다. 밤새 계획을 검토하고, 그 진행을 꿈속에서 이것저것 해보다가 불안감에 눈을 뜨곤 했는데, 그 불안감은 시험을 볼 때 느꼈던 것과는 사뭇 달랐다. 시험에 대한 불안감은 사라지지 않고 마음속에 그대로 남아있곤 했지만, 등반에서는 행동에 들어가면 자연스럽게 없어졌다. 언제나 그랬다. 하지만 이번에는 그렇지 않았다. 레오 마두쉬카Leo Maduschka가 1931년에 그랬듯이 나는 치베타Civetta의 벽에서 악천후에도 동상에 걸리지 않고 용케 견디어 냈다. 1936년 토니 쿠르츠Toni Kurz처럼, 아이거에서 3명의 친구가 죽는 가운데 혼자 살아남아 밤새 자일에 매달리지도 않았다. 나는 그때 상황이 얼마나 힘들었을까 하는 생각이 늘 들었다. 나는 산에서 그것을 확실히 알았다. 그리고 일상생활에서도….

자연에 대한 불안감은 시험에 대한 스트레스나 결과의 압박, 또는 계획의 실천 같은 부담과는 다르다. 이런 문제들은 잠을 설치게 할 수는 있어도 생명을 앗아가지는 못한다.

하이니 홀처Heini Holzer는 당시 나의 파트너로, 굴뚝 청소부로 일하며 나처럼 자유롭게 등반을 즐겼는데, 내 스쿠터로 트렌티노에 있는 마돈나 디 캄피글리오에 갔다. 나는 아버지 차를 물려받아서 남 티롤을 벗어나 여기저기 돌아다니며 등반을 즐겼다.

나는 하이니와 함께 브렌타Brenta 산장으로 올라가서, 그날 밤을 묵었다. 브렌타에서는 흔히 있는 일이지만 산이라는 산은 온통 안개에 쌓여 있었다. 높은 벽들이 이따금 모습을 드러냈다. 황토색 치마 브렌타의 수직의 벽들, 크로촌, 치마 토사, 치마 마게리타 등이었다. 나는 그 벽들이 시작되는 곳도 끝나는 곳도 볼 수 없었지만, 조금씩 눈에 들어오는 것으로 생김새를 알 수 있을 것 같았다. 나는 그 벽들이 차례차례 등반된 역사를 알고 있었다. 그래서 산과 역사가 내 머릿속에 나란히 떠올랐다.

그때 갑자기 안개가 걷히며 산의 모습이 선연히 나타났다. 오른쪽으로는 800미터에 달하는 수직의 벽이 거대한 모습을 드러냈고, 왼쪽으로는 머리 위로 오버행이 굽어보였다. 뾰족한 봉우리와 능선들이 연한 파란색을 띤 저녁 하늘을 배경으로 서 있었다.

하이니와 내가 미리 선택하지 않았다면 아마도 우리는 목표물을 선정하는 데 엄청나게 힘든 시간을 보내고 있었을 것이다. 그만큼 오를 만한 곳이 많았다. 우리의 목표는 토레 칼리고 남벽이었다. 어두워지기 전에 우리는 다시 한 번 산장 앞에 섰다. 산장 관리인인 브루노 데타시스Bruno Detassis는 1930년대에 가장 뛰어났던 등반가로 브렌타 개척자였는데, 그는 토레 칼리고의 산 하나를 가리키며 그 뒤에 솟아오른 산과 하나를 이루기 때문에 산장에서는 이렇게밖에 보이지 않는다고 설명했다. 산중의 산이었다. 얼마 후 브루노는 루트 개념도를 나의 미네스트로네 접시 옆에 가져다 놓았다. 산장이 마치 우리의 야영지나 다름없었다. 그는 우리를 극한 등반가로 정중히 대우하며 잠자리를 마련해주었다. 그도 과거에는 우리들 중 한 명이었으며, 지금도 여전히 그렇기 때문에.

새벽하늘에 별이 반짝거렸다. 우리는 센티에로 델레 보체테와 거대한 원추형의 너덜지대를 지나 캄파닐레 칼리고의 황토색 남벽 밑으로 갔다.

그리고 고개를 들어 반반한 오버행 벽을 올려다보았다. 나는 벽의 가느다란 크랙을 찾아 오르다가 비늘처럼 튀어나온 곳으로 트래버스 해 그곳에 하켄을 때려 박았다. 이제 루트에 제대로 들어선 것이다. 그러나 얼마 안 가서 어려운 오버행을 만났다. 바위에 튀어나와 있는 홀드와 스탠스를 찾았지만 소용이 없었다. 그래서 그 오버행을 자유등반으로 오르고 싶었다. 그것이 가능할까? 하여간 한 번 해보고 싶었다.

이렇게 해서 나는 수직의 벽에서 춤을 추기 시작했다. 홀드를 찾아가며 발끝으로 디딜 곳을 더듬었다. 그러면서 5미터를 올라갔다. 이제 10미터, 20미터… 대암벽에서 펼쳐지는 자유등반이었다.

선두를 교대해 하이니가 올라갔고, 다음 40미터는 내가 올라갔다. 우리는 오버행을 하나하나 넘어갔다. 아무도 꾸물거리지 않았다. 우리는 중간 확보도 없이 20미터를 오르기도 했다. 자일이 공중에서 뱀처럼 하늘거렸다. 우리는 온갖 힘과 기술을 다했는데, 체험과 존재가 하나가 되면서 하늘과 땅 사이에 떠있었다.

오후 늦게 하이니가 마지막 피치에 높이 붙었다. 나는 밑에서 그를 비스듬히 올려다보았다. 그가 악전고투를 벌이며 몸을 움직이는 것이 푸른 하늘을 배경으로 선명하게 보였다. 마치 사다리를 타고 무舞의 세계를 오르는 듯했다. 나는 일찍이 등반을 예술로 본 적이 없었다. 하지만 그때는 어느 모험에서 얻은 만족감보다도 더 강한 동작의 희열과도 같은 것을 느낄 수 있었다. 극한 등반가로서 나 자신에 대한 이해는 처음부터 안간힘을 다하는 노력보다는 체험을 기반으로 하고 있다. 그럼에도 나는 새로운 등반에 나설 때마다 현실 앞에서 무너진다. 하지만 — 특히 그렇기 때문에 더욱 — 나에게는 새로운 도전이 언제나 의미를 더한다.

8
위험

단독등반은 외부의 도움을 받을 수 없다는 사실을 나는 일찍부터 알고 있었다. 당시에는 아이거 북벽에서 골절상을 입어도 구조 헬기를 요청할 수 없었다. 따라서 산에서 일어나는 모든 사고는 치명적이었다. 선사시대와 같은 환경 속을 돌아다니는 것은 문명세계에서와는 완전히 다른 정신 상태를 요구했다.

나는 언제나 죽음이 옆에 있다는 트라우마를 갖고 있었다. 한번은 이런 경우가 있었다. 하일리히크로이츠코펠Heiligkreuzkofel 중앙벽에서 탈출 루트를 찾지 못해 방황했다. 더 이상 내려갈 곳이 없었던 것이다. 또 한번 피츠 팔루Piz Palü 북벽 밑에서는 밤새 눈이 내려 부밀러 벽을 살금살금 기어 내려오기도 했다. 그날 아침 산장에서는 눈사태가 북벽의 현수빙하 위로 쏟아지며 우리 넷을 쓸어내리는 것을 보았다고 했지만, 그때 우리는 루트를 벗어나있었다. 눈사태가 진정되자 나는 다행히 무사하다는 것을 알았다. 그러나 우리는 등반을 포기했다.

위험을 어떻게 판단하느냐에 따라 생사가 갈린다. 따라서 나는 위험을 크기와 상관없이 언제나 경계했다. 그것은 대자연 광야에서는 물론이고 문명세계에서도 마찬가지다. 위험이 언제 발생할지 또는 그것이 안전한지 어떤지는 아무도 모른다. 따라서 위험은 경계하는 사람만이 피할 수 있다. 그러므로 자기가 있는 곳의 상태를 수시로 살피면서 지식을 갖고 본능적으로 대처해야 한다.

"1966년 8월 12일, 토레 달레게Torre d'Alleghe 북벽 재등 시도, 6시 출발." 내가 메모지에 이렇게 써서 배낭 위에 올려놓는 동안 하이니는 밖에서 아침식사를 준비하고 있었다. "이게 뭐야? 시도? 우리는 당연히 정상에 올라갈 거야." 그는 얼굴을 찡그렸다. 내가 확신하지 못하고 있다는 사실을 눈치챈 것이다. 그래서 내가 "토레 달레게 제2등"이라고 수정하자 그는 그제야 만족스러운 표정을 지어보였다. 그러나 나는 출발하기 바로 전에 먼저 쓴 메모지를 슬그머니 텐트에 남겨놓았다.

하이니는 승부사 기질이 있었다. 그는 언제나 무엇인가를 증명해보이고 싶어 했다. 그리고 이따금 이성理性에 반하기도 했다. 그의 자아의식은 언제나 성공을 예감하고 있었다. 바로 그의 이런 집착이 그를 사랑할 수밖에 없는 사람으로 만들었다.

등반을 시작하기 전 우리는 암벽의 상태를 분명하게 알고 싶었다. 우리의 머릿속은 카오스 속에서 수직의 크랙과 수평의 바위지대 그리고 반반한 오버행 지대 등을 찾고 있었다. 우리는 한가운데가 굽은 오버행을 자일 없이 자유등반으로 오르려 했다. 머리 위로 그럴듯한 크랙이 보였다. 누런빛을 띤 오버행이 있었는데, 그곳을 제대로 넘어가는 것이 관건이었다. 그곳만 잘 넘어가면 등반은 성공할 것 같았다. 잿빛을 띤 정상의 벽은 아주 즐겁게 오를 수 있을 것 같았기 때문이다. 우리는 우리의 성공 가능성에 대해 평가하면서, 등반이란 위험을 줄이는 것이 중요하다는 이야기를 나누었다. 우리는 서로에게 이론異論이 많았지만, 결국에 가서는 함께 많은 가능성을 찾아내 공동의 뜻을 이룰 수 있었다. 우리는 모험의 끝이 어떻게 될지는 몰라도, 희망이 없다고 생각해본 적은 없었다.

우리는 비스듬히 나있는 등반 출발지점에 섰다. 어렵지 않았다. 그래서 우리는 가볍게 오르고 또 올랐다. 그러자 크랙이 나타났다. 나는 두드러진 바위 위에 반듯한 자리를 만들어 확보하고, 파트너가 크랙을 오르다가 떨어지지 않도록 했다.

하이니가 뒤따라 올라왔다. 그는 나무 하켄에 확보하고 나서 오른쪽으로 건너가 우묵하게 들어간 누런 벽을 올라갔다. 무척 미끄러운 곳이었다. 위에서 그는 단단히 확보해야 했다. 언제든 미끄러질 위험이 있어, 잘못하면 더 이상 앞으로 나아가기가 어렵다는 것을 그는 잘 알고 있었다. 우리는 '시행착오'의 원칙을 따랐다. 불가능한 것을 가능하게 만들어가는 꾸준한 노력, 이것이 극한등반의 길이다. 하이니가 드디어 노출된 곳에 섰다. 나는 그의 왼쪽을 지나 위로 올라가서, 거무스름한 오버행을 손가락 끝으로 잡고 등산화 창을 오버행에 밀착시켰다. 이제 어떻게 해야 하나? 앞서 누가 올라간 흔적이 전혀 없었다. 나는 벽에 배를 대고 10센티미터씩 느릿느릿 올라갔다. 자유등반으로는 더 이상 오를 수 있을 것 같지 않았다. 그때 오른쪽으로 조금 떨어진 곳에 녹슨 쇠붙이가 보였다. 하켄이었다. 나는 숨을 죽여 가며 팔로 매달려 짧게 트래버스 해서 좁은 바위턱에 올라섰다. 그러나 그곳에서는 확보용 하켄을 박을 수 없었다. 바위는 철판처럼 생겨 크랙은 아무 데도 보이지 않았다. 하지만 오후가 되자 나는 파트너를 확보할 준비를 마쳤다.

하이니가 머리 위에 솟은 잿빛 암벽에 달라붙었다. 그는 조금도 주저하지 않았다. 그러나 등반은 예상보다 힘들었다. 불가능할지도 몰랐다. 이번 모험을 너무 가볍게 여긴 것이 아닌가 하는 자책감도 없지 않았다. 아무런 자신감도 없이 달라붙었다면, 그것은 전혀 소용없는 노릇이 아니었을까?

우리는 아주 작은 하켄을 간신히 때려 박고 몸을 붙이고 올라갔다. 도대체 크랙이라고는 하나도 없었다. 이런 데서 어떻게 확보가 가능할까? 하이니는 여전히 선두에서 조금씩 극복해 나갔다. 확보 없는 자유등반은 위험하기 때문에 마음이 조마조마했다. 그는 하켄을 박으려고 바위틈에 작은 구멍을 만들고 있었다. 정말 소중한 시간이었다. 등반가들이 의지하는 볼트 하켄이 우리에게는 없었다.

그러면서 시간이 흘렀다. 오후가 한없이 길게 느껴졌다. 위험, 피로, 불안, 자제력 상실이 심해졌다. 만약 자일 하강이 가능했다면 우리는 등반을 포기했을 것이다. 밑은 200미터 허공으로 발을 디딜 데가 없었다. 우리는 서로 떨어져서 저마다 계속 악전고투했다. 자제할 것인가, 아니면 모험을 감행할 것인가? 이성이냐 공격이냐가 정면으로 부딪쳤다. 우리는 서로 한 발을 파트너의 발 위에 디디고 서있는 듯한 처지였다. 나는 다시 하이니와 함께 좁은 발판에 섰다. 이제 내가 앞설 차례였다. 나는 자유등반으로 올라가 마지막 램프를 넘어 정상으로 나아갔다. 정상은 널찍했다. 하이니의 말이 옳았다. 드디어 우리는 인내와 용기로 이 시도를 성공리에 끝냈다. 우리는 위험을 받아들이고, 불안을 서로 나누어서 위험지대를 뚫고 나갔다. 생존을 위해 극단적인 방법을 취한 것이다.

우리는 서로 강하게 밀착되어 있었다. 그러면서 언제나 신중하게 생각하고 앞으로 나아갔다. 우리가 이렇게 뚫고 나간 것은 운명이 아니다. 나는 우리와는 관계없는 불가사의한 힘이 작용해, 천부의 소질이 힘이 되면서 행운을 가져온다는 것을 믿는다. 자신에 대한 통제가 어느 순간 불행에서 지켜주기도 한다. 그러나 성급해서는 절대로 도움이 안 된다.

내가 극한상황에서 가능과 불가능 사이를 오가며 겪은 경험들은 내가 살아남는 가장 중요한 연습이었다. 야영지로 돌아왔을 때 별 하늘이 멀리까지 보여 나는 감격하며 바라보았다. 정상에서는 소리를 질렀지만, 벽에서는 위험한 순간순간 숨을 죽였다.

아, 이제야 해방이 됐다는 기분이 들었다. 저녁이 되면서 마침내 정상적인 정신 상태로 돌아왔는데, 그것은 아침때와는 사뭇 달랐다. 우리가 정상에 올랐다는 것이 중요한 것이 아니라 위험에서 안전하게 돌아왔다는 것이 놀라운 것이었다. 마치 위험이 인생에서 가장 중요한 선생인 것처럼.

1234567890
9 시간

시간은 오로지 인간이 발견한 것일까? 시간은 그저 잴 수 있다고 해서 존재하는 것일까? 내 생활에서 시간의 폭은 속도 문제가 아니다. 우리는 시간을 숫자나 날짜로 재지만 감정이나 기억에는 그런 개념이 없거나, 아니면 영원하다. 특히 우리가 어떤 것에 집중해있을 때 느끼는 시간은 재는 시간과는 확연히 다르다. 나는 모험에서 그와 같은 것을 많이 체험했는데, 그런 속에서 깊이 생각하는 일들은 시간과 관계가 없었다. 마치 정신을 집중하는 일에서는 시간을 인식하지 못하는 것처럼. 이런 경우에는 뒤에 가서 지나간 일들을 생각하자 시간이 흘러갔다는 것을 알 수 있었다.

눈사태가 닥칠 때 그 시간은 생각보다 길지만 우리는 빨리 도망칠 수 없다. 벽에서 추락할 때 그 시간은 영원처럼 느껴지며, 바위틈에서 비박하는 시간은 끝없이 지루하게 느껴진다. 이 모든 시간은 우리의 주관적인 판단이다. 나의 인상에 깊이 남은 것은 기억하고 있는 과거에 대한 시간관념이다. 나는 언제나 뒤에 가서야 그때의 등반과 원정, 또는 눈보라가 얼마나 길었는지 생각하게 된다. 시간이 지나고 나서 시계와 달력을 보면 정확하게 체계가 잡힌 시간을 알 수 있다. 그러나 실제로 느끼는 시간에 대한 감각은 절대 그렇지 않다. 즉, 후각과 촉각, 시각 그리고 미각 등 감각 인식은 현장에서 느끼는 것과 집에서 느끼는 것이 확연히 다르다. 산에서의 시간은 이따금 정지하기도 한다. 그리고 기억 속에서는 이런 경험들이 마치 얼어붙은 현실처럼 영원 무궁한 상태다.

나는 아직도 마르몰라다Marmolada 남벽을 1미터마다 그려낼 수 있다. 급경사에 황토색, 회색, 검은색 등으로 미묘한 기복을 이룬 암벽의 홀드와 스탠스까지. 그리고 1968년 가을의 이른 아침에 내 눈에 비친 그 모습 그대로. 그해 가을 비나처 루트의 두 번째 피치에서 귄터가 나를 확보하고 있었다. 우리는 옴브레타 고개에서 비박을 한 다음 너덜지대를 지나 등반이 시작되는 곳으로 갔다. 오버행 계곡이었다. 바위가 차가워 손가락이 뻣뻣했다. 첫 번째 중요한 지점에 도달했을 때 나는 잠깐 주저했다. 루트가 맞는지 또는 원래의 루트에서 벗어났는지 의구심이 들었다. 하지만 틀림없었다. 내 머리 위로 솟아있는 이 암벽

뿐이었다. 나는 루트의 구조를 마음속에 잘 새기고 있었기 때문에 생각했던 등반 과정을 머릿속에서 여러 차례 그대로 그려 보곤 했다. 오른쪽으로 방향도 바꾸고 왼쪽으로 돌기도 하면서 등반했다. 이렇게 한 곳을 오를 때는 시간이 멎은 듯했다. 아주 짧은 시간이었던 것 같은데, 그렇게 시간이 지나갔다. 그런데 나는 오늘날까지 그 모든 일이 실제로 얼마나 계속됐는지 알지 못한다.

나는 산에서 시간을 낭비하거나, 그 시간 속에 끝없이 파묻혀 있을 수 없었다. 나는 모험을 하며, 위험지대에서 겪는 강한 감정과 체험을 나의 것으로 만들고 싶었다. 곤란과 광야와 절벽, 이 모든 것은 몸 전체로 체험할 수 있다. 하지만 시간만은 그렇게 하지 못한다. 시간이란 아마도 현실적으로 존재하지 않는 것 같다. 우리는 시간을 잴 수 있지만, 그 이상은 어떤 도움도 되지 않는다. 그것은 지구와 달의 운행을 위한 일종의 협정 외에 아무것도 아니다. 하지만 우리는 사는 동안 시간을 잘 쪼개 쓰고 있다. 특히 산행에서 그렇다.

현실과 시간을 인식하는 것은 그것이 지속될 때보다 그때그때의 체험 속에 있을 때 더 잘 알게 된다. 감정은 시간을 끌고 간다. 산을 오른다는 것은 오늘날까지 내가 살아 움직이고 있다는 근거다. 사람은 놀랄 때 시간이 멎지만 체험은 그렇지 않다. 우리 한계 도전자들이 모험과 인연을 끊는다면, 그 역행逆行

또한 적지 않은 모험이다. 모험을 기억으로 되살리게 되기 때문이다. 우리는 시간을 떠나서 그 일을 한다. 시간을 인식하지 않고, 그 시간들과 이어졌던 기억에서 벗어나는 것이다. 한계 도전자는 시간과 관계없는 모험인 자신만의 시간이 있다. 그렇지 않고서는 그 한계상황을 이겨낼 수 없다. 산행은 병적인 욕구가 아니고, 그 반복은 연속이 아니다.

나는 내가 살아온 70년 인생을 그보다 길거나 또는 짧은 다른 어떤 것이었을까 하고 생각해본 적이 없다. 이때 비교해볼 적당한 척도가 나에게는 없다. 내가 살아온 인생은 우리가 지나온 세월의 총화와는 전혀 다른 것이다.

2014년 5월 브루넥 성에서, 1944년 필뇌스 계곡에서 태어난 친구들이 모임을 가졌을 때 나는 옛 친구들의 70년은 얼마나 길었을까 하고 혼자 생각해보았다. 그동안 어떻게 지내왔는지 자세히는 모르지만, 우리 모두는 나이가 들도록 서로 다른 긴 세월을 살아온 것은 아닐까?

20 비밀

초등을 할 때마다 나는 어떠한 흔적도 남기고 싶지 않았다. 물론 그때마다 루트를 남기기는 했다. 바위에서 남들이 몰랐던 가능성을 찾아 루트를 내고 정상에 오르는 것은 우리 시대 등반가의 최고 목표였다. 정상으로 가는 루트는 목표며 신비스러운 일이다. 아무도 가지 않은 루트를 알지 못하고 가는 한 그렇다. 그래서 가능하면 흔적을 남기지 않으려 했던 것이며, 재등자도 내가 초등했을 때와 똑같은 체험을 하기를 바라는 뜻에서 그렇게 했다. 즉 루트를 찾아가며 자신의 위험을 줄이는 한편 힘겨운 등반을 하기를 바랐던 것이다.

지난날 나에게 제일 좋았던 것은 동생과의 초등이었다. 당시 나는 내가 실현해보고 싶은 일들을 적은 메모지를 갖고 있었다. 나는 벽에 붙어있는 사진에 내가 생각하는 루트를 그려 나갔다. 그곳에는 난이도와 높이, 등반에 필요한 시간이 적혀있었다. 초등은 돌로미테에서만 50회였다. 이런 등반을 할 때 나는 덮어놓고 감행하지 않고, 그 등반 하나하나를 신비로운 것으로 여겼다. 초등을 이룩했을 때 비로소 — 여러 차례 시도한 다음일 때도 있었지만 — 우리는 그것을 화제로 삼았다. 그리하여 우리는 우리의 체험과 우리가 오른 길을 다른 등반가들과 공유하고 싶었다.

다른 사람들은 제2셀라 타워 북벽을 하켄에 의지해서 오르려 했는데, 1968년 어느 토요일 오후 나도 귄터와 이곳을 해보려고 나섰다. 그러나 이 벽을 과연 자유등반으로 오를 수 있을지 의심스러웠다. 우리는 밑에서 단단히 각오하고 있었다. 그때 귄터는 "너무 반반한데!"라며 웃었다. 내가 등반 출발지점에서 이 250미터의 벽은 두어 시간이면 오를 수 있다고 말하자, 그는 거짓말이라고 일축했다. 나는 모든 '자유등반'이 그런 것이라며 내 주장을 밀고 나갔다. 하여간 나는 우리가 해가 지기 전에 정상에 올라설 것이라고 말했다. 나는 내기를 하고 싶었다. 하지만 귄터는 나의 지나친 흥분을 탐탁지 않게 여기는 듯했다. 귄터는 나와 함께 도전하기로 했는데, 시간이 필요했다.

귄터는 일을 마치고 정오가 되어서야 집에 왔다. 배낭을 꾸리고 셀라요흐를 거쳐 제2셀라 타워 북벽 밑에 갔을 때는 벌써 오후 3시였다. 귄터의 의구심은 여전했다. 그는 은행에서 일을 마치고 난 다음 등반에 나선 것이다.

"늦어도 너무 늦은 시간인데…." 그는 볼멘소리를 했다.

"별일 아니야." 나는 그냥 받아넘겼다.

"어차피 성공하지 못할 텐데, 뭐."

"최소한 시도는 해보자."

"이 암벽을 오르려면 하루 종일이 걸려!"

"아니, 그렇지 않아."

"어두워지면? 그럼 어둠 속에서 어떻게 하산해?"

"그전에 자일을 타고 내려올 거야." 내가 달랬다.

"어쨌든 난 비박하는 건 싫어." 그는 마지못해 승낙했다.

권터가 마음속으로 의구심을 품어도 조용히 따라오기만 한다면 우리는 이 암벽을 완등하게 되리라고 나는 확신했다. 도중에 확보용 하켄을 여럿 박았다. 최대한으로. 권터는 나의 '바보짓'에 화가 나서 선등을 양보하지 않은 채 처음 30미터를 올라갔다. 그는 우리가 실패할 것이라고 생각했다. 그는 언제나 그랬다.

첫 피치는 반들반들한 벽이었고, 그다음은 약간 우묵했다. 나는 하켄 없이 달라붙었다. 권터가 뒤따라 올라왔을 때 나는 시간이 빡빡하다는 것을 알았다. 해가 기울자 물기 있는 벽에 햇빛이 더 이상 닿지 않았다.

테라스에 섰을 때 권터가 한 구간 더 오를 생각이냐고 물었다. 나는 그를 단단히 확보한 채 대답을 하지 못했다. 발밑은 절벽이었다. 나는 중간 크기의 하켄을 벽에 박았다. 하켄이 소리를 냈다. “이제 됐어!” 만족한 나는 수직의 벽을 올라갔다.

“잘 되고 있어?” 권터가 물었다. 나는 정신을 온통 집중하고 있어서 대답을 할 수 없었다. 나는 미끄러운 벽을 천천히 조심스레 올라갔다.

“조심해서 올라와!” 하고 내가 소리쳤다.

권터가 발을 디디려고 조금 움직였을 때 나는 한 걸음 더 내디뎠다. 하켄을 더 박을 생각은 할 수도 없었다. 전혀 크랙이 없었다. 나는 마음을 차분히 가라앉히고 왼쪽으로 그리고 오른쪽으로 조금 올라갔다. 드디어 어려운 곳을 해내자 이제는 빠른 속도로 올라갈 수 있었다.

“됐어?” 권터의 목소리가 저쪽에서 들려왔지만, 그는 보이지 않았다.

‘벽의 등반 가능성을 시험한다’는 말이 있다. 우리는 그 신비를 풀었다. 다섯 번에서 열 번까지 시도하며 단념하지 않고, 하켄 같은 보조적인 등반장비 없이 해냈다. 하켄 같은 장비로 무장해야 하는 곳은 초등자가 나오지 않는 곳이다. 그래서 우리는 언제나 자유등반을 추진해왔다. 우리가 우리 자신에게 요구하는 것은 분명했다. “우리가 벽에서 성장할 수 없다면 우리는 초등을 기권하고 하산하거나, 아니면 밑에서 편히 쉰다. 그리고 훗날 다시 기회를 노린다."

볼트 하켄의 사용은 최악이다. 그동안 많은 벽에서 등반자들이 볼트 하켄을 쓰는 가운데 자유등반으로 오르는 사람도 있었다. 1958년에서 1968년까지 10년간과 그다음의 세대 동안 산악계는 구속 없는 무분별한 시대가 됐으며, 돌로미테의 신비가 많이 줄어들었다.

밑에서는 세 번째 피치의 경사도가 가장 센 것으로 보였다. 나는 2~3미터를 더 해보겠다고 말하고 난 다음 자일 하강을 했는데, 그때 귄터는 훗날 우리가 다시 오리라는 것으로 알고 있었다.

몇 미터를 지나 두 번째로 어려운 곳을 해냈다. 그러나 전진이 빨라지면서 잠깐씩만 서있을 수 있었다. 귄터의 소리가 간간이 들려왔다. 그는 나보고 올라오라고 했다.

"아주 멋진 곳인데… 꿈만 같아."

나는 동굴을 지나 한 피치 한 피치 고도를 높였다. 도중에 물이 흐르는 데도 있었지만 하켄을 박지 않고 계속 올라갔다. 바위는 단단하고 공중에 자일이 매달려 있는 뜻밖의 곳도 있었다. 나는 저녁 하늘 속으로 뻗은 루트를 곧바로 올라갔다. 기분이 좋아진 귄터는 기뻐서 어쩔 줄 몰라 했다. 우리는 벽의 신비를 함께 풀고, 그 보배를 공유했다. 우리가 오르면서 불확실했고 불가사의했던 것들이 이제는 체험이라는 것으로 우리의 것이 됐다.

신비와 무지, 불확실은 모두 인간을 불안하게 한다. 그러나 일단 그 한가운데로 뛰어들면 더 이상 무서워할 것이 없다. 결국 그런 일들은 기억 속에 그대로 남게 되고, 우리 감정 속에 저장되어 더욱 신비스럽게 여겨지기도 한다. 그리고 이런 체험들은 그냥 머릿속에 남아있기도 하지만, 온갖 신비로움과 함께 몸 전체에 전율을 느끼게도 한다.

2 열정

23456789OI

등반을 할 때마다 — 모험에서는 말할 것도 없고 — 생각지도 않았던 일들에 부딪친다. 이런 일들은 내가 도전하는 스포츠가 요구하는 고도의 기술에서 오는 극한 경험들이 아니다. 나의 모든 경험과 능력은 행복이라는 감정을 가져다준다. 뒤돌아보면 특히 그렇다. 처음에는 근심과 회의로 얽혔던 것들이 나중에 생각해보면 모두 멋지고 살아있는 경험인 경우가 종종 있다. 이는 과연 예상했던 것보다 일이 잘 풀려서, 성공이 사람을 강하게 만들어주어서, 시간이 지나고 나면 자신에 대해 감탄하게 되어서 그럴까?

성공적인 등반은 출발할 때는 불안이, 도중에는 고통이 있지만 정상에서 돌아올 때는 그저 행복감에 젖을 뿐이라고 많은 등반가들이 말한다. 정상에서 깊은 숨을 내쉬게 되는 것은 성공보다도 모든 의혹과 육체적 허약 그리고 불가능을 이겨낸 자기 자신에 대해 놀라는 데서 오는 것이다. 그 순간 우리는 자신의 한계에서 벗어났다기보다는 그 세계와 손잡은 셈이다. 다시 말해서, 그때 우리는 사는 기쁨을 느끼고, 행위의 갈증을 풀고, 감정의 깊이를 알게 된다. 그러면서 다음 모험에 대한 의욕이 생긴다. 이것이 정신적인 고양과 고뇌로 행복을 만드는 열정의 동기다.

어렸을 때는 쉬운 산행이라도 온전한 집중이 가능했다. 하지만 성숙해져서는 오로지 나 자신의 책임으로 등반했는데, 이때부터 등반에 열광하게 되어 스물다섯 살이 되자 극도로 어려운 등반이 아니면 마음에 차지 않았다. 그랬던 내가 지금은 그다지 어렵지 않은 산행에도 아주 행복해한다. 그전과 같은 등반을 하지 않아도 되기 때문이다. 이제는 더 높이, 더 어려운 데를 오르지 않아도 된다. 행위와 능력이 나이에 어울려서 그런 것이 아닐까?

가을이었다. 나는 하일리히크로이츠코펠의 리바노스Livanos 암릉이 돌로미테에서도 아주 어려운 루트라는 것을 알고 있었다. 초등에 4일이 걸렸는데, 나는 그곳을 하루 만에 오르고야 말겠다는 오만한 생각을 했다. 가을철 비박은 추웠다. 파두아대학의 겨울 방학이 마침내 시작되어 나는 엔지니어 공부를 해야 했다. 하지만 나는 등반을 시작하며 아주 부서지기 쉬운 암벽 앞에서 불안감에 사로잡혔다. 이때 마음이 내키지 않아 등반을 포기했다면 내가 크로이츠코펠 정상에 설 수 있었을까? 모험이 무서워 피하는 것은 좋지 않다.

그때의 첫 피치는 내 경험으로는 가장 푸석푸석한 바위였다. 그러나 우리는 계속 올라갔다. 하산 길도 불확실했다. 내가 갖고 있는 하켄이 몇 개 안 되어 결정적인 곳에서 사용할 수 있을지도 의심스러웠다. 퀸터를 확보하기 위해 나는 다섯 개 가운데 하나를 박을 생각을 했다. 그런데 등반을 계속해야 할지 자신이 없었다. 우묵하게 들어간 벽에 하켄을 때려 박자 여기저기서 바위가 부서져 떨어졌다. 그래도 우리는 참고 올라가, 다행히도 600미터 높이에 도달했다. 그곳은 이 벽에서 하나의 커다란 분기점으로, 초등자 리바노스가 '콘카Conca'라고 부른 곳이었다. 벽은 그다지 부서지지 않았고, 안으로 굽은 오버행이었다. 이제는 되돌아갈 수 없는 높이였다.

그런데 초등자인 프랑스인 등반가 가브리엘과 리바노스는 도대체 어디로 올라갔을까? 우리는 한참 고개를 갸우뚱거렸다. '콘카' 상단의 왼쪽으로 뻗은 넓은 오버행에 나무 하켄이 하나 박혀있었다. 그리고 저쪽에도!

이른 오후였는데 우리는 자유등반으로 벽을 뚫고 나가며 '숄더'까지 올라갔다. 40미터 위 세 군데에서 발코니가 밖으로 튀어나와 있었다. 그곳이 이 벽의 결정적 통로였다. 그런데 여기서 보니 되돌아설 수 없는 거대한 계단처럼 보였다. 불안감이 들었다. 오후 안에 정상까지 가기는 힘들겠다는 생각이 들었다. 우리는 테라스에서 비박할 것인지 망설였다. 그러나 이제 오버행에서 밤을 지새운다는 것은 생각만 해도 끔찍했다.

황토색 암릉 오른쪽으로 나지막한 동굴이 보였다. 그곳에서 10미터도 떨어지지 않은 오버행에서 물이 흘러내렸다. 마침 목이 타서 수통에 물을 받았다. 해는 아직 높이 있었다. 우리는 배낭과 자일을 베개로 쓰기 위해 내려놓고, 주위를 둘러보았다. 우리가 목숨을 걸고 도전한 곳은 신비의 세계였다. 600미터의 수직의 벽으로, 새들이 날아가는 것이 희미하게 보였다. 해가 지는 가운데 우리는 굽은 하켄을 펴서 두들겨 박았다. 남은 하켄의 수를 세어보니 서른 한 개였다.

우리는 어두워지기를 기다리지 않고 잠을 청했지만 잠이 오지 않았다. 바닥이 딱딱했다. 목이 타면서 앞으로 올라갈 일이 걱정됐다. 이런 고통은 호소할 데도 없는, 으레 따르는 것이었다.

침낭 위로 물이 뚝뚝 떨어졌다. 나는 물이 떨어지는 곳을 올려다보았다. 어떻게 물방울이 맺히고 떨어지는지를. 이것은 날이 어두워질 때까지 나의 시선을 붙잡았다. 날이 어두워지자 자신감이 없어지면서 어떻게 하면 여기서 빠져나갈 수 있을까 하는 생각이 머릿속에서 빙빙 돌았다. 날씨는 괜찮을지, 체력과 인내심은 어떨지 걱정이 됐다. 후퇴할 명분을 찾지 못하면, 계속 앞으로 나아가는 수밖에 없었다.

나는 잠깐 눈을 붙였다. 9월 말이었는데, 새벽하늘에 아직도 별이 있어 기뻤다. 얼마 동안 우리가 잠들지 않고 누워있었는지 모르지만 날이 밝아왔다. 우리는 동굴에서 기어 나와 몸을 털고 자일을 묶었다. 그리고 비박색과 물이 가득 찬 수통을 배낭에 쑤셔 넣었다. 날씨가 좋았다. 하늘은 맑고 바람도 없었다. 8시에 우리는 천장처럼 생긴 커다란 바위 밑에 섰다. 40미터가량 오르니 몸이 풀렸다. 바위는 단단했다. 크랙 하나가 위로 올라가며 점점 벌어졌다. 우리는 달팽이 걸음으로 올라갔다. 나는 두 번째 오버행 밑에서 슬링으로 확보지점을 만들었다. 그리고 그곳에 슬링과 자일을 걸고 그네를 타듯 공중에 매달렸다. 그러는 사이에 귄터가 다음에 쓸 하켄을 뽑았다. 자일이 바람에 이리저리 흔들리고 있었다. 우리는 자일에 매달린 채 허공에 떠있었다. 두 번째 오버행이 위로 오르는 시야를 가리고 있었다. 여기를 어떻게 돌파하지? 이렇게 벽에서 꼼짝 못하게 됐으니, 이제는 손으로 더듬는 수밖에 없었다. 이렇게 해서 얼마나 더 전진할 수 있을까.

다시 밑의 계곡으로 눈이 갔다. 밑에서부터 그늘이 다가오고, 산양 다섯 마리가 그늘 속에서 움직이고 있는 것이 보였다. 내가 가까운 스탠스에서 세 번째 천장 위의 좁은 테라스로 이동할 때 산양이 보였다. 그놈들은 500미터 밑 눈 위에 누워있었다.

해가 처음으로 암릉을 비췄을 때는 오후였는데, 산양은 더 이상 눈에 띄지 않았다. 나는 햇볕만 쪼였다. 암릉이 뒤에 있어 깊은 절벽은 느껴지지 않았다. 나는 발을 디디는 것에 자신감도 없이 오직 바위를 기어올랐다.

정상에 섰을 때 해가 아직 높이 있어서 우리는 땀에 젖은 옷을 햇볕에 말렸다. 등이 따가웠다. 귄터가 하켄이 몇 개 남아있는지 세고 있었다. 열아홉 개였다.

전날 떠나온 호스피츠 하일리히크로이츠에 가까이 가자 큰형이 나를 부르는 소리가 들렸다. 형이 벽을 쳐다보며 내 이름을 부르고 있었다. 형은 무엇을 바라고 있었을까? 그리고 우리가 오는 것을 보고 얼마나 안심했을까!

우리가 파두아로 돌아갈 때는 다시없는 시간이었다. 나는 “아, 이제야 알았다. 드디어 정상에 섰는데 소리를 듣지 못했을 뿐이다.”라는 기록을 남기고 싶었다.

당시 극한등반에 대한 나의 열정은 부모님이 나의 장래를 걱정하는 것만큼 컸다. 리바노스 암릉은 기대 이상으로 좋았으며, 나에게는 대학보다도 의미가 더 컸다. 만일 내가 똑같은 열정으로 공부를 했더라도 대학은 결국 단념할 수밖에 없었을 것이다. 직업도 나의 열정에 미치지 못했다. 대학에 다닌다는 것은 예전에는 일종의 관례, 상급 학교의 연속, 또는 시민의 의무였고, 뒤에 가서는 일종의 과제였다.

나는 극한등반을 수업으로 삼았다. 공부하는 일이 아니었다. 나는 언제나 자연과 친구 그리고 나 자신과의 새로운 관계를 찾았다. 여기서 자신감이 생겼고, 신뢰와 호기심이 자랐으며, 그것들이 다시 나를 움직이게 했다.

나는 한계 도전자로 살았다. 그리고 언제나 자극과 감동 속에서 나의 열정과 의미에 의지해 미지의 세계에 발을 내디뎠다. 학교라는 제도와 지식의 누적이 나를 이끌어준 것이 아니라, 인간과 자연의 관계에 대해 느끼는 신기함이 나에게 힘이 되어주었다. 나는 본능 덕분에 생존할 수 있었고, 활동할 수 있었다.

나의 열정은 '신들린 상태'라고도 한다. 나는 아버지가 병적이라고 염려할 정도까지 등반에 대한 열정을 계속 퍼부었는지도 모른다. 그러나 나는 적어도 미치광이는 아니었다. 광야는 내가 추구하던 세계였다. 이것에 대해 나를 설득할 사람은 없을 것이다. 외부세계인 자연과 인간 내부의 인간성 사이에서 발생하는 일들을 추구하기 위해서는 많은 고뇌의 과정을 거쳐야 한다. 그러나 이것들을 길게 관찰하면 거기서 지속적인 특수기능과 지식이 생긴다.

2 행운 2

경험이 쌓이면 쌓일수록 나는 더욱 강해지는 것 같았다. 그러면서 그전에는 불가능하게 보였던 것들이 점차 가능하게 될지도 모른다는 생각이 들었다. 등반을 거듭하면서 나는 능력과 자신감이 생겼다. 그러나 한편 불안감도 있었다.

하일리히크로이츠코펠 '대암벽' 30미터 밑에서 불안감이 엄습했다. 나는 나무 하켄을 갖고 있지 않았는데, 5센티미터 정도 폭의 크랙에는 나무 하켄이 아니면 소용이 없었다. 이런 데를 중간 확보 없이 오른다고 생각하니 갑자기 불안해졌다.

다행히 혼자가 아니라 브루넥Bruneck에서 온 친구 한스 프리슈Hans Frisch가 있었는데, 그는 나보다 나이가 많았다. 그는 조용하면서도 안정감이 있는 사람이었다.

그해 여름에 나는 마르몰라다, 랑코펠, 치베타, 드루아트

Droites, 프레네이Frêney 암릉을 무사히 다녀왔다. 물론 모든 곳을 다 샅샅이 훑으며 등반한 것은 아니었다. 그리고 가을에는 마치 마비가 된 것처럼 어려움에 봉착해 포기하는 일도 있었다. 불가능을 받아들이는 것은 무척이나 어려웠다. 그동안 100군데도 넘게 등반하면서 쌓은 경험이 나에게 아무 소용이 없었다. 깊은 낭떠러지를 내려다보니 무서워 몸이 떨렸다. 자일 하강을 한 다음 다시 할 수도 있었지만, 그렇게 하고 싶지 않았다. 나는 1시간 이상이나 하일리히크로이츠코펠의 벽 오른쪽 하강 루트의 크랙 밑에 서있었다. 후퇴를 결정 내리지 못한 채….

한스 프리슈는 한때 토니 에거Toni Egger의 파트너로, 단독등반도 많이 해온 뛰어난 암벽 등반가였다. 그는 나의 의견에 동의했다. 우리는 다음에 다시 시도하기로 했다.

나는 반대편에 있는 암벽을 오를 수 있겠다는 생각이 들었는데 한스도 동감이었다. 저녁 햇빛에 그 등반선이 뚜렷이 보였다. 오른쪽으로 3개의 암벽이 있었고 — 그 최고의 벽이 유명한 리바노스 였는데 — 그 지대는 1,000미터 넓이의 암벽으로 이어지고 있었다. 외부에 잘 알려지지 않은 거대한 벽이었다. 중간 정도 높이에 바위지대가 가로지르고, 그것은 오른쪽으로 가며 좁아졌다. 우리가 오를 루트로 가느다란 크랙이 나있었는데, 그곳을 우리는 그 자리에서 '대암벽'이라고 불렀다.

이번에도 나는 실패했다. 정상을 앞둔 피치에서 하강용 하켄

2개를 박은 다음 슬링과 연결하고 자일을 걸었다. 우리는 하강에 들어갔는데, 자일을 따라 아래로 또 아래로 앞서 희망에 부풀어 올라왔던 구간을 내려갔다. 나는 현기증이 날 것 같아 눈을 감았다.

이삼일이 지나 우리는 가더 계곡으로 다시 갔다. 하일리히 크로이츠코펠에 재도전하고 싶었다. 지난번의 실패를 거울삼아 이번에는 단단히 준비했다. 나는 잠을 설쳤고 훈련도 제대로 하지 못했지만, 이번에는 적당한 크기의 나무 하켄 등 장비를 추가했다. 그리고 무엇보다도 탈출로를 분명히 했다. 불확실한 루트에서 어려움에 빠지더라도 우리는 뚫고 나가기로 했다. 그것은 용기였을까, 아니면 만용이었을까? 아마 두 가지가 합쳐진 것이었는지도 모른다.

나는 급속히 자신감을 잃었지만, 잃었던 자신감을 빨리 되찾기로 했다. 그제야 나는 나 자신을 확실히 알게 됐다. 급한 경사면을 지나 우리는 가장 어려운 바위지대 밑으로 갔다. 머리 위로는 오버행이었다. 그래도 나는 간다! 나는 거의 자유등반으로 처음보다 하켄을 덜 쓰며 올라갔다. 피치마다 정신을 바짝 차렸다. 그 속에 행운이 있었을까? 위의 암벽 한가운데에 커다란 덧장 바위가 있었다. 엄청난 무게로 보였는데 처음부터 속이 빈 소리가 났다. 그곳을 해낼 수 있을지 고민이 들었다. 6제곱미터 정도로, 그 정도는 해낼 것 같았다. 불안감이 사라지자 어느새 나는 춤추듯 바위에 달라붙었다.

덧장 바위를 넘어 오른쪽으로 가서 약간 우묵한 데로 빠져 나갔다. 그리고 정상 암벽으로 통하는 좁은 틈새 밑에 섰다. 올려다보니 그리로 오를 수 있을 것 같았다. 나는 왼쪽과 오른쪽의 단단한 크랙에 하켄 2개를 때려 박았다. 그리고 그것들을 잡고 몸을 끌어올렸다. 나는 나무 하켄을 허리에 단 채 대부분의 구간을 자유등반으로 올라갔다. 처음에는 잘 안될 듯했지만, 다행히 해낼 수 있었다. 이것으로 나 자신에 대한 신뢰가 생겼다. 나는 자기 자신에 대한 신뢰가 이 세상의 어떤 등반기술보다도 강하고 중요하다는 것을 깨달았다.

우리는 행운을 좇거나 동경하는 한 그것을 얻을 수 없다. 행운이란 나중에야 그 모습을 드러낸다. 하지만 완전히 잊고 있으면 행운은 잠깐 찾아온다. 행운이란 우리가 완전히 우리 자신일 때 우리를 찾아오는 것이다.

40년이 지나 나는 아들 시몬과 '대암벽'에 다시 갔다. 그때 시몬은 숨을 깊이 내쉬며 그 유명한 덧장 바위를 잘 올라갔다. 덧장 바위는 놀랍게도 그때 그 모습 그대로였다. 하일리히크로이츠코펠 벽은 여전했다. 탈출 크랙에서는 정신을 집중시켜야 했다. 벽은 하늘과 땅 사이에 떠있는 듯했다. 아들은 등반을 하면서 내가 느낀 것과 비슷한 감정을 느끼고 있었다. 그것 또한 행운이 아닐까?

23 야심

1969년 여름, 나는 여전히 갈등 속에 있었다. 대학과 모험 그리고 가능과 불가능 사이에 서있었던 것이다. 나는 학교보다는 산에서 인생에 대해 더 많은 것을 배웠다. 그럼에도 나는 틈틈이 공부했다. 왜냐하면 실제로 돈을 벌 수 있는 직업 없이는 모험 자금을 댈 수 없다고 판단했기 때문이다. 나의 경험은 한때는 학교, 한때는 광야로 완전히 정반대로 나뉘어져 있었다. 그러면서 나는 언제나 산에 대한 새로운 목표를 세우고, 본능적으로 움직였다. 하지만 학교에서는 나의 본능이 완전히 쫓겨난 상태였다. 그렇게 20년이라는 시간을 보내고 나서, 나는 나의 인생에 도전했다.

언제였는지 모르지만 지금도 기억하는 것이 있다. 해가 진 지 오래였는데, 불안한 곳에서 자신감을 완전히 잃고 있었다. 그때 나는 확보용 하켄을 박다가 해머 자루를 부러뜨렸다. 이대로 계속할 것인가, 아니면 되돌아설 것인가가 막연했다. 그나마 다행히도 겔렌데가 그다지 가파르지 않았다. 그러나 나는 왜 이렇게 오르려 하는지 그 이유를 알지 못하고, 혼자 등반하는 것을 자주 저주했다. 내 생명은 조그마한 홀드와 스탠스에 달려 있었다.

그곳은 자이저 고원지대 위쪽으로, 1,000미터로 솟아오른 랑코펠 북벽의 졸다 루트였다. 그러나 조금도 무섭지 않았다. 추락하는 날에는 속수무책이었다. 정신을 바짝 차려서 모든 것을 잊고 아주 천천히 올라야 했다. 이런 때는 자신이 어떤 상태에 있는지, 확보나 피로는 어떤지 한순간도 생각해서는 안 된다. 나는 내가 갖고 있는 것이 전부로, 외부의 도움이나 구조는 있을 수 없었다. 지난 오랜 세월에서처럼 나는 이 일을 위해 준비해왔다. 내가 나 자신을 구하지 않으면 안 되기 때문이다. 그래서 나는 나의 모든 능력을 쏟아부었다. 나는 지금도 부서지기 쉬운 침니와 정상 부근의 너덜지대를 기억하고 있다. 정신없이 하산하자 멀리 새털구름이 겨울이 다가오는 것을 알리고 있었다. 그것으로 만족했고, 그 한 번이 가장 좋은 한 번이었다.

토니 히벨러가 편지로 이 기묘한 단독등반은 결국 '잘못된 야심'이라고 충고했다. 그는 내게 등반이 중요한 것이지, 명예심이나 공명심이 중요한 것이 아니라고 역설했다. 이치에 맞는 말인 것 같지만 사실 그렇지 않았다. 그러고 나서 2년 뒤 나의 '비뚤어진 등반경력'에 대한 그의 평가가 지나쳤었다는 것이 밝혀졌다.

나는 낭가파르바트 루팔Rupal 벽에서의 비극 뒤 발가락 절단 수술 때문에 전과 같이 등반할 수 없었고, 따라서 나 자신 속에 묻혀 살아야 했다.

잘못을 바로잡는 명예심과 무엇이 다르냐는 것을 오늘날까지 명확히 말하는 사람은 아무도 없다. 다만 여전히 나에게서 결행되고 있는 것은 언제라도 모험에 나설 준비를 갖추고 있다는 것이다. 나는 내 모험에 안전장치가 없다는 것을 본능적으로 알고 있어서, 모험을 앞두고 적지 않은 불안감에 사로잡혔었다. 하지만 나는 한두 번 위기에 빠지면서도 언제나 거기서 제대로 빠져나오곤 했다. 그것은 오직 나의 힘과 집중력 그리고 능력 덕분이었다. 하늘을 나는 것도 아니고, 나는 오직 곤궁에서도 평상과 다름없이 움직였던 것이다. 그런 때 나는 내가 죽지 않고 살아남는다는 신념과 설사 힘과 능력이 약해져도 스스로의 목표를 재확인하는 굳건함 두 가지를 배웠다.

그 무렵 인류는 이미 달나라에 진입하면서 온갖 분야를 개척하고 있었다. 그것은 겨우 시작에 불과했다. 나는 개인은 언제나 자기 자신이 되기 위한 길을 갈 수 있어야 한다고 생각했다. 그때 나의 등반은 하늘이나 땅을 정복하려는 것이 아니었다. 나는 오직 인간성에 대해 체험해보고 싶었을 뿐이다. 설사 스스로 만족하지 못해도 나는 이 목표를 그저 집어치우고 싶지는 않았다. 암벽등반처럼.

나는 극한적인 모험에서는 전적으로 파트너와 눈짓과 몸짓으로 의사소통을 한다. 사람들은 이런 모습을 보고 원숭이 같다고 말한다. 위험이 고조되면 그때그때의 상황을 파트너에게 알리는 능력이 발휘된다. 이런 때는 언어 대신에 감각적 교류가 가능하다.

등반을 원숭이나 원시인 입장에서 생각해볼 수도 있다. 그러나 기본은 함께 모험에 나서는 것이다. 신뢰와 확신, 즉 희망은 서로가 상당한 거리를 두고 떨어져 있어도 서로를 알릴 수 있게 한다.

234 자기 성찰

사람은 자기가 원하든 원치 않든 어떤 것과 대립해 살고 있다. 그 무엇이 우리와 멀리 떨어져 있는 경우에도 그렇다.

1969년 늦가을이었다. 그때 나는 제2셀라 타워 북벽의 내가 올라갔던 루트를 혼자서 해보려고 했다. 주위를 둘러싼 많은 벽들은 그 모습 그대로 나를 내려다보고 있었다. 나는 크게 긴장했지만, 3피치 끝의 좁은 스탠스에 서서 잠깐 쉬었다. 바로 그때 소리가 들렸다. “지금 너를 보고 있다. 만일 떨어지면 어떻게 할래?” 마치 누가 옆에서 나와 함께 오르고 있는 것 같았다. 그는 내가 가는 대로 따라왔다. 그때 그는 자신도 떨어질 수 있다고 생각했을까? 그는 떨어지지 않도록 조심하면서 꾸준히 함께 올라왔다. 이것이 사람의 생각이다. 다시 말해서 누군가가 어느 높은 곳에서 내려다보고 있다고 생각한다. 또한 비록 그가 누구인지 몰라도 본능적으로 함께 가고 있다고 생각한다. 아마도 그는 산장에 이름을 남겨놓지는 않았을 것이다.

물론 배낭도. 사람은 어느 한곳을 무사히 통과해도 언제든지 떨어질 수 있다. 이것이 사람의 감정이다. 밑에서의 생각은 높이 올려다보는 순간 어느새 감정적이 된다.

태양은 이미 그로만슈피체 뒤로 넘어갔다. 눈이 내릴 것 같았다. 내가 산록을 가는 방랑자를 바라보듯 남들은 나를 바라본다. 그들 방랑자처럼 나는 나 자신을 들어낸 듯 수직의 벽을 혼자 올랐다. 이때 사람들은 자신이 위험 속에 있다는 것을 느낀다. 그러나 그들은 어떻게 해야 할지 모른다. 그래서 몸짓으로 나더러 앞장서라고 했다. 나는 마치 그들의 영향을 받은 것처럼 몸놀림을 했다. 그런데 그들도 내가 홀드와 스탠스를 찾아가는 대로 따라올 수 있을까?

실내에서 열리는 스포츠클라이밍과 볼더링을 나는 여러 차례 관람했는데, 관중들이 선수 흉내를 내며 팔다리를 뻗거나 점프하는 것을 보았다. 그만큼 그들은 그 일에 정신을 집중시키고, 몸을 놀리며 재주를 부리려 하고 있었다. 그런데 한 사람도 자기 자신의 몸짓을 하는 사람 없이 모두 같은 선상에서 법석을 떨고 있을 뿐이었다.

우리 단독 등반가들은 고풍스러운 존재처럼 보일지 모른다. 사실 그런 점도 없지 않다. 그런데 나는 이따금 나 자신을 벗어나 나를 본다. 그것은 내 행동 속에 다른 사람의 모습을 비추어보는 것이 아니고, 내가 나 자신을 본다는 이야기다. 즉 나는 이따금 '관찰자'로서 나 자신의 움직임을 보며, 다음의 실패를 예견하고 제대로 홀드를 잡는다. 그리하여 나는 실수를 피하곤 한다.

우리는 이런 행위뿐만 아니라 감정과 고통, 희열도 이처럼 비춰볼 수 있을 것이다. 하지만 나는 증명할 자신이 없다. 한때 인간은 작은 공동체에서 생존 문제를 터득해왔다. 많은 경험과 어려움을 통해서. 그래서 경험은 하나의 거울이다. 서로 느끼는 공감 — 의사소통과 그 형식인 몸짓 — 이 도움을 주는 언어 역할을 하며, 결국은 지능이 된다.

우리 사회의 정당한 사회적 질서는 이런 자기 이해와 인간 성장의 커다란 문화적 성취에 기여하는 의식을 근거로 한다. 지능이란 언어로 행동하는 것을 말하며, 몸짓이나 흉내는 언행에 선행하고, 그것으로 상대방에게 자신을 알리게 된다.

우리는 스스로 택한 한계등반으로 자기 자신을 과거로 돌려보낸다. 이때 나는 파트너가 어려운 데를 극복해나가는 것을 많이 보았다. 위험한 순간순간을 이겨나간 것이다. 나는 완전히 다른 사람이었다. 주위를 샅샅이 둘러보고 나서 무슨 일이 있었는지 다른 사람에게 말했다. 저 위에서 등반의 어려움을 겪고 있는 것일까? 그 말이 맞았다. 나는 몸을 움직이지 않았다. 내가 보기에는 나더러 도와달라는 것 같았다. 인간의 원초적인 동정이었을 것이다. 나는 마음을 가라앉히며 생각 속에 기다렸다. 긴장이 고조되며 무슨 일이라도 벌어질 조짐이었다. 산악사고 구조에서는 내 손, 내 생각과 감정이 나에게서 벗어나 다른 사람을 따라 자동적으로 움직인다. 한 무리가 힘을 합쳐 구조에 나서는 상황과도 같다.

나는 세 번째 바위지대의 높은 곳에 있었다. 가이슬러 산군에 저녁 햇살이 비치고 랑코펠이 그늘 속에 있었다. 커다란 바윗덩어리가 계곡으로 떨어지며 소리를 냈다. 벽에 있는 검은 점을 밑에서는 망원경으로 볼 수밖에 없을 것이고, 그 감정은 섬세하기 그지없을 것이다.

나는 벽을 자세히 살피고 위로 올라갔다. 그러나 관찰자는 무슨 일이 있었는지 볼 뿐 이야기를 하고, 오리걸음으로 내려갔다. 그는 내가 안전하다고 생각했기 때문에 방심했을까?

저녁이 됐다. 서둘지 않으면 아무것도 볼 수 없을 정도로 곧 주위가 캄캄해질 것이다. 나는 재빨리 몸을 움직이며, 저녁하늘 속으로 들어가는 기분으로 올라갔는데, 실은 내 발밖에 보이지 않았다.

이방인이 상대방의 불안과 행운, 용기를 공감이나 하는 것처럼, 우리도 누구나 자신의 행동을 자신이라는 거울 속에서 보고 있다. 그런데 이때의 직감은 정직한 것일까? 그것이 옳든 그르든 우리 자신이 그대로 거울에 비친 것이나 다름없다. 예를 들어 이기주의나 이타주의는 남의 불행과 직접 부딪치면, 그것에 동정해서 도울 수밖에 없기 때문에 결국은 같은 이야기가 된다.

한참 뒤에 가서야 나는 히말라야의 티베트에서 공감이라는 것이 분명한 문화라는 것을 알았다. 달라이라마는 현장의 윤리란 '동정compassion'이라고 말했는데, 그것은 감정이 움직인다는 이야기다.

2 죽음

대규모 원정을 앞두고는 언제나 그러하듯, 히말라야에 처음 나섰을 때도 불안과 흥분이 엄습했다. 위험과 과업 그리고 목표 앞에서 오는 불안과 흥분이었다. 낭가파르바트의 4,500미터 루팔 벽은 바위와 얼음으로 된 최고의 벽이다. 당시 동생이 함께 있었고, 나는 여전히 불안했다. 삶과 죽음의 두 감정이 내 안에서 맞섰다.

이때의 원정에 대해서는 많은 생각을 하지 않을 수 없다. 그러나 동생을 그곳에서 죽였다고 떠드는 통속적인 이야기에 귀를 기울이지는 않는다. 그의 시신을 찾아서 사고가 분명히 밝혀졌는데도, 음모설은 여전히 나돌고 있다. 전문지식이 없는 일반 대중은 날조된 이야기에 사실보다 더 날뛰기 때문이다. 만일 내가 그때 지쳐서 죽었다면 그곳에서 무슨 일이 있었는지 아무도 알지 못했을 것이며, 악의에 찬 많은 억측들도 없었을 것이다. 이렇게 보면 내가 살아났다는 것은 죽음보다도 좋지 못하다는 이야기가 된다.

이제 지난 50년을 돌아보니 적지 않은 의문이 생긴다. 원정대장과 대원, 등산잡지 기자, 독일 산악연맹 간부 등 일련의 인물들이 왜 동생이 죽은 비극을 윤리적 꼬투리로 삼아 그때 내가 함께 죽었어야 한다고 하는지 모르겠다. 그러나 나는 죽음을 생각하면서 삶이 무엇인가를 절실히 느끼게 됐다. 삶과 죽음은 결국에 가서는 하나며, 끝내는 무의 세계로 없어지는 것이 아닐까?

7,800미터 고소 메르클 걸리Merkl Gully에서 비박했을 때 바람은 없었지만 너무 추워서 견디기 어려웠다. 앉은 자리를 자주 바꾸었지만 발가락이 얼어오고 몸이 굳어져 얼어 죽지 않으려고 몸부림쳤다. 그날 밤 우리는 한잠도 자지 못했다. 하지만 이대로 죽을지도 모른다는 생각 속에서도 희망을 그려보았다. 그렇다 해도 고통에서 벗어날 수는 없었다. 그러다 의식을 잃으면 죽게 된다. 아침을 기다리는 수밖에 달리 방법이 없었다.

귄터는 이따금 장갑을 낀 손으로 얼굴을 쓰다듬으며 우리가 붙어있는 벽에 기대어 중얼거렸다. 헛소리를 하는 것 같기도 했다. 그의 기력이 언제 바닥날지 걱정이었다. 그는 꽁꽁 얼어붙은 옷을 털면서 한숨을 내쉬었다. 그때 강풍이 비박 텐트를 들어올렸다. 그러자 우리의 불안이 그대로 노출됐다. 이 세계에서 있어서는 안 되는 불안의 노출이라니!

다음 날은 비교적 좋았다. 디아미르Diamir 벽을 내려갈 때 좋지 않았더라면 — 사실은 여러 가지로 좋지 않았는데 — 우리는 살아남지 못했을 것이다. 두 번째 밤은 보호막이 아무것도 없었다. 마실 것도 없고 추위에 고스란히 노출되어 이제는 죽는다는 생각뿐이었다. 귄터는 고통을 견디지 못하고 그대로 죽기를 바랐다.

죽음에 대해 어떤 영웅적 이야기를 한들 그것으로 죽음을 알 수는 없다. 죽음은 간단하다. 눈사태나 빙하의 크레바스를 만나서, 영하 30도 추위 속에서 아무 보호막 없이 밤새 얼어서 죽는다. 이렇게 해서 영원히 잠들면 그것으로 모든 것이 끝난다. 그러나 이런 밤을 살아남으면 어떤 일이 있어도 본능적으로 나아가게 된다.

벽 밑의 빙하 계곡에서 스노브리지를 건너고 세락을 넘으며 나는 앞으로 나아갔다. 길은 끝이 없는 미로였다. 나는 이따금 귄터를 기다렸다. 그러나 그는 바로 뒤따라오지 않았다. 이렇게 시간이 흘렀다. 나는 빙하 물을 마시고 기다리며 소리쳤다. 그러나 그는 끝내 나타나지 않았다. 나는 왔던 길을 되돌아가서 큰소리로 그를 불렀지만 아무것도 보이지 않았다. 나는 속으로 그저 무사하기만을 바랐다. 나도 지쳐서 죽을 지경이었고, 이제는 끝장이라는 생각이 들었다. 내가 왼쪽으로 왔던 스노브리지에서 귄터는 다른 쪽으로 간 것 같았다. 그렇다면 나중에 계곡을 벗어나 만날 수 있지 않을까?

나는 여전히 그가 뒤따라오기를 기대하며 내려갔다. 그리하여 두 하산 루트가 보이는 데까지 갔다. 그러나 그는 보이지 않았다. 갑자기 불길한 생각이 들었다. 나는 다시 뒤를 돌아보았다. 우리가 마지막으로 헤어졌던 곳에서 눈사태가 일어나고 있었다. 오전 9시에서 11시 사이였는데, 눈사태는 디아미르 계곡을 계속 휩쓸었다. 눈사태는 여기저기서 일어났다. 크고 작은 눈사태였다. 그러나 나는 동생이 죽었다고는 생각하지 않았다. 그저 위험한 곳에 있다는 생각뿐이었다.

몇 시간의 수색 끝에 또 하룻밤을 지내고, 나는 죽은 사람이나 다름없는 모습으로 계곡 쪽으로 내려갔다. 제정신이 아니었다. 동생이 눈사태에 휩쓸려 죽었다. 나는 차라리 그곳에 그대로 누워버리고 싶었다. 그곳이 내 집이었다. 나는 환각에 시달렸다. 사람들이 오고 있는 것 같았다. 걸어서 오다가 말을 타고 오기도 했다. 가축을 데리고 오는 목동도 보였다. 사실 같아 보이던 이런 장면들은 모두 환영이었다. 나는 도움이 필요했다. 누군가가 나에게 길을 안내해주기를….

이런 환영이 나를 불러일으키고 계속 가도록 했다. 나는 환영의 도움으로 제정신으로 돌아왔다. 마치 다 죽었다가 살아난 것 같았다.

나는 무릎과 팔로 짐승처럼 기어서 고원지대를 내려갔다. 돌로 된 집들이 나타났는데 딴 세상에 온 듯했다. 집들은 사람 키 높이의 돌담에 둘러쳐진 채 서로 모여있었는데, 모두 비어있었다. 갑자기 절망감에 사로잡혔다. 광기에서 깨어나 자기 책망과 의식불명 상태에 빠져드는 기분이었다. 그러나 점차 이제 곧 구조되리라는 희망을 갖고 나는 계속 계곡을 내려갔다. 어두침침한 묘지 같은 빙하 골짜기가 저 밑에 보였다. 저 밑에까지 가야 구조될 수 있을 것 같았다. 집으로 돌아가려면 그저 계속 가야 했다. 본능과 책임이었다. 내 뒤에는 아무것도 없었다. 텅 빈 죽음의 세상뿐.

낭가파르바트는 하늘 높이 솟아있었다. 그저 거무스름했다. 죽는다는 것은 죽음을 당연한 것으로 받아들이는 것이다. 산에서의 공포가 모두 그대로 남아있다면 어떻게 될까? 나는 죽음의 빙하를 정신없이 기었지만, 도저히 빠져나갈 수 없을 것 같았다. 우리들이 비참한 놀이라고 하는 등반에서 혼자 남아도 죽지 않는다고 생각하는 인간의 외로움을 누가 알 수 있을까. 살아남는다는 것은 놀라운 일이며, 그래야 한다는 것 역시 옳다. 그러므로 계속 가야 했다. 아무 생각 없이 가다가 나는 처음으로 사람과 만났다. 그리하여 죽지 않고 살아남으려고 얼마나 힘들었느냐는 동정과 이해 속에 나는 농부의 집에 머물게 됐다. 그들은 죽어가는 나에게 빵을 내놓았는데, 닷새 만에 먹어보는 것이었다. 그들은 나를 살리려고 먹을 것을 주었다. 농부들은 말이 없었고, 위로의 손짓도 별로 하지 않았다.

나는 밤마다 놀라서 일어났다. 환상에 시달린 것이다. 죽음을 실제로 체험한 사람은 다시 태어난다고 하는 말이 무슨 뜻인지 나는 안다. 고통은 잴 수 없다. 그러나 광기나 죽음과 마주쳐본 사람은 살아있다는 것이 능력이 아니라 선물이라는 것을 알게 된다. 이것은 구제가 아니라 자기 책무와 자기 목적이 아닐까?

II

ÜBERLEBEN

생존

수직과 수평 세계에서의 모험이 잘 조화를 이루어야 살아남을 수 있다. 칸첸중가의 프리들 무트슐레히너(위)와 남극대륙에서 나와 아브드 푹스(아래)

아이거 북벽을 오르는 페터 하벨러(위). 나는 페터 하벨러, 만프레드 가브리엘리, 볼프강 나이르츠와 우정 어린 한때를 보냈다.(아래)

칸첸중가에서 프리들 무트슐레히너와 함께

동생 후버트와 그린란드에 갔다.(위) 낭가파르바트의 한스페터 아이젠들(아래)

Ins Stammbuch für 1967

Dem einen ist der Berg Idol,
dem andern aber nur Symbol
für den Weg durchs Leben.

Wer in der Wand als Mensch besteht,
dem bleibt's Erlebnis ein Komet,
Mut und Kraft zu geben

für Kampf und Pflicht des Alltags,
zu des Daseins Sinn-Erfüllung
als Mensch und Christ.

—

Möge das Jahr 1967
Dich die einzig richtige Route
(die alleinige wahrhaftige Erstbegehung)
finden lassen
aus dem Labyrinth von Irr-, Um- u. Abwegen
Deiner selbst!
Den Weg aufwärts
Zu Klarheit und Wahrheit,
zu einem sinnvollen,
guten und edlen
Ziel!

Zwischen 31.12.66 u. 1.1.67

Deine um Dich besorgten
Eltern

1966년 라인홀드 여행 메모장에 있는 아버지의 글

자기실현은 자기망각의 보상이다.

빅토르 프란클

2 6
비애

낭가파르바트 비극은 내 삶의 전환점이었다. 나는 더 이상 이전의 내가 아니었다. 디아미르 벽에서의 극적인 하산과 동생의 죽음 그리고 마침내 원주민과의 만남. 마치 운명과도 같은 순간들이었다. 그 순간들은 이전의 경험들보다 더 깊이 나의 기억 속으로 파고들었다. 그리고 나는 다른 사람들이 맹렬한 비난을 계속 퍼부어대는 부담 속에 살아야만 했다. 그러면서 물론 미래를 위한 길도 찾아야 했다.

부모님과 형제, 친구들은 등반을 그만두라고 다그쳤다. 파키스탄에서 원정대장은 내가 동상을 입었으니 다시는 산에 오르지 못할 것이라고 말했고, 몇몇 '친구들'은 나를 멀리했다. 이 위기의 시간에 내가 배운 것은 상대방이 곤경에 처했을 때 사람의 인간성이 가장 확연하게 드러난다는 것이었다.

귄터가 죽은 뒤, 나는 이란의 다마벤드Damavend와 네팔의 안나푸르나 히말 그리고 뉴기니의 칼스텐츠 피라미드Carstensz

Pyramid 등 여기저기를 돌아다녔다. 심지어 돌로미테에서 아주 어려운 초등도 해냈다. 그러나 나는 비극이 일어나기 전의 수준으로 다시 올라가지 못할 것이라는 사실을 분명하게 알고 있었다.

1971년 **11**월, 내가 낭가파르바트로 다시 가서 동생을 찾으려 했을 때, 나는 새로운 희망을 보았다. 내 곁에는 우쉬 데메터 Uschi Demeter라는 강인한 여성이 있었고, 나에게는 절망에 빠졌던 바로 그곳에서 삶을 다시 시작하겠다는 의지가 있었다. 그리하여 히말라야 고산등반으로 제2의 삶이 시작됐다. 이렇게 나는 동생을 잃었다는 죄책감을 갖고 살아야 했으며, 우리가 가장 큰 모험을 나누었던 곳에서 슬픔을 달래야 했다.

우쉬 데메터와 함께 길기트의 초라한 라자 바자르를 걷고 있을 때 북 파키스탄의 이 촌락은 마법처럼 생기에 넘치고 있었다. 지난날 귄터와 낭가파르바트로 가기 전에 경험했던 것처럼…. 첫째 날 오후에 **1970**년 때처럼 폴로 경기가 있었는데, 길기트 사람들 전체가 '왕의 놀음'을 보려고 몰려들었다. 샤히 폴로Shahi Polo 광장으로 가는 길은 사람들의 무리로 온통 먼지가 일었다. 우리는 그들 뒤를 따라갔다. 돌담이 둘러쳐진 폴로 광장은 빈자리가 없을 정도로 수백 명의 구경꾼들로 들끓었다.

우리는 연주하는 악대 맞은편 스탠드에 겨우 자리를 잡았다. 둔탁한 드럼 연타 소리 속에 플루트와 백파이프가 끽끽거렸다. 관중들은 고함을 지르고 박수갈채에 휘파람을 불어댔다. 정열적인 모습이었다. 음악이 점차 고조되더니 순간 조용해졌다.

이곳은 유럽과는 달리 경기장이 길쭉하고 폭이 좁았으며, 일정한 규칙도 없는 것 같았다. 9개의 문을 통과한 팀은 시간이 채 끝나지 않아도 승리자가 됐다. 부상을 입은 선수가 발생하면 상대 팀에서 한 사람이 빠지게 되어있었다. 이렇게 되면 결국 양쪽 모두 막판에 가서는 말 한 마리만 남을 수도 있었다. 말하자면 사람과 사람의 싸움이 되는 셈이다.

길기트 폴로는 한 팀 6명이 작은 말로 하는 먼지 속의 싸움이었고, 고색창연한 놀음이었다. 공이 경기장에 던져지면 일대 소란이 벌어진다. 선수들은 늑대 떼처럼 공에 몰려들고, 말들은 놀라운 속도로 달리며, 경기장은 먼지구름으로 덮인다.

폴로는 길기트의 대중 스포츠다. 사람들은 저마다 소리를 지르고 야유한다. 선수 가운데 부상자가 생겨 피를 흘리면 관중이 자신의 옷을 찢어서 치료하고, 그는 다시 아수라장으로 돌아간다. 그 사이에 백 뮤직을 연주하는데, 조용한 분위기가 갑자기 높아지며 푸리오소furioso로 변한다. 이 얼마나 대단한 축제인가! 말들은 꿍꿍거리며 스탠드 앞을 질주하고, 모자가 하늘을 날며 일대 소란이 벌어진다. 한쪽에서는 드럼을 요란하게 연타한다. 말들은 빨리빨리 바뀌지만 경기 전체의 시간 중 말들이 쉴 틈은 별로 없다. 도중 짧은 휴식이 있을 뿐, 경기 전체에 투입된다.

폴로 경기장은 마을과 길기트 강 사이에 있어, 나는 우쉬와 강을 따라 숙소로 돌아왔다. 강 건너편은 앙상한 산이었는데, 멀리 눈 덮인 히말라야의 고산이 희미하게 보였다. 나는 마치 귄터와 함께 있는 듯한 착각에 빠졌다.

폴로 선수들은 경기에 완전히 몰입했다. 옳고 그름이나 선과 악은 그들의 판단 기준이 아니었다. 그들은 모두 본능을 따르고 있었다. 모든 것들이 그 경기 하나로 상쇄됐다. 그러나 나에게는 소위 말하는 착한 일을 해야 하는 의무가 있었다. 나의 일은 절대 나만의 일일 수가 없었다. 왜 그래야만 하는가? 나는 이 의문을 나의 행동을 통해서 풀어보고 싶었다. 이 일은 나의 동생을 찾아나서는 일과 또 다른 8천 미터급 고봉을 오르는 일로 시작됐다. 하지만 이 두 가지 일은 나에 대한 많은 비판을 불러왔다. 스스로를 이상주의자라고 자처하는 사람들에게는 누군가가 자신의 동생에 대해 책임을 지면서도 계속해서 자신의 열정을 좇는 일이 마음에 들지 않았던 것이다.

그래서 우리 둘은 디아미르 계곡으로 가기로 했는데, 그때가 마침 인도와 파키스탄 간의 분쟁이 일어나기 직전이었다. 사실 나는 죽은 동생을 찾는 것뿐만 아니라, 1년 전 내가 문명사회로 돌아올 수 있도록 도와준 사람들을 다시 만나보고 싶었다. 우리는 지프로 길기트 강을 따라 인더스 계곡의 고나르Gonar로 갔다. 거기서부터 걷기 시작했고, 오후가 되자 4명의 원주민 아이들이 따라붙어 황무지나 다름없는 부나르Bunar 계곡까지 함께 갔다. 그리고 저녁에 얼음같이 차갑고 세찬 부나르 강을 건너 디아미로이Diamiroi 마을에 도착했다. 그곳은 디아미르 계곡이 시작되는 곳에 있는 아주 작은 마을이다. 살구나무 잎이 가을빛을 띠고, 무르익은 옥수수 밭이 적갈색을 한 돌투성이의 황무지에서 오아시스처럼 보였다.

우리는 염소 우리에서 그날 밤을 지내고, 다음 날 아침 디아미르 계곡의 가파른 길을 올라갔다. 좁은 협곡 아래쪽은 빙하가 녹은 물이 소리를 내며 흘렀다. 협곡의 오른쪽 벽에 나있는 비탈진 길은 무른 암벽을 따라 이어져 있었다. 지난날의 악몽이 생각났다. 1970년 7월 나는 여기서 극적으로 구조됐다. 오후 늦게 우리는 델Djel에 도착했다. 계단식 마을에 한데 모인 작은 돌집들의 갈라진 벽은 점토와 가축의 똥으로 발라 메워져 있었다. 지붕은 나뭇가지와 두꺼운 널빤지로 덮여있고, 바닥은 발로 밟아서 다져져 있었다. 삭막한 계곡의 창문 하나 없는 집에서 여자들이 우유와 짜파티, 계란을 내다주었다. 그들은 아침 식사로 밀크 차와 둥글고 납작한 빵을 내놓았다. 우리는 원주민들에게 돈이나 옷가지를 주고 옥수수와 계란, 닭과 염소의 젖, 그 밖에 구운 양고기와 야채 등 영양가 있는 것을 구했다. 파같이 생긴 야채는 시금치 맛이 났다. 다음 날 우리는 사람이 없는 고원지대 나가톤Nagaton에 도착했다. 그리고 그날 밤을 커다란 자작나무 밑의 다 쓰러진 오두막에서 지냈다.

그곳에서 우리는 하루를 꼬박 걸어, 빙하 흔적만 남은 곳 한쪽을 이름만의 베이스캠프지로 삼았다. 우리는 커다란 바위 옆에 작은 텐트를 쳤다. 낭가파르바트 바로 밑이었다. 그 위로 눈에 덮인 채 푸른빛이 감도는 능선이 있는 거대한 산이 보였고, 뇌성과 눈사태 소리가 끊임없이 들렸다. 마치 세상의 종말 같았다. 날씨는 좋았다. 나는 매일같이 동생을 찾았지만, 조그마한 흔적도 눈에 띄지 않았다. 나는 동이 틀 무렵 떠났다가 달밤에 돌아오곤 했다. 벽 기슭을 지나 마제노Mazeno 고개를 넘어가기도 했다. 처음에는 원기를 찾지 못해 피곤했다. 그러다 나중에야 눈사태와 빙하가 동생을 아래로 내려주려면 수십 년은 걸릴 것이라는 생각이 들었다.

첫눈이 와서 우리는 베이스캠프를 철수했다. 그리고 며칠 뒤, 지프로 인더스 계곡을 지나 라왈핀디Rawalpindi로 짐을 날랐다. 카라코람 하이웨이는 공사 중이었다. 이슬람의 단식일이라 종일토록 먹을 것이 없었다. 그날 밤 우리는 길가 작은 숙소에서 지냈다. 라왈핀디의 호텔에서 안내인들은 우리를 알아보지 못했다. 그만큼 몰골이 흉측했다.

이제는 모험을 하는 삶이 계속될 수 있을 것 같았다. 어쩌면 운명처럼. 귄터가 살아남았다면 아마 지금쯤 나와 함께 있었을 텐데…. 하지만 설사 내가 모험을 집어치운다 해도 동생이 다시 살아 돌아올 리는 없다. 동생에 대한 비통한 마음은 나 자신에 대한 질책이며, 그 짐은 평생 지고 가야 한다. 그러나 나는 우리가 꾸었던 꿈을 실현하면서 다시 기뻐할 수 있었다. 귄터와 나는 떨어질 수 없는 자일파티였다. 그는 내가 곤란에 빠졌을 때 언제나 힘을 실어주었다. 만일 모험에 대한 우리의 열정을 낭가파르바트 비극을 갖고 온갖 소문을 만들어내고 있는 저 사람들에게 항변하려 한다면, 동생은 나를 차분하게 말릴 것이다. 이 사고와 관련하여 지나치게 오용된 '도덕', '동료애', '진실'들은 그때 이후로 나의 주관적인 가치가 됐지만, 귄터와 나에게는 자기 자신에 대한 책임이 너무나도 당연한 것이었다.

27 좋은 사람들

낭가파르바트 비극은 내 인생에 하나의 상처로 남아있다. 그것은 사고와 동생의 죽음에 대해 몇 가지 중요한 사실이 빠져있고 드라마의 끝이 죽음으로 끝났기 때문이 아니라, 오히려 우리 형제에게 알프스에서 날개를 달아주었던 영웅과 같은 감정이 결국 비극으로 끝나버렸기 때문이다. 더욱이 원정이 끝나자마자 한 번도 만나본 적이 없는 종류의 사람들과 마주쳤기 때문이기도 하다. 음모와 횡포가 난무하는 세계에서의 경험은 나를 갑자기 어른의 세상으로 이끌어주었다. 그것은 나를 놀라게 하면서도 마비시켜버리는 성년식과도 같았다.

그런 일을 바로 잡기에는 이제 너무 늦었다. 우리 원정대원들은 조종당했지만 그 사실을 알지 못했다. 원정대장이었던 카를 헤를리히코퍼Karl Herrligkoffer는 말끝마다 대원들 간의 우정을 강조했지만, 정상을 공략해야 하는 자일파티 사이의 유대감을 원한 것이 아니라 원정에 대한 해석의 자주권을 혼자 움켜쥐려 했다. 그는 외부에 나무랄 데 없는 '리더'로 비춰지기 위해 대원 간의 관계를 철저히 이용하고, 거짓말을 하고, 남의 이름을 더럽힐 준비가 되어있었다. 모든 것에 우선하는 — 언제 어디서나 — 원칙은 바로 '동료애'라는 개념이었는데, 그는 이 개념을 거침없이 오용했다. 대중은 그가 스스로 가장 좋아하는 모습을 있는 그대로 보아야만 했다. 바로 '리더'로서는 무적인 좋은 동료와 공동의 성공으로 인격화된 모습을. 바로 이 때문에 — 이 사실은 금방 명료해졌는데 — 그는 대원들에게 어떠한 형태의 글도 개인적으로 쓸 수 없다는 사전계약을 맺도록 했다. 이렇게 하여 그는 정보매체를 독점하고, 횡포의 열쇠도 쥐어 대중에게 공개되는 원정대의 모습을 마음대로 조작할 수 있었다. 그는 뒤에서 잘러-숄츠Saler-Scholz, 쿠엔-하임Kuen-Haim 등 2인조를 서로 대립하게 만들었다. 그의 이런 전술로 대원들 사이에 경쟁의식이 생기면서 서로 갈등을 겪었다. 그는 초기 원정대에서 참가자들에게 음모를 꾸며 허위선전을 일삼았다. 특히 그는 유능한 대원들이 자신의 거짓 선전을 지지하도록 하는 한편, 다른 대원들에게는 그들의 능력이 전체의 단결을 해친다고 위협했다.

인스부르크 병원에서 손가락과 발가락 끝을 절단하고 나오자, 나는 늑대 무리가 아닌 '좋은 사람들'이 떠드는 요란한 세상에 사로잡혔다. 당시 나는 이런 식으로 피해 본 경험이 없었다. 나는 마치 한 번도 눈이 쌓인 쿨르와르나 썩은 얼음 밑에서 비박을 해본 적이 없는 사람처럼 원정대장에게 항의할 수밖에 없었는데, 그것은 돌이킬 수 없는 실수였다. 헤를리히코퍼가 나와 내 동생이 디아미르 벽으로 내려왔다고 허위 공표했을 때 나는 이런 헛소문을 반박할 수 있을 것이라고 생각했다. 그러나 그런 기회는 한 번도 찾아오지 않았다. 그런데 사실 헤를리히코퍼는 우리가 실종된 동안 — 나와 귄터가 동료들과 헤어져 반대쪽으로 내려갔을 때 — 우리 둘이 죽었다고 생각하고 있었다. 즉 우리가 첫날 비박하다 죽은 것이 틀림없다고 주장했다. 내가 다시 나타났을 때도 '귄터는 그곳에서 죽었다'는 그의 생각은 변함이 없었다. 그는 귄터가 7,800미터 고소인 메르클 걸리에서 죽었다는 시나리오를 절대적으로 믿었다. 그는 이것을 자신의 '진실'로 굳혔다. 이것이 옳든 그르든 그에 따르면 어쨌든 내 동생은 그 위에서 죽었다는 것이었다. 그는 죽을 때까지 이런 주장을 버리지 않았다.

이 비극이 어떻게 시작됐는지 서로 일치된 원인을 찾거나, 정상으로 향한 우리의 상황이 어떠했는지 그리고 하산 때의 불안과 절망에 대해 그는 관심이 없었다. 동생을 잃고 나서 내가 어떻게 살길을 찾았는지, 그보다도 내가 거의 다 죽어가며 어떻게 살길을 찾아야 했는지 따위는 관심 밖의 일이었다. 그는 오직 자신의 태도를 끝까지 밀고 나갔다. 즉, 명령과 복종이라는 대장의 지도 원칙과 대원 상호 간의 우정 그리고 책임만을 강조했다. 그는 자신은 '완벽한 리더십'을 발휘했지만 내가 무책임했다고 주장했다. 헤를리히코퍼는 무슨 일이 있었는지 알려 하기보다는 오직 '낭가파르바트에서 승리'를 거두었다는 것이 증명되기만을 바랐다. 그는 끝까지 자신만이 중요했으며, 대원이 어떻게 되든 일이 어떻게 되든 문제가 아니었다. 비극으로 어떤 상처를 입었는지, 또는 대원들이 그 비극을 어떻게 받아들이는지는 절대 물어보지 않았다. 그는 추체험의 가능성은 제외하고 오로지 독선으로 밀어붙였다. 법정에서 선서하고 해명할 때 — 지금은 허위증언으로 밝혀졌지만 — 그는 자신의 이론을 내세워 나에 대한 반대 의견을 많은 사람들에게서 끌어냈다.

그는 자신의 생각을 바꾸지 않고 나를 비난했다. 그는 이렇게 해서 자신의 명예욕을 아랫사람들에게 과시했다. 그는 자기책임이 무엇인지 모르기 때문에 결국 명예욕과 무책임이 문제가 될 수밖에 없었다. 그래서 원정대장으로서 자신의 위치, 무능력과 과오를 스스로 드러냈고, 극한 등반가가 직면하게 되는 상황을 전혀 알지 못한다는 것을 자백한 꼴이 됐다. 가상과 현실 사이에서 일어나는 자기분열과 과시하는 모독적 고려는 언제나 새로운 비난이었다. 좀 고쳐나갈 법도 한데 결코 그렇지 못했다. 그는 선량한 사람에게 친절을 강요했다. 낭만주의자인 그는 지나치게 높은 이상을 갖고 있었다. 자신의 이복형 빌리 메르클Willy Merkl의 유지에 전념하고, 그 일을 '세계를 구하는 일로 보고 여기에 매진하는 것'만 생각하고 있었다. 그리하여 언제나 '선'을 위해 일한다고 스스로 생각했다. 이런 식으로 그는 끝까지 갔다.

한동안 나는 이런 걷잡을 수 없는 놀음 속에서 살았다. 그의 메시지는 항상 자신이 아닌 다른 사람을 향했다. 나는 낭가파르바트 비극 문제를 떠나 또 다른 8천 미터급 고봉을 올라갔다. 귄터와 내가 그리로 하산하지 않았다고 해도 1970년 디아미르 계곡을 찾은 사람들은 없었다. 그러나 나는 이 일로 대원들로부터의 동정이나 도움을 받을 수 없었다. 어떻게 30년 뒤에 가서 근거도 없는 스캔들을 일삼을 수 있을까? 그 당시의 사람들은 왜 알고서도 나서지 않은 것일까? 도덕적으로 깊이 생각했기 때문에 나는 동생 문제를 묻어두고 싶었다. 자기 연민이란 오래 가지 않으며, 도움의 손길은 언제나 나타나는 법이다.

나는 내가 하는 모험에서 경쟁자는 없었지만, 대신 적수는 많았다. 지금까지 살아온 무대에서 내가 하는 일을 가볍게 보고 그들도 덤벼들었다. 만일 내가 먼저 하다 일이 잘 안되면,

내 행동에 의심을 품거나 무시했다. 그들은 언제나 스스로 나서지 못했다. 나의 계획은 공공연하게 도전을 받았다. 그리고 내가 성공할 때마다 적수들은 내 방식을 증오하거나 명성을 비판했다. 그들은 은밀히 주위의 힘을 끌어들였고, 서로 머리를 짜내가며 반항하고 쾌감을 일삼았다. 나는 결국 많은 일을 당하고 말았다.

내가 어쩌다 이렇게 '좋은 사람들'을 알게 됐을까? 어쩌면 1970년의 일로, 내가 죽은 후에 어떤 좋은 일이라도 생기는 것일까?

물론, 그들은 내가 이 세상에 존재하는 것을 싫어할 것이다. 결국 이런 비난은 더욱 기승을 부리겠지만, 나는 그런 사람들을 개의치 않기로 했다.

2 8 친밀감

네팔의 칼리 간다키Kali-Gandaki 계곡을 가다 고레파니Gorepani 조금 못 미친 곳에서 한 소년을 만났다. 도르제라는 이름의 그 소년은 맨발에 누더기 옷을 입고 한 다발의 짐을 머리띠로 등에 지고 있었다. 그는 포카라Pokhara를 거쳐 카트만두로 가는 중이었다. 소년은 수줍은 듯이 합장하며 "나마스테"라고 인사하고 잠깐 걸음을 멈추었다. 나는 좀솜Jomsom을 거쳐 틸리초Tilicho 호수로 가는 길이 열려 있는지 물어보았다. 그는 갈 수 있다고 몸짓으로 대답했다. 나의 네팔어가 단어 몇 개를 겨우 이해하는 수준이어서 나는 힘들게 그가 하는 이야기를 이해해야 했다. 그의 이야기는 들을 만했다.

도르제는 칼리 간다키 출신인 부모와 함께 포카라에서 살다가 다섯 살 때 조부모님이 있는 고향으로 돌아왔다. 소년은 그 계곡에서 넓은 평원을 지배하는 성스러운 산인 마차푸차레Machapuchare를 바라보며 마음껏 살았다. 하지만 나는 이 산속의 좁은 환경을 원한 것이 그의 부모였는지, 아니면 그 자신이었는지는 끝내 알아내지 못했다.

어떻든 간에 좀솜의 당시 소년들은 마음껏 자유롭게 살았다. 그리고 자신들이 하는 일에는 스스로 책임을 졌다. 이런 가정의 분위기는 현대사회에서보다 훨씬 더 따뜻하다고 느껴졌다. 전후 남 티롤의 산과 계곡에서 아이들이 '위험하게' 뛰어놀던 시절과 어쩌면 이렇게 똑같을까.

이삼일 뒤 나는 칼리 간다키 계곡 상류 쪽에서 또 아이들을 만났는데, 소년이라고 불러도 될 만큼 자란 아이들에게는 불에 덴 심한 상처가 있었다. 그들은 아주 어릴 적에 집에 난 불로 화상을 입었다고 했다. 이런 종류의 위험은 그들 삶의 일부였다. 부모들이 항상 돌볼 수가 없어, 불 옆에서 놀거나 칼과 손도끼를 갖고 노는 아이들은 동네 어디에서나 볼 수 있었다.

개발이 되어 잘 살고 안전이 보장된 우리 산업사회는 산악지대 주민들에게서 볼 수 있는 높은 유아사망률을 비난할 수 없다. 산업사회와는 반대로 상당한 자기책임으로 자라는 곳의 아이들은 생존능력이 낮을 수밖에 없다. 고도가 높아지고 지역이 척박할수록 사람들은 더욱 비사교적이 된다. 고도가 높아질수록 사람 사는 마을이 줄어들고, 추위와 바람이 심하고 날씨가 건조하다. 따라서 현지의 주민들은 서로 접촉하기가 쉽지 않다. 사람이 사는 세상을 떠나기 전에 — 빙하지대로 높이 오르기 전에 — 만난 마지막 돌집이 있었다. 고원지대로, 야크들과 어린 소년이 있었다. 그는 도르제의 동생이었는지도 모른다. 그때 소년은 어린 야크와 이야기를 하고 있었을까? 그는 어린 야크와 말을 주고받는 듯한 몸짓을 하며 얼굴을 찌푸렸다. 그것은 조금도 이상하지 않았다. 나 또한 어렸을 때 동물이나 가능한 모든 것들과 이야기를 나누었었다. 나중에는 배낭을 멜 만큼 자라서도 그랬다. 2주일 뒤 나는 배낭을 메고 혼자 틸리초피크로 갔다. 그때 피켈과 이야기를 주고받았는데, 나는 지금도 이런 식으로 자주 나 자신과 이야기를 하며 지낸다.

더 높은 곳에는 원주민들이 한 사람도 살지 않았다. 그러나 그런 곳에도 길이 있었고, 그 좁은 길은 능선 너머로 이어지고 있었다. 그런 길은 사람들이 아침이든 저녁이든 찾아갈 수 있는 길이다. 그러나 이와 달리 우리의 도로는 얼마나 무감각한가! 딱딱하게 포장되어 사방을 가로지르는 길들…. 히말라야 주민들은 자신들의 환경을 마치 엄마가 아이를 다루듯이 조심스럽게 다룬다. 젖먹이들은 결코 엄마와 떨어지는 법이 없다. 밭으로 일을 나갈 때나, 고개를 넘어 고원지대를 갈 때나, 나무를 주우러 근처의 숲으로 갈 때나 언제나 엄마와 함께 있다. 네팔에서는 엄마가 아이를 주로 수건으로 감싸 어깨나 등에 들쳐 메고 다닌다. 티베트에서는 모피로 된 외투에 아이를 넣어 허리에 단단히 고정시켜 데리고 다닌다. 한편 뉴기니에서는 둥지에 넣어, 그 안에서 마음대로 놀게 한다. 중요한 것은 엄마와 아이가 언제나 떨어지는 법이 없고, 엄마와 아이가 계속 접촉한다는 것이다. 아이는 잠을 잘 때도 엄마와 함께 잔다. 나는 고산지대에서 단 한 번도 엄마와 아이의 잠자리가 떨어져 있는 모습을 보지 못했다. 현대 대도시 사회에서 사람들 사이에 친밀감을 느끼지 못하는 것은 그런 어린 시절이 없었기 때문이 아닐까? 나는 오히려 세상의 끝 같은 낯선 고원지대에서 우리 대도시의 이웃에서보다 더 많은 친밀감을 보게 된다.

29 책임

멀리 지구의 오지 산악지대를 여행하며 나는 그곳에 사는 사람들과 접촉하게 됐다. 그들은 산의 정상과 마찬가지로 이내 나를 매혹시켰다. 뉴질랜드 같은 경우에는 적도 가까이 얼음에 덮인 산들이 있었고, 남태평양 밀림지대에는 종려나무와 난초가 숲을 이루고 있었다. 이것은 일찍이 제임스 쿡James Cook이 보고한 그대로였다. 그곳의 산을 오르는 데 원주민들의 도움이 필요했기 때문에 나는 서서히 그 지역에 사는 원주민에 대해 알아가기 시작했다. 가장 눈에 띄는 그들의 능력은 일종의 감정적 의사소통이었다. 우리와 원주민은 서로에게 낯선 사람들이었다. 나는 완전히 다른 세상에서 온 사람이었고, 그들에게 있어서 처음에는 이해될 수 없는 인간이었다. 내가 무슨 생각을 하는지 전혀 알 수 없는 까닭에 원주민들은 모든 감각을 열어놓고 내가 누구며, 무슨 계획을 갖고 있는지 파악하려 했다. 그들은 나를 만져보고, 나의 눈을 들여다보았으며, 나의 아주 작은 움직임에도 반응했다. 마치 나의 감정에 편승해 함께 느끼려고 하는 듯이. 이런 모습으로 보아 그들은 분명히 다른 사람이 무슨 생각을 하는지보다는 무엇을 느끼는지를 알아채는 데 더 익숙한 것 같았다. 마치 너무나 낯선 사람들이 느끼는 것을 자신들 또한 느낄 수 있는 것처럼.

1971년 가을 세르지오 비가렐라Sergio Bigarella와 함께 뉴기니의 고원지대에 도착했을 때 우리는 마치 방금 석기시대에서 벗어난 듯한 다니Dani 부족이 우리를 어떻게 받아들일지 전혀 알 수 없었다. 우리는 단 둘이었는데, 일라가Ilaga 마을 사람들은 여자, 남자, 아이 할 것 없이 모두가 모여들어 우리를 둘러쌌다. 그들은 우리의 손동작 하나하나를 관찰하더니 자기들끼리 이야기를 주고받았다. 그리고 1시간밖에 지나지 않았는데 마치 상대방이 누구인지를 느끼기라도 한 것처럼 우리에게 협조적이었다.

그렇게 해서 다니 부족 12명이 짐꾼으로 함께 갔다. 우리는 일라가에서 고소캠프까지 석회질 산록을 지나 밀림지대를 뚫고 올라가야 했다. 짐꾼들의 생활 습성은 석기시대와 달라진 것이 없었다. 국부만 가렸을 뿐 몸에 걸친 것이 거의 없었고, 돈을 알지 못했다. 얼굴에는 칠을 하고, 코에는 장식물을 달고 있었다. 우리는 그들에게 강철 도끼와 덤불용 칼 그리고 소금을 대가로 주었다. 우리는 지구에서 두 번째로 큰 섬의 최고봉인 칼스텐츠 피라미드를 오를 생각이었다. 일라가는 지금은 인도네시아 영토로 이른바 서이리안West Irian인 뉴기니 서쪽에 있다. 사람들은 광대한 계곡의 삼림지대를 벌목한 좁은 곳에 살고 있다. 집은 목재 원형 건축으로 주변의 밭은 풍요롭고, 연중 기온 변화 없이 강우량이 많다.

여자들은 짚이나 갈대로 된 치마를 허리에 두르고, 남자들과 떨어져 따로 살고 있다. 그들은 고구마와 사탕수수, 바나나, 야채 등을 먹는다. 그리고 이따금 제육으로 연회를 벌이기도 한다. 돼지는 다니 부족에게 일종의 통화로, 부를 뜻하며 자랑으로 삼는다. 또한 돼지는 신부 값의 중요한 요소지만, 그것이 분쟁의 원인이 되지는 않는다.

우리는 짐꾼들을 모아 식량을 사들이고 나서 길을 떠났다. 처음에는 비가 오는, 습기 차고 무더운 숲속을 지나, 미끄러지기 쉬운 나무 위를 몸의 균형을 잡으며 건너가서 물구덩이를 뛰어넘고, 늪과 냇가를 건너 고소 습지대에 도달했다. 그곳에서 다니 부족은 앞서가면서 틈틈이 활을 갖고 수렵에 나섰고, 저녁에는 나뭇가지와 나무껍질로 만든 나지막한 집에서 잠을 잤다. 우리는 높은 산을 넘고 또 넘었는데, 눈이 덮인 산은 아직 멀리 있었다. 이렇게 우리는 하루 8시간 또는 그 이상을 걸었다.

칼스텐츠 산맥은 네덜란드인 탐험가 얀 칼스텐츠Jan Carstensz의 이름에서 따왔는데, 그는 처음으로 만년설의 고지대를 보았다고 한다. 당시 뉴기니의 남쪽 해안 대부분에서 빙하에 덮인 거대한 석회암 지대가 보였던 것이다.

세르지오와 나는 피라미드를 제2등으로 오른 뒤 푼칵 자야Puncak Jaya의 1,000미터 벽에 도전했다. 그것은 자유등반과 복잡한 루트 파인딩을 요구하는 최고 난이도의 등반이었다. 덕분에 손가락 끝이 모두 상해서 베이스캠프로 돌아왔다. 짐꾼들이 캠프에 그대로 있었는데 식량이 모두 사라지고 없었다. 그제야 알았지만 원래 다니 부족은 내 것 네 것이 없었다. 그러니 화도 내지 못하고, 그저 그들의 관습을 받아들이는 수밖에 별도리가 없었다. 자신의 물건을 도둑맞지 않도록 하는 것은 소유자의 의무였다. 그러자 원주민들은 손해배상으로 고구마를 주었다. 우리 보고 원하는 만큼 고구마를 가져가라는 것이었다. 그러나 이런 식의 보상은 당연히 우리가 머리를 써서 챙겨온 식량의 대체물이 될 수도 없었을 뿐더러 우리의 허기를 달래주는 데 도움이 되지도 못했다. 게다가 배상으로 받은 고구마는 우리 모두의 식량으로는 모자라기까지 했다. 결국 대체 식량을 찾는 몫이 나에게 주어졌다.

우리는 도보 행진 중에 수프, 알루미늄 호일에 싼 육류 요리와 차를 다니 부족에게 주고, 대신 그들의 고구마와 바나나, 사탕수수와 제육을 받았다. 이제는 더 이상 바꿀 것이 없었다. 더욱이 하산에만도 여러 날이 걸릴 것 같았다. 10여 명이나 되는 굶주린 사람들에게 둘러싸이자, 우선 나는 그들이 화를 낼 것이라 생각했다. 그러나 산에서 일라가까지 장비를 메고 길을 걷도록 되어있는 짐꾼들은 내가 어딘가에서 식량을 마법처럼 만들어 내오기를 기대하지 않았다. 그들은 그저 굶주림에 적응했다.

그들은 먹을 것이 없는데도 서로 웃고 농담했다. 먹을 것이 없으면 그냥 없는 것이었다. 그들은 허기진 채로 잠을 자고 아침에는 일어나 걸었다. 어느 누구도 불평을 하지 않았다. 모든 것이 괜찮았다! 일부는 사냥도 했고, 질 짐이 없는 사람들은 일라가로 먼저 달려갔다. 나 역시 먹지 않고 걷는 데 익숙해졌다. 그런데 이탈리아의 기업가인 내 파트너 세르지오는 그렇지 못했다. 그는 위경련을 일으키며 급격히 쇠약해지더니 끝내 실신했다. 이제 어떻게 할 것인가?

나는 허기가 져도 살아나갈 수 있고, 극한상황에서도 견딜 수 있었다. 먹을 것이 있건 없건 원시인들이 살아온 것을 알고 훈련했던 것이다. 즉 먹지 않고 종일 스키를 타거나 등반을 했다. 그런 훈련이 없었다면 낭가파르바트에서 5일 동안이나 제대로 먹은 것도 없이 죽도록 고생하며 추위를 이겨내지는 못했을 것이다.

그러나 현대문명 속에서는 운동량이 적은 데다 슈퍼마켓에서 식량을 구해 칼로리가 풍부한 식사를 하다 보니, 우리는 과체중이면서도 허기가 질 경우 이겨낼 힘이 없다. 우리 몸이 이렇게 되어서는 위기를 극복하지 못한다. 그런데 다니 부족은 몸에 축적된 영양으로 종일 움직이며 조금도 허기를 모른다. 우리 몸은 지방질을 축적하고 거기서 포도당을 끌어내어 자유로이 쓴다. 그래서 나는 축적된 것을 쓰려고, 영양이 충분할 때 짐꾼들을 이용했는데 지금은 그것마저 다 써버렸다. 우리는 더 발전된 문명세계의 사람들보다 허기를 견디는 데 강하다. 과잉과 결핍 사이의 전환기에서 전통적인 생활방식으로 살았던 사람들이 언제나 그랬듯이 나도 나의 장점만을 받아들였다. 친구는 더 이상 어떻게 할 수 없어, 내가 마을로 달려가 감자를 가져와 살렸다.

3 감정

합리적으로 생각한다면 나는 뉴기니에서 제대로 적응하지 못했을 것이다. 그들은 직관적으로 반응했다. 우리의 식량을 '훔쳐간 것'에 대해 묵과하지 않으려 한 세르지오는 다니족에게는 통제 불능의 존재였으며, 위험한 인물이었다. 그러나 나는 바로 그들의 감정 메시지를 해독하고, 그들의 행동을 이해하는 법을 배웠다. 이때 우리가 서구적인 사고방식에 근거한 관리와 규칙으로 대했다면, 우리는 언제나 그들과 회의적으로 대립했을 것이다.

어려운 상황에서는 결정 과정이 본능적으로 흘러간다. 이때 이성은 위험을 계산하고 피하기에는 너무 느리다. 나는 등반을 할 때 미개未開 사회의 인간처럼 감정과 이성을 한데 묶어서 처리한다. 내가 겪은 가장 큰 비극이어서 그랬는지, 오직 한 번 몸과 마음이 겉돈 적이 있었다. 낭가파르바트에서 동생이 죽었을 때 나는 나 자신의 판단에만 의존했다. 대자연 황무지에서는 냉철하게 생각하기보다는 순간적인 감정으로 결단을 내리게 된다.

나에게는 생활방식이라는 것이 없다. 내가 등반을 모험으로 여긴 것은 내 인생에서 이미 일찍부터 시작됐다. 나는 언제나 단단히 마음먹고 이 일과 싸우며 밀고 나갔다. 이때 이성보다는 직관, 주위와의 관계 그리고 감정이 오히려 생활방식이었다. 그리하여 다른 사람과 심정을 같이하며, 특히 '자연적인 것'에 끌렸던 사람들과 한 번의 교류로 세상을 받아들이게 됐다. 이런 사람들은 거의 인식할 수 없는 자연의 신호에 반응하며, 상대의 미묘한 변화를 감지하고, 그들의 감정과 목소리의 변화를 느낀다.

감정은 언제나 상대방을 의식하며, 우리가 위험에 처하면 어떻게 해서라도 살길을 찾도록 몰아세운다. 즉 우리는 함께 힘을 모아 대응하며 결코 분열되지 않는다.

내가 산행에서 겪은 극적인 일들은 모두가 현지인들과의 사이에서 일어났는데, 힌두쿠시 짐꾼들의 파업과 티베트 야크 유목민들로부터 받은 냉대 그리고 굶주린 다니 부족 등은 분노보다는 애정이나 절망의 문제였다. 이것은 공동사회가 그때그때 상호관계를 강화해나가서 함께 사는 길을 열도록 하는 데 중요한 것이다. 만일 내가 나의 감정과 대립하는 중요한 상황에서 힘으로 대했다면, 나는 죽었을지도 모른다. 나는 현지인과의 문제가 풀리지 않은 경우가 없어서 내 여행은 실패한 적이 없다. 만일 문제가 있었다면 그것은 내 잘못이다. 나는 자일파티나 원정대원들과 언제나 정상적인 관계를 유지했다. 한 번도 싸운 적이 없다. 그랬다면 함께 일을 하지 못했을 것이다. 만일 어떤 대립이 있었다면, 그것은 산에서 내려와 인간사회로 돌아온 뒤의 일이었다. 그러나 이것은 배타적인 감정보다는 이해관계의 문제였다. 그러는 사이에 이런 인식들이 나의 귀중한 체험이 됐다. 공동체라는 것은 쉽게 갈라진다. 인정을 강요하던 좋은 사람들, 이성적인 몸짓을 일삼던 장사꾼들은 한때 우리 문명사회에 함께 있었다. 나는 그런 외부인들로부터 얼마나 오용을 당했던가! 여기에는 까닭이 있었는데, 그것은 내가 얻은 성과를 자신들의 몫으로 하고 싶었기 때문이다. 그렇다면 그 성공은 그들이 가져가도 좋다.

나는 인간이 그 옛날 깊이 새겨놓았던 본능을 경험을 통해 일깨우는 데 관심이 있다. 자연을 체험하는 것은 정보의 힘이 아니며, 고도를 측정하는 식으로는 되지 않는다. 이런 체험들은 — 내 기억으로는 — 자신이 지금까지 쌓아올린 감정으로 이루어진다. 그러나 개발된 문화권에 사는 유럽인들처럼 법으로 관리되고 있는 세계에서는 이성을 따르게 된다. 사람이 좁은 공간에 모여 살면 살수록 생활에서 요구하는 것들은 더욱 법적인 규제를 받기 마련이다.

나는 아무런 신변 안전보장이 없는 상황 속에서 지내게 되면 무슨 일이 벌어질까에 대해 오래전부터 관심이 있었다. 여기에는 나 자신의 이해가 깔려있다. 나는 그런 것을 고산지대와 황무지에서 시험해보고 싶었다. 즉 정해진 규정이 없는 황무지 같은 데서 혼자 산다면, 오히려 경험의 축적에서 오는 감정이 우리의 생존을 돕지 않을까? 나는 첨예하게 경기하는 스포츠맨이 아니어서 기록과는 관계가 없다. 다만 모험가로, 문명인으로 자처하는 사람들이 더 이상 처리할 수 없는 지역으로 규칙적으로 끌려 들어갔을 뿐이다. 현대인은 안전을 위해 자유를 버리고 있으며, 규정이라는 것은 언제나 자기 스스로 결정할 수 있는 능력의 상실을 의미한다.

나는 원정을 갈 때마다 인간이 어떻게 원시상태로 살아왔을까 생각하곤 했다. 다시 말해서, 그 옛날에 스스로 생겨난 작은 공동체들이 그대로 계속 살아가기는 어렵지 않았을까? 사람들이 집을 짓고, 아이들을 키우고, 나무를 심기도 하면서 유용한 경험을 서로 나누고 싶어 한다면, 그것은 그들에게 어느 정도 네안데르탈인의 모습이 숨겨져 있어서가 아닐까? 나의 행동은 이성적이지는 않았을지 몰라도 언제나 모든 가능성을 열어두고는 있었다.

3 사고

산에서의 사고는 대부분 그 원인이 눈사태, 낙석, 추위, 폭풍 등 자연에서 온다. 이와 반대로 추락은 자기 과신에서 온다. 이것은 고소 문제나 체력 소진에서도 마찬가지다. 이런 모든 요소의 결과는 치명적이다. 경험이 많은 알피니스트는 이를 고려해 신중하게 행동한다. 이와는 달리 원정을 가서 질병에 걸리는 것은 모험 계획에는 들어있지 않다. 그 원인과 영향은 산과 직접적인 관계가 없다. 따라서 사고는 이해할 수 있지만 질병은 그렇지 않다.

1972년, 몬순 전의 마나슬루에서였다. 당시 나는 정상에 올라서자마자 불어온 눈보라에 휘말려 하산이 죽음과의 싸움이 되고 말았다. 이런 상황에서 사고가 두 번이나 일어났다.

프란츠 예거Franz Jäger와 나는 날씨가 좋아서 거대한 플라토

끝에 있는 텐트를 나와 정상을 향해 출발했다. 우리는 눈이 덮인 넓은 곳을 큰 어려움 없이 올라갔다. 그런데 프란츠가 느닷없이 텐트로 돌아가겠다고 했다. 길도 쉬웠고 크레바스도 없어 우리는 서로 헤어져 각자의 길을 갔다.

그는 곧 설원의 언덕 너머로 사라졌고, 나는 그 사이 급경사의 설사면을 올라 정상으로 향했다. 드디어 얼음 능선이 나타났다. 나는 모든 위험을 통제하고 있다고 생각했다. 그러나 내가 하산을 시작하자마자 남쪽에서 발생한 검은 구름이 정상 일대를 뒤덮더니 짙은 안개로 변하고 드디어 눈보라가 됐다. 아래쪽으로 내려올수록 방향을 알아차리기가 더 어려웠다. 나는 우선 왼쪽에 있는 능선을 기준으로 방향을 잡았지만, 거대한 설원에서 길을 잃고 말았다. 나는 링반데룽에 걸려 우리 텐트를 찾을 수 없었다. 바로 그때 프란츠의 목소리가 들려왔다. 나에게 방향을 알려주려는 것이었을까? 나는 그 목소리가 텐트에서 들려오는 것이라고 생각했다. 어두워질 무렵이 되자 나는 완전히 기진맥진했다. 만약 눈보라가 몰아치는 밤을 밖에서 보낸다면 살아남지 못할 것이라고 생각하며 마지막 캠프를 찾았을 때 안도의 한숨을 내쉰 나는 놀라지 않을 수 없었다. 프란츠가 없었던 것이다. 그날 밑에서 올라온 안디 슐릭크Andi Schlick와 호르스트 판크하우저Horst Fankhauser가 나를 맞이했다. 그들은 프란츠를 찾으러 곧바로 밖으로 나갔다. 그러나 그 과정에서 그들도 길을 잃어 비극이 더 커지고 말았다.

결국 그들은 프란츠를 찾지 못했다. 안디는 프란츠를 찾다가 처음에는 이성을 잃었고, 결국에는 자신의 생명마저 잃었다. 호르스트만이 그 눈보라 속에서 죽지 않고 살아남았다. 그는 설동으로 기어들어가 무서운 밤을 보낸 다음 텐트를 찾게 되어 나와 함께 하산했다.

카트만두에 돌아와서 나는 뜻하지 않게 돈 윌런스Don Whillans를 만났는데, 그는 무정부 상태에서도 살 수 있는 사람으로 내가 높이 평가하던 사람이었다. 우리의 비극을 듣자 그는 내 왼쪽 귀에 대고 이렇게 말했다. "아직은 경험이 부족해.You are still wet behind the ears." 이 말을 듣자 나는 마음이 한결 가벼워졌다. 어쩌면 그렇게 때마침 그런 말을 해줄 수 있을까? 돈 윌런스는 조 브라운Joe Brown과 함께 전후 영국의 극한등반을 주도했던 스타였으며, 1950년대에 가장 뛰어난 등반가였다. 그의 힘으로 알피니즘은 노동계층의 영역이 됐다. 윌런스는 그와 같은 빈정거림을 통해 자기와 같은 무정부주의자들이 사회의 중간계층보다 더 많은 것을 할 수 있다고 말하고 싶었는지도 모른다.

돈 윌런스와 조 브라운은 영국 북부 산악지대에서 그리고 웨일스와 스코틀랜드 지방에서 위험한 등반들을 성공리에 해나갔으며, 알프스와 파타고니아, 히말라야에서 그들의 등반 방식을 실질적으로 전개했다. 그리하여 세계대전 이전의 세대가 생각지도 못했던 등반체계를 정립했다.

몽블랑의 프레네이Frêney 중앙릉과 카라코람의 무즈타그Mustagh 타워를 초등하는 등 윌런스는 특히 모험적인 등반을 감행했다. 안나푸르나 남벽 초등은 그의 업적 가운데 가장 빛나는 것이었다. 1970년에 그는 3,000미터가 넘는 이 벽을 두걸 해스턴Dougal Haston과 함께 해냈다. 윌런스의 육체적·정신적 힘은 그의 기술적 능력과 함께 전설이 됐다. 그는 엄청난 모험을 경험했으며, 술집에서 논쟁이 벌어져도 그냥 물러나는 법이 없었다. 그의 풍자는 칼날처럼 날카로웠다. 이렇게 해서 그에 대한 본격적인 예찬이 시작됐다. 산에서 죽을지도 모르는 위험에도 불구하고, 그는 체중을 줄여가면서까지 계속 활발하게 활동했다. 그는 쉰두 살 때 웨일스에서 등반을 준비하다 심근경색으로 사망했다.

우리가 알게 모르게 당하는 위험에 대한 인식은 비현실적일 때가 많다. 위험의 종류가 서로 다르기 때문이다. 예를 들어 우리가 일상생활에서의 위험을 분류한다면 테러나 핵에너지 같은 문제는 다른 문제보다 특별히 더 위험하다고 해야 할 것이다. 어쨌든 자동차 사고보다는 더 위험하지 않은가? 하지만 내 경험으로는 산에서의 눈사태와 눈보라가 무엇보다도 위험하다. 마나슬루의 비극이 알려지자 카트만두에서 곧바로 비난의 목소리가 들려왔다. 그런 극한적인 모험은 책임 소재를 가리기가 결코 쉽지 않다. 8천 미터급 고봉의 어려운 벽 등반에는 커다란 위험이 따른다. 불가능한 것을 해내려고 고생하는 것이 보람이 있다고 해서 내가 문제를 제기하는 것이 아니다. 전통적인 알피니즘은 언제나 불가능에서 가능성을 찾아왔으며, 이에 따른 위험을 감수해왔다. 여기에는 이론異論의 여지없이 역사적 평가만 있을 뿐이다.

그러나 현대사회는 고소의 위험은 인정하려고 하지 않는다. 마나슬루와 우리 문명사회의 위험 차이는 통계로 알 수 있다. 즉 8,000미터 고소에서의 사고는 도시의 교통사고와 비교해서 확실히 그 비율이 높다.

문명사회에서 사고로 죽을 확률은 히말라야에서 생명을 잃는 것보다 확실히 낮다. 대자연 황무지보다 일상생활이 더 안전하다는 것은 주지의 사실이다. 하지만 우리는 문명으로 관리하기 어려운 새로운 위험 가능성을 항상 만들어내고 있다. 예컨대 원자력과 살충제 그리고 무엇보다도 자동차 등으로부터 상해를 당하며, 그때마다 현대의학의 도움으로 치료를 받고 있다. 이에 반해 마나슬루에는 병원이 없다. 등반가는 사고로 죽거나, 아니면 그로 인해 평생 동안 장애인으로 살아야 한다.

1995년 유발에 있는 내 집 성벽에서 떨어져 발뒤꿈치 뼈를 다쳤을 때 나는 외과수술을 받았다. 그리고 반년 후에 완치되었지만 거의 3년이 지나서야 제 기능을 되찾았다. 그런데 이와 반대로 산에서 골절을 당하거나 동상을 입으면 생활에 지장을 받고, 심한 경우에는 생명을 잃게 된다.

나는 언제나 이런 불필요한 일에서 오는 고민 대신 등산에 대해서만 이야기해왔다. 동료들의 경우를 보면, 죽음의 위험에 관해서는 책임을 지지 않는다. 가령 죽음의 위험이 따르는 경우라 할지라도 그 일에 나서고 안 나서고는 본인의 자유다. 즉 위험을 함께 나눌 때만 모험에 나설 자유가 있다. 특히 전통적인 등반에서는 변명이 있을 수 없다.

3 언어

권터와 내가 처음으로 도전한 어려운 곳은 푸르체타Furchetta 남벽, 제코펠Seekofel 북벽, 시밀라운Similaun 북벽이었다. 우리는 끈끈한 자일파티였다. 나의 형제들은 모두 등반을 했고, 가끔 우리가 — 상황은 서로 달랐지만 — 함께 산을 오르는 경우도 있었다. 큰 어려움은 없었다. 다른 형제들은 등반에 깊은 애정을 갖고 있지 않았지만, 나와 권터는 극한등반에 대해 공통의 열정을 나누고 있었다. 나이가 들면서 우리는 서로를 더욱 잘 이해했다. 우리는 어려운 상황에서 말을 하지 않아도 서로를 이해했다. 등반 중에 — 특히 위험한 순간에 — 우리는 표정이나 소리, 또는 손의 움직임을 통해 의사소통을 했다. 서로에게 경고를 하거나 격려를 할 때도 한마디면 충분했다. 그러나 언어는 의사소통에 있어서 가장 훌륭한 도구였다.

푸르체타 남벽의 졸레더Solleder 루트에서 우리는 서로를 볼 수 없어, 마주 대하는 방법으로는 소통을 할 수 없었다. 거기에 거센 바람까지 휘몰아쳤다. 동생은 보이지 않았고, 소리도 들리지 않았다. 그러나 나는 동생이 내 신호가 없이는 뒤따라오지 못할 것이라는 것을 알고 있었다.

그래서 나는 자일을 여러 차례 힘차게 흔들면서 당겼다. 이것은 뒤따라 오라는 신호였다. 이런 식으로 우리는 서로를 알리며 10년간 등반을 해왔고, 우리의 목표를 공고히 해나갔다. 여기에 어려운 처지에서 얻은 고뇌와 희열 등을 공감·공유했고, 꿈도 함께 나누었다. 이것은 공생과도 같은 경험에서 얻은 결과이다.

우리 극한 등반가들은 등반을 할 때 말없이 소통하는데, 다른 사람들은 보통 이해하기 어렵다. 그것은 우리만의 울타리를 치는 것이 아니다. 원래 극한등반이란 그런 것이며, 우리만의 세계가 있어 남이 들어올 수 없을 뿐이다. 그러나 우리 형제의 경우는 그렇지 않았다.

우리는 자유롭고 싶었고, 우리만의 색깔을 갖고 싶었다. 죽음과 연결된 위험이 다가와 탈출로가 없어도, 우리는 서로 믿고 의지하며 모든 위험과 공포를 물리쳤다. 그리하여 한마음, 한 눈빛으로 살길을 찾곤 했다. 여기에는 따지고 드는 이치나 감정이 아니라, 오직 신뢰와 상호 의지만이 있었다. 많은 등반에서 이런 상호관계는 기억과 신뢰로 유지되는데, 이것은 언어를 넘어선 상호 이해라는 특징을 갖고 있다.

이런 언어 방식으로 우리는 새로운 꿈을 꾸며, 뜻이 같은 것을 확인하고, 위기를 극복하는 방법을 사전에 터득할 수 있다.

그리고 10여 년이 지나 뉴기니 고소에서도 이런 방식으로 의사소통을 했다. 영어도 통하지 않는 가운데 다니 부족과 이 마을 저 마을로 옮겨 다니며 여러 가지 이야기를 나누었다. 그것은 남 티롤에서와 비슷했다.

그러다 보니 고소에 거주하는 주민들 간에 필연적으로 여러 언어가 생겼다. 그렇지 않았다면 그들은 부족끼리 서로 이어지지 못했을지 모른다. 그들은 하나의 언어로 의사소통하는 집단 이상의 인지능력이 있는 것처럼 보였다.

많은 언어를 쓰면 그만큼 생활이 편리하고 풍요로워진다. 한편 하나의 언어 속에 있는 확고한 정서는 다른 언어보다 우수하다. 그리고 다른 면에서는 언어의 구조로 사용자의 사고방식이 굳어지며, 이런 문제로 서로가 영향을 받는다.

다수 언어를 사용하는 인간은 그 세계가 넓다. 그들은 상대와 말없이 소통하며 감정표현이 다양하다.

나는 외딴 곳의 산행에서 그곳 원주민과 몸짓과 입놀림으로 의사소통을 많이 했다. 내가 낭가파르바트에서 나를 구조한 사람과 의사소통을 할 수 없었다면, 나는 그곳에서 죽었을 것이다. 내가 많은 의사소통 방법을 배우지 못했다면 뉴기니의 다니 부족이나 디아미르 계곡의 파슈투넨족과 감정 표현을 제대로 할 수 없었을 것이고, 결국은 곤경에 처했을 것이다. 내가 만일 감각적인 기호로 언어를 쓸 수 없었다면 내 생활은 어떻게 됐을까?

이런 언어의 의미는 처음에 세계 오지에서의 의사소통뿐만 아니라 등반 이야기를 함께 하면서 알게 됐다. 나는 자주 나 자신을 보호할 필요성을 느끼며 많은 깨달음을 얻었다. 힘들고 위험한 등반의 가치를 평가할 때 지난 세기 1970년대 초에는 옛날이 문제였을 뿐만 아니라 산의 고도가 갖는 의미도 문제였다. 레코Lecco에서 — 당시 이탈리아 극한등반의 아성이었는데 — 등반 난이도 7급에 대한 원탁토론이 벌어졌다. 그때 나는 내 책 『제7급』을 갖고 토론에 임했다.

많은 유명 등반가와 기자 외에 이따금 산에 가는 사람들도 있었다. 그런데 당시 최고 난이도라는 '6급'을 이 사람들은 그저 밑에서 쳐다보았을 뿐이었다. 따라서 그런 등반 난이도를 제대로 평가할 수 없었다. 그들은 수직의 벽을 오른다는 것은 '착각'이라며 7급을 인정하지 않았다. 그러나 나와 다른 몇몇 등반가는 '6급'을 더 이상 대상으로 삼지 않았다.

알피니즘의 위대한 개척자 빌로 벨첸바흐Willo Welzenbach는 지난날 등반의 난이도를 6등급으로 설정했다. 그때 그는 6급을 암벽등반에서 인간이 할 수 있는 가능성의 절대적 한계로 정했다. 1924년 이야기인데, 6급이란 최우수 등반가가 최고의 조건하에 있을 때 소위 수학에서 말하는 한계라는 의미였다. 하지만 등반가들은 이 수학적 개념으로 주장을 펼친 것이 아니라 그저 서로 의견을 나누었을 뿐이다.

그때 나는 사실상 이 토론의 근간이 되는 문제 — 벨첸바흐의 난이도 체계가 잘못되었다는 — 를 제기했지만, 감정적으로 이것을 이해하는 사람은 없었다. 내가 등반가가 아니라 수학자로서 이야기했기 때문이다. 이때의 잘못은 등급체계를 상위 어딘가에서 제한하려는 데 있었던 것이 아니라, 특정한 루트를 6급으로 귀속시키려 했다는 데 있었다. 사실 이 6급이라는 것도 한계로 인정해서는 안 된다. 왜냐하면 6급이 등반 루트로 존재하지 않을뿐더러, 새롭고 더 어려운 루트가 계속해서 나올 수밖에 없기 때문이다. 더구나 고소를 향한 체계에는 한계가 있을 수 없다. 그리하여 여기서 야기되는 혼란은 — 도대체 얼마나 어려워야 극도로 어렵다고 하는지 모르겠는데 — 하나의 요청의 결과였으며, '난이도는 의미가 없다'는 것이 결론이었다. 따라서 지금의 등반 루트에서 '절대적 고난이도'는 기준이 있을 수 없으며, 난이도 체계의 상향 가능성은 언제나 열려있다. 어제의 한계보다 더 어려운 것이란 얼마나 더 어려운 것을 말하는 것일까? 7급, 8급, 9급…. 난이도 체계의 끝은 한계가 없어 결국은 수학의 무한대와 같다. 치베타 북벽의 졸레더 루트가 벨첸바흐가 일찍이 제안한 대로 6급으로 평가되어야 한다면, 난이도 체계의 한계는 열려있어야 한다.

그토록 어렵던 것들이 오래전에 모두 재평가됐다. 그리하여 계속해서 등반을 하는 세대에게는 더 어려운 루트를 오를 수 있는 가능성이 남아있으며, 시대의 흐름에 따라 등급을 재조정할 수 있게 됐다. 등산이 아닌 다른 스포츠 분야에서도 상향 한계에는 이미 제한이 없다. 아르민 하리Armin Hary가 100미터를 10초에 주파해, 더 이상은 빠를 수 없다는 말도 아무런 의미가 없게 됐다. 10초는 세계 기록이다. 그러나 100미터를 달리는 데 가장 빠른 시간이란 있을 수 없다. 최고 단계라는 정의는 도약 스포츠에도 등산에도 없다. 이 모든 것들은 이론적으로 말이 되기는 하지만, 더 이상 토론에서 논할 문제가 아니다.

당시 알레산드로 고냐가 첫 번째로 나서서 주제를 발표했을 때 그는 — 워커릉 최초의 단독등반 성공 직전이었는데 — 그때까지의 난이도 체계가 유효하다는 것을 염두에 두고 "6급을 최고의 한계로 할 수는 없습니다. 지금까지의 모든 가치 설정은 매년 재검토되어야 하며, 난이도 체계는 다시 수정할 수밖에 없습니다."라고 말했다. 예컨대 치베타 북서벽도 당시는 그저 5급이었다가 10년 뒤 4급으로 재평가됐다. "그러면 등반 가이드북은요?" 누군가가 소리쳐 물었다. 고냐는 "여기 나와 있는 난이도 평가는 모두 잘못된 것입니다. 등반 루트를 위한 모든 가이드북은 다시 써야 합니다."라는 말로 종결지었다.

또 다른 단독 등반가인 알도 안길레리Aldo Anghileri는 이전의 체계를 더 늘리는 것은 시야가 좁은 일이라며 말을 아꼈다. 만일 난이도를 12급까지 해야 한다면, 그것은 '선배들'을 재평가하려는 불손한 이야기라는 것이었다. 등산사가登山史家 지암피에로 모티Giampiero Motti는 7급의 도입은 알피니즘을 더욱 고도의 성취 스포츠로 만들려는 것이라고 밝혔다. 나폴리의 신문기자가 간단한 말로 토론을 끝냈다. "내가 보기에 6급은 벽에서 죽음의 종소리를 울리는 것이다. 그렇다면 과연 7급이란 어느 정도일까?"

1978년에 처음으로 난이도 체계의 상한선이 뚫렸다. 이에 대한 반론도 만만찮았다. 그러나 40년 뒤에 난이도 12급이 등반될지도 모른다고 생각하는 사람은 아무도 없었다. 그것 때문에 등반이 고도의 성취 스포츠가 되지 못한다는 것이 아니라, '알피니즘은 죽은 자의 무덤'이라고 주장하는, 알피니즘을 더럽히는 자들에 의해 결국은 모든 단체가 독일 산악여맹처럼 스포츠와 여행 조직으로 변화될 것이기 때문이다. 그들의 사고 예방에 대한 광기로 전통적인 등반은 그 자취가 점차 소멸되고 있다.

내 경험에 따르면, 뉴기니의 모닥불 옆에서 주고받은 이야기와 유럽의 원탁토론 사이의 거리는 지구를 한 바퀴 돈 것만큼이나 길다. 소집단과 대규모 단체 사이도 그렇다. 또한 그때그때의 언어의 필요성도 마찬가지다. 가장 큰 차이점은 감정에서 나타난다. 석기시대의 인간에게는 한층 더한 공감 능력이 있었으며, 이것은 전통적인 등반에서도 같다. 이에 반해 국제 토론에서 여러 언어로 진행될 때 대표자들은 서로 빈번히 말이 맞지 않는다. 공통된 체험과 언어가 없기 때문이다. 확실한 의사소통은 우리가 아주 어려서 했던 등산에서 얻은, 나 같은 사람의 경험에서 찾을 수 있다. 그때 우리의 이야기는 이성보다는 감정에 근거한 것이었다.

내 파트너는 쉴 때나 비박을 할 때 거의 1시간 넘게 말이 없는데, 이것은 일종의 자기표현이다. 두 등반가는 — 그들이 한 팀인 경우 — 대암벽에서 보통 말없이 의사소통을 한다. 몸으로 하는 의사 표시는 몸짓과 눈짓, 소리 등이다. 이와 반대로 많은 등반가들은 문명사회에서처럼 기능을 발휘한다. 왜냐하면 같은 목표를 추구한다고 해서 그것이 공동의 목표는 아니기 때문이다. 하나의 목표에 함께 도달하는 것은 언제나 감정적인 소통을 전제로 한다. 그러나 감정적인 소통이 없을 때 큰 무리는 결속을 잃을 위험이 있다.

두려움을 아주 절묘한 상징적 표현으로 의사소통하는 능력은 모험가가 갖추어야 할 숙련과 신속, 집중 같은 능력 외에 또

다른 능력이다. 귄터와 나는 기술적 기교나 특별한 전술적 행동방식을 몰랐다. 만일 우리에게 서로 통하는 언어가 없었다면 그 위험한 순간들을 잘 헤쳐나가기는 어려웠을 것이다. 우리가 이런 식으로 우리의 곤란을 뚫고 나갔던가 하는 것은 그다지 중요하지 않다. 우리의 등반은 공동의 기억과 주체적 의미부여 그리고 우리끼리 함께 해나간 것이다.

인간의 정신적인 성장 기초가 사회·문화적이라면 극한 등반가의 공동 정신은 그들이 처한 위험 속에서 자란다. 우리는 함께 힘을 합칠 때 살아남을 수 있고, 개인은 언제나 남의 도움이 필요하기 때문이다. 나는 한 번도 파트너에게 어떻게 도울지에 대해 가르쳐줄 필요가 없었다. 사람은 상대가 어려운 처지에 있으면 자연적으로 돕게 되어있다. 설사 우리가 자신밖에 모르는 사람으로 태어났다 할지라도 곤경에 처할 때는 같은 처지가 되어 남을 돕는다. 이것이 변함없는 전향적 변화, 즉 일종의 '열정'으로 이어진다. 그런 감정이 없다면 언어 자체도 없을 것이다. 또한 '우리'라는 의식이 없었다면 인간성은 벌써 소멸됐을 것이다. 이제 사람들이 서로 얼굴을 맞대고 이야기하는 기회가 점차 줄어들어, 결국 상호간의 동정도 줄어들고, 불손과 자기만족만 조장하고 있다. 이런 식으로 가면 끝내 자유에 역행하면서 반민주사회로 가게 되고, 결국 지극히 개인적이고 이기적인 생활태도가 생기며, 인간은 자기도취에 빠지고 만다. 즉 사람들은 저마다 인터넷에 빠져들거나 남에게 불쾌감을 주면서 못살게 굴고 자신은 잘난 척하게 된다. 이런 식의 자기도취는 한때 신분이 높았던 자나 권력자에게서만 볼 수 있었는데, 요즘은 인터넷을 통해 무서운 속도로 번져나가고 있다. 비길 데 없이, 인터넷으로 기세당당한 불손한 사람들이 그렇지 않은 사람들을 한꺼번에 비인간적인 존재로 만들고 있다.

우리 남 티롤 사람들은 이탈리아에서 소수 언어 민족이다. 우리가 주로 쓰는 언어는 단일 언어 사회에서 가장 우수한 이해 도구 역할을 하고 있다. 다른 문화 민족이며 정치적으로 독자적인 위치에 있다는 것은 그것 때문에 언어적인 면에서는 손해를 보는 셈이다. 그러나 나는 오히려 이것을 고맙게 생각한다. 다시 말해서 나는 독일어, 이탈리아어, 영어 등 여러 언어 속에서 자랐다. 그리고 오늘날 '빈쉬거Vinschger 부족'에 속해 있으면서, 무엇보다도 다국어多國語 사용이 소수민족의 자유로운 행동에 하나의 기초가 되고 있다는 사실을 나는 알고 있다.

3 천재 3

1974년 나는 페터 하벨러와 아이거 북벽을 '산책'했다. 사실이 그랬다. 등반 루트가 완전히 얼음으로 덮여 있었어도 그것은 우리에게 하나의 산책이나 다름없었는데, 클린트 이스트우드는 <아이거 북벽>이라는 영화를 만들다가 바로 이 얼음 때문에 중간에서 포기했다. 덕분에 그의 촬영팀은 그해 첫 북벽 도전을 볼 기회가 있었다.

어느 날의 이른 오후에 우리는 하이디 폰 알멘을 거쳐 클라이네 샤이덱으로 돌아와, 저녁에 살롱의 벽난로 앞에 영화배우와 카메라맨, 영화감독과 함께 앉아있었다. 우리는 산악영화와 등반에 대한 이야기를 나누었다. 그 자리에는 두걸 해스턴도 있었는데, 나는 당시 동시대의 등반가들 어느 누구보다도 그를 훌륭하게 여기고 있었다. 주인공이었던 클린트 이스트우드보다도 더. 나는 클린트 이스트우드를 마카로니 웨스턴 영화(기존의 정형화된 미국 서부 영화의 틀을 깬 1960~1970년대 이탈리아산 서부 영화; 역자주)에서 보았는데, 그는 매우 인상 깊은 면모를 갖고 있었다.

해스턴은 벽난로 옆에서 다리를 쭉 뻗고 앉아 마치 아무 생각도 없는 것처럼 별로 말이 없었다. 당시 그는 가장 성공한 등반가로 널리 알려져 있었다. 나는 동계 아이거 북벽에서 고정 자일이 끊어지는 바람에 추락 사망한 존 할린John Harlin의 이야기를 들어보고 싶었다. 그리고 에베레스트 남서벽 도전과 안나푸르나 남벽에 대해서도 이야기해보고 싶었다. 당시 그는 어떤 비전을 갖고 있었을까?

그는 별로 관심이 없어 보였다. 그러나 그의 극한등반은 상실과 죽음, 질투 등의 틈바구니 속에서도 결코 중단의 기색을 보이지 않았다. 산에 대한 나의 태도 역시 언제나 그랬다. 나는 그것을 '일'로 여긴 적이 없었다. 우리에게는 위험에서 살아남는 것이 아주 당연한 것이었다. 완전하고 절대적인 열정으로 나는 산을 대했고, 이 감정에는 깊은 뜻이 있었다. 즉 내가 모험을 감행할 때 볼트 하켄이나 산소 기구, 헬기 등의 장비가 성공이나 실패를 결정해서는 안 된다는 것이었다. 나는 언제나 나 자신의 능력과 작전, 경험이 성공여부를 결정하는 기준이다.

이렇게 해서 나는 나만의 등반 스타일을 찾았다. 나는 시중에 판매되는 장비들의 도움으로 나의 도전을 엉망으로 만들기는 싫었다. 히말라야의 8천 미터급 고봉을 오르면서 내가 장비에 의존했다면 그 등반은 나 자신을 속이는 결과가 됐을 것이다. 나는 그 도전들을 전통적인 등반을 표현하는 장章으로 만들고 싶었다. 그렇기 때문에 나는 과학기술로부터 등을 돌렸다.

불가능 속에서 가능성을 찾는 것은 신비 속을 파고드는 것과 마찬가지다. 그래서 그 일은 언제나 자극적이고, 거기서 새로운 도전의 길을 찾게 된다.

두걸 해스턴도 그런 등반가였다. 그는 말이 없고 강인하며 냉철하다. 그런 점에서는 페터와 나도 다르지 않다. 해스턴은 나의 경쟁자였지만 나는 그를 높이 평가했다. 사실 당시 그만한 등반가가 없었으며, 그는 나에게 활력을 불어넣어 주었다. 특히 그는 영국에서 팬이 많았는데, 여러 차례 죽을 뻔한 경험도 했다. 그래서 더욱 국민적 영웅 대우를 받았고, 그 시대에 큼직한 등반을 성취했던 것이다. 즉 처음에는 벤 네비스Ben Nevis에서, 다음에는 아이거 북벽 동계 직등에서 그리고 나중에는 히말라야에서. 그는 '불가능한 존재'로 성장했으며, 그가 후세에 남긴 것은 말이 아니라 행동이었다.

해스턴은 단독 등반가였고, 불가사의한 인물이었다. 그는 황무지를 위안처로 삼았는지도 모른다. 하지만 친구들조차 그것을 아는 사람은 많지 않았다. 그는 형무소 생활도 했고, 죽을 뻔한 일도 겪었다. 그러나 한 번도 공포감에 사로잡히지는 않았다고 한다. 해스턴은 등반가로서 천재였다. 나는 그가 체험한 공포와 고양된 감정을 따르며 분발했다. 에베레스트 남서벽은 그가 해냈지만 여전히 나의 과제이기도 했다. 젊었을 때 내가 실패한 인물들을 보고 성장했다면, 지금의 나는 가장 강한 모험가의 길을 가고 있다.

우리가 만난 지 1년이 지난 1975년 가을, 해스턴은 더그 스콧과 함께 에베레스트 남서벽을 해냈다. 이것으로 그들은 그 산에서 가장 어려운 곳을 초등한 영국인이 됐고, 나는 그들의 성공을 축하했다.

그런데 2년 뒤 운명의 전기가 왔다. 해스턴이 쓴 『계산된 위험』에서 주인공은 스위스 라이진Leysin의 유명한 사면에서 눈사태로 죽는다. 그리고 얼마 후 해스턴 자신 또한 서른여섯의 나이에 스키를 타다 눈사태에 휘말려 죽다니, 이것이 과연 우연일까? 그 상황이 그가 쓴 책 속에 너무나 자세히 나와 있다. 해스턴은 음주운전으로 치명적인 교통사고를 내 글라스고Glasgow의 악명 높은 바를리니 교도소에 갇혔었다. 그렇다고 해도 그가 죄책감을 느끼지는 않았을 것 같다. 그럼에도 나는 언제나 그를 높이 평가하고, 그에게 많은 것을 빚지고 있다. 그가 냉철하게 살며 자유를 추구한 데 대해 나는 공감은 해도 흉내 내지는 못할 것이다.

두걸 해스턴은 형무소에서 풀려난 이야기를 글로 남기지 않았다. 그 뒤 그는 처음으로 등반에서 자신만의 방식을 찾았다며 이렇게 말했다.

“사람이 몰리는 여름을 피해 겨울에 참다운 모험의 세계를 찾았다. 이것은 가혹한 일이었다. 별것 아닌 루트가 어려운 곳으로 변하고, 접근로도 멀어졌다. 찬바람과 눈보라 속에서 방향감각을 잃는 것이 위험이었다. 여름처럼 적당히 통과할 수도 없다. 원래 타고난 소질이라는 것이 있듯이 경험으로 얻은 능력이 있어야 한다. 8천 미터급 고봉의 벽도 사정은 다를 바 없다. 알피니즘의 새로운 차원은 동계와 고소 등반이다. 알프스가 사람으로 너무나 붐비기 때문이다. 이렇게 하면 나는 알프스의 고봉들이 대부분 미답으로 남아있던 19세기 초로 돌아갈 수 있다.”

해스턴은 그보다 앞서 살았던 발터 보나티나 헤르만 불 Hermann Buhl 같은 천재는 아니었을지 모른다. 그러나 이 세 사람은 대상과 상황에 관계없이 오직 자신만의 방식으로 살았던 사람들이다. 해스턴의 극한등반은 그것으로 충분했다. 아니, 완벽했다. 하지만 현재와 미래에 우리는 최고봉으로 몰려드는 여행가들의 등반에 대해 어떻게 대처할 것인가? 나는 ‘일찍 태어난 행운’을 자랑하고 싶다. 아무런 루트 정보도 없는 미답의 벽이 두걸 해스턴에게 손을 내밀었고, 나에게는 지칠 줄 모르는 열정의 가능성을 제공했다. 이런 시험 과정을 우리는 살았고, 앞으로도 그럴 것이다. 불안과 공포 속에서 생존하는 것을 우리는 모험이라 부른다.

34 공포

모험에 불안과 공포의 대결이 붙어 다니는 것은 저녁마다 거실에서 텔레비전을 보는 것과 같다. 차이가 있다면 텔레비전의 공포 영상에서는 잘 드러나지 않지만, 모험가들은 되도록 위험을 피하려 한다는 점이다. 그러나 위험이 닥치면 전격적으로 그것을 통제한다. 극한상황에서는 그렇게 하는 것을 '적절하다'고 하는데, 이것은 본능적으로 처리한다는 뜻이다. 그때는 그렇게 하는 것이 보통일지 모르지만, 우리 뇌는 생명을 구하기 위해 상황에 따라 그전의 비슷한 경험을 몸에서 불러낸다. 이런 반응과 본능이 기억 속에 저장된 자원처럼 우리 자신까지도 강하게 만든다.

스물다섯 살 때 나는 준비가 되어있었다. 대자연 황무지를 바라보았는데, 세계는 넓었다. 그곳에는 나름대로의 문명이 있었고, 전혀 다른 경험이 가능한 세계였다. 그 넓고 텅 빈 허허벌판에 — 수직과 수평의 세계에 — 내 세계가 있었다. 그곳에는 뚫고 나아가는 길이 있을 뿐이어서, 이것을 생각하니 그저 기뻤다. 이제야 해볼 만한 곳을 찾아냈다는 기분이었다.

이제 내가 앞서나가기 시작하면 남들은 뒤따라오며 구경하는 수밖에 없지 않을까. 이렇게 방해 없는 결단 속에 일찍이 어려서부터 꿈틀거리던 본능이 드디어 현실로 구체화되면서, 나는 빠른 걸음으로 넓은 세계에 뛰어들었다. 그 세계는 처음에는 아주 넓었다.

1975년 타베이 준코田部井 淳子가 여성으로는 처음으로 세계 최고봉에 섰다. 이것은 에베레스트 등정 10대 사건 중 하나였다. 이 강인한 행위는 여성의 자의식으로만 되는 일이 아니었다. 이런 시도는 마침내 여성의 해를 맞아 여성의 해방을 상징하는 일로, 최고봉 에베레스트도 여성들의 체험 공간이 되었다는 것을 의미했다. 나는 이제 여성들도 남성들처럼 산에서 위험과 싸우게 되었다는 것을 알았다.

이미 안나푸르나3봉을 오른 타베이 준코는 당시 서른다섯으로, 베이스캠프를 떠나면서부터 등반대장 자리를 이어받았다. 그녀는 거의 언제나 대열의 선두에 서서 다른 여성대원들을 이끌었다. 페리체에서 만난 그녀는 강인함과 결단력을 보여주었다. 준코는 결코 약한 여성이 아니었다. 그녀는 남자처럼 인내심이 강했으며 짐승처럼 민첩했다고 트레킹에서 만난 여성대원이 말했다. 보이는 그대로 가냘픈 체구지만 철저한 훈련 과정을 겪은 그녀의 등반에 나는 신뢰가 갔다.

정상을 눈앞에 둔 어느 날 강력한 눈사태가 눕체 북면을 휩쓸면서 2캠프를 강타했다. 이때 준코는 다치지 않았고, 죽은 사람도 없었다. 얼음과 눈덩어리가 웨스턴 쿰의 그 넓고 유명한 '고요의 계곡'을 휩쓸었다. 천만다행으로 일본 여성들의 텐트는 가볍게 스쳤다. 그 자리에 함께 있던 13명은 크게 다친 사람이 없었고, 텐트사이트만 망가졌다. 텐트 8동이 찢기고 폴이 부러졌다. 물론 텐트에 있던 물건들은 많이 유실됐다.

그러나 일본 여성대원들은 큰 타격을 받지 않았다. 그들은 베이스캠프로 내려와 하루 이틀을 쉬고 난 다음 다시 행동에 들어갔다. 그들은 2캠프를 다시 세우고 등반을 계속했다.

준코는 "공포는 잠깐뿐이었습니다."라고 나에게 말하며 "마음의 동요 없이 재앙에 침착했습니다. 우리는 할 일을 하기로 했습니다. 그것은 모두가 나에게 바란 것인지도 모르며, 그것만이 유일한 살길이었습니다."라고 덧붙였다. 그녀는 두 달 동안 얼음과 바위 사이의 위험이 도사린 공간에서 살았다.

그녀는 4년 동안 원정을 준비했다. 그것은 놀라운 결단력이었다. 그녀는 피곤했을지 몰라도 — 힘든 일에서 오는 피곤, 희망에서 오는 피곤 그리고 위험에서 오는 피곤까지 — 단 한 번도 불평을 한 적이 없었다. 그리하여 1975년 5월 16일 정오 무렵, 그녀는 사다 앙 체링Ang Tsering과 함께 정상에 섰다. 세계 최고봉에 선 첫 여성이었다. 시계視界는 좋고 바람도 없어 등반에 그 이상 좋은 날씨가 없었다. 그러나 이 성취는 그저 '에베레스트의 은혜'라고 고마워할 일이 아니고, 오히려 불안과 공포를 이겨낸 절대적인 능력에 힘입은 것이다.

일본 여성 원정대와 만났을 무렵 나는 이탈리아의 로체 남벽 원정대원으로 솔루쿰부Solukhumbu에 있었다. 벽 중간에서 지쳐 내려온 나는 절대 휴식이 필요했다. 베이스캠프에서 깊이 잠들어있었는데, 한밤중에 느닷없이 무서운 소리가 들려 침낭 속에서 급히 일어나 앉았다. 밖은 생지옥으로 돌변해 아무것도 보이지 않았고, 숨도 쉴 수 없었다. 나는 본능적으로 두 팔로 수영하듯이 하며 숨을 쉬어보려 했다. 눈 폭풍으로 텐트가 찢겨나갔다. 온통 깨지고 부서지는 소리가 나며 주위는 아수라장이었다. 눈덩어리가 사방에서 날아들고, 장비가 얼굴을 때렸다. 눈가루가 모자와 스웨터를 뚫고 들어왔다. 수염과 머리칼이 삽시간에 눈을 뒤집어썼다.

악몽 같은 소란의 짧은 시간이 지나고 나서 나는 희망을 되찾았다. 원인은 분명했다. 나는 눈사태를 당한 일이 없었는데, 이것은 오직 눈사태가 일으킨 일이었다. 그러나 베이스캠프는 조금 높은 곳이어서 직접적인 타격을 모면했다. 한밤중이어서 나는 맨발에 바지를 걸치고 눈에 묻힌 침낭을 간신히 끌어낸 다음 동료들을 찾으러 나갔다. 상황이 정리되자 나는 다른 텐트로 들어가야 했다. 나는 얼음덩어리들에 걷어 채이며 눈 속을 올라갔다.

어디인지 몰라 주위를 살피니 베이스캠프였는데, 등반가들 몇 명이 벽에 붙어있었다. 그때 저 밑에서 불빛이 보여 그제야 나는 상황을 정확히 알 수 있었다. 다른 사람들이 저 밑에 있는 것이 확실했는데, 그들의 텐트도 모두 부서지거나 찢겨나갔다. 높은 곳에 있던 나의 텐트는 한쪽이 완전히 쓸렸고, 남은 물건이라고는 아무것도 없었다.

나는 마리오 콘티Mario Conti와 잠시 함께 있기로 했다. 나는 깊이 잠이 들어 수영을 하는 꿈을 꾸기도 했는데, 그러고 나자 그 끔찍했던 공포가 가셨다. 눈을 떴을 때는 아침 6시경이었다. 우리 둘이 모두 깼는데, 그때 끽끽 하는 소리가 들렸다. 벽 높은 곳에서 나는, 무엇인가 폭발하는 것 같은 소리였다. 조금 뒤 둔탁한 소리가 들리면서 분지 전체가 흔들렸다. “바로 가까운 곳이야!” 나는 농담조로 콘티에게 말했다. 그가 텐트 입구를 여는 순간 뒤로 넘어지며 뭐라고 소리쳤는데, 나는 그 말을 알아듣지 못했다. 그의 눈에 일찍이 겪어본 적이 없는 것 같은 공포와 불안이 비쳤다. 그것은 가까이서 벌어진 눈사태의 재앙을 말하고 있었다.

그러자 아차 하는 순간, 텐트 폴이 날아왔다. 우리는 머리를 숙였지만 거센 바람에 귀가 찢어질 것만 같았다. 눈가루가 사방을 휩쓸며 제멋대로 날았다. 텐트 안에 있던 자질구레한 물건들이 순식간에 사라지고, 카메라와 우모복, 책들도 보이지 않았다. 나는 다시 침낭 속에 들어가서 숨을 제대로 쉬어보려고 애를 썼다. 마리오가 내 밑에 있었다. 우리는 수영하듯 팔을 놀렸는데, 마치 팬터마임 같았다. 이번 눈사태는 첫 번째보다 더 강했다. 처음에는 자다가 눈을 떴었다. 얼마 뒤 나는 제정신으로 돌아왔다. 공기의 압력이 약해지면서 눈가루도 덜 날아와서 마리오와 나는 얼굴에서 눈을 털어내고 비로소 서로를 쳐다보았다. 그때는 제정신이 아닐 만큼 놀랐다. 하지만 이제는 살았다는 안도감이 들었다. 마치 저세상을 다녀온 듯한 기분이었다. 주위는 그야말로 엉망진창이었다. 멀쩡한 텐트는 하나도 없었고, 장비를 놓아두었던 곳도 완전히 쓸려나갔다. 돌을 쌓아올려 취사장으로 만든 곳도 자취를 감추었다. 아침 첫 햇살이 베이스캠프에 와 닿자 우리는 비로소 일어나 몸에 옷을 걸치고 양말과 등산화를 신었다. 아무리 껴입어도 너무나 추워서 몸이 덜덜 떨렸다. 이제 동료들을 찾으러 나갔다. 해야 할 일은 오직 하나, 산 자가 죽은 자를 찾는 일이었다.

커다란 눈 더미가 움직이는 곳 밑에서 우리는 리카르도 카신Riccardo Cassin의 텐트를 찾았다. 그는 당시 우리 대장이었다.

우리가 눈을 파헤치자 예순여섯의 그가 뒤집어썼던 눈을 털며 살아서 빠져나왔다. 마치 귀신같은 모습이었지만 곧바로 정신이 돌아왔다. 그곳에 의류도 넉넉히 있어서 마리오와 나는 입을 수 있는 데까지 껴입었다. 우리는 또 셰르파를 찾아야 했다. 그 사이에 셰르파 몇 명이 수색작업을 했지만 나온 것이 별로 없었다. 우리는 힘을 합쳐 다른 곳을 삽질하기로 했다. 원정대 짐짝 6개 중 2개는 취사 텐트 밑에 깔려있었고, 4개는 20미터 떨어진 곳에 묻혀있었다. 마지막에 우리는 거의 질식하다시피 한 연락장교를 구출했고, 그제야 모두 공포에서 벗어났다.

곧 모두가 일어나 일을 시작했다. 요리사는 차를 준비했고, 리카르도는 모든 고소캠프에 즉시 베이스캠프로 내려오라고 무전기로 명령했다. 누구도 불만이 없었다. 마치 살아남은 것이 세상에서 제일 행복한 것처럼.

우리는 눈사태로 텐트 10동과 예비 장비 반을 잃어버렸다. 여기저기 나동그라져 있는 캠프를 다시 설치하고 짐을 나르는 데만 10일이 걸렸다. 6,500미터에서 떨어져 내려온 얼음덩어리들은 대략 몇 백만 입방미터는 되어 보였다. 눈사태의 공기 압력만 하더라도 우리 베이스캠프쯤은 간단히 없애버릴 수 있었다. 만일 다음에 그 3배 크기의 얼음과 눈덩어리가 부서져 베이스캠프를 덮친다면 어떻게 될까?

이것은 가상이 아니라 어디까지나 실제로 체험한 공포였다.

우리는 위험을 더욱 분명히 알 수 있었고, 본능 속에 새길 수 있었다. 그래서 나는 훗날 베이스캠프 자리를 고를 때 위험에서 멀리 떨어진 곳을 고려하게 됐다. 1970년 루팔 벽의 우리 베이스캠프는 안전했었을까? 그러나 40년이 지나서, 나는 그 거대한 벽의 상단에서 우리 모두가 죽었을지도 모르는 눈사태가 일어났다는 것을 알았다. 그 눈사태는 염소와 양과 소 같은 무리를 모두 죽였다. 그때 목동 둘만이 살아남았는데, 그들은 가까운 동굴로 피했다. 나는 이 이야기를 그들에게서 들었다.

죽음이 눈앞에 닥쳤을 때 불안은 어느 누구에게도 무거운 짐이 아니다. 나 역시 그런 불안에서 자유스럽지 않다. 지금도 마찬가지다. 모험은 언제나 죽음에 대한 불안으로부터 자유롭지 않다. 나는 늘 이런 기분으로 또 다른 생의 단계를 생각하고 준비한다. 이것은 원시적이며, 어린아이처럼 모든 것을 하고 또 하며 정신적으로 깊이 내면화하는 것이다. 정신적으로 살아남는 것은 다시 태어나는 것과 같다. 나의 경험은 이런 가운데서 이루어졌다. 일찍이 나는 가능한 것과 불가능한 것이 어떤 것인지 알았다. 위기에 처했을 때 나는 본능적으로 그전에 얻은 지식으로 돌아가 조심성이 생기고 신중해졌다. 이런 과정을 통해 마치 날씨가 좋아지듯 위험은 나에게서 점점 사라졌고, 살아남는 것이 나의 기술이 됐다. 나는 언제나 직관력을 확실히 하며 소홀히 여기지 않는다.

345678 9012

확인

오래전에 나는 오직 나 자신만을 믿고 등반하려는 생각이 강했다. 그런데 사람들은 내가 기록을 추구하는 것으로 오해하기도 했다. 그때 나는 무엇보다도 장비에 의존하지 않는 나의 알피니즘을 미래가 없는 소모적인 등반과 비교해 나의 소견을 피력하고 싶었다. 알피니스트로서 인간은 확실히 불가능에 도전하며 언제나 자기 자신을 극복하려 한다. 나는 남들보다 빨리 그리고 더 어려운 곳을 오른다는 생각보다는 보조적인 장비를 덜 쓰는 등반을 목표로 삼았다. 이렇게 해서 나는 점차 더 불안한 환경 속에서 끝내 살아남는 방법을 배우게 됐다.

1975년, 나는 처음으로 8천 미터급 고봉 14개 중 하나인 가셔브룸1봉을 둘이서 등정했다. 그때 우리는 전진 캠프나 고정 자일을 설치하지 않았다. 그리고 고소 포터 없이 새롭고 어려운 루트를 택해서 뚫고 나갔다. 나는 오랜 세월 동안 묻어두었던 내 아이디어를 천재적인 등반가 페터 하벨러와 함께 실천에 옮겨 해냈다. 그것은 그때까지 품어온 기발하고 대담한 행위로, 알프스에서 해온 등반을 히말라야의 8천 미터급 고봉에 적용시키는 것이었다. 우리는 그 일을 1957년 슈무크Schmuck가 서부 알프스 스타일로 브로드피크를 원정했을 때의 10분의 1인 200킬로그램의 물자로 해냈다. 그 뒤 우리의 등반 방식은 알파인 스타일로 알려졌다.

이 실험은 그전부터 내려오던 전통적인 알피니즘을 불식하려는 것이 아니라, 오히려 고소 등반을 보다 더 적은 비용으로 성취하려 했던 것이다. 나는 적은 짐과 돈으로 트레킹을 하고 등반만은 야심적으로 해내고 싶었다. 이 모두가 현실적인 일이었다. 이상주의나 도덕성은 영웅적인 등반에서 제거할 수 없는 것으로 보이는데, 내 행위는 보다 깊고 자세하게 받아들여졌다. 그러나 사실 나는 오직 어려움 속에서 살아남는다는 것뿐이었다. 나는 나 자신을 시험하고 싶었다. 다른 사람이 자신의 등반을 알파인 스타일로 애써 꾸며보려는 횡포에 대해 나는 반대 입장에서 이따금 웃어넘긴다.

9년 뒤 한스 카머란더Hans Kammerlander와 나는 허가 기간 내에 가셔브룸 횡단등반이라는 나의 또 다른 도전을 위해 많은 일을 꾸며야 했다. 다른 곳에서는 관료들이 영국으로부터 배워 기초가 잡혀있었지만, 파키스탄에서는 무슨 일을 처음으로 하려면 관료주의가 유럽에서처럼 큰 장애물이 됐다. 그들의 규정에 횡단등반이 금지되어있기는 했지만, 그들은 아예 고려조차 하지 않았다. 그래서 나는 그 일을 처리하는 데 무척 애를 먹었다.

가셔브룸에서 7,500미터 고소에 오르자 우리는 모진 자연과 부딪쳤다. 야영지는 추위와 암흑이 지배했다. 머리 위로 수없이 갈라진 정상 능선이 보였고 폭풍설이 엄습했다. 우리의 보잘것없는 텐트가 강풍에 눌리고 눈이 침낭 속으로 들어왔다. 한스가 스토브를 조작했다. 가스의 푸른빛이 좁은 공간을 밝혔다. 그러자 불이 꺼졌다. 스토브를 다시 조작했는데 켜지지는 않고 쉬쉬 소리만 냈다. 불이 안 붙는데 코펠 속의 얼음이 어떻게 녹을 수 있단 말인가. 우리는 말없이 침낭 속에 누워있었다. 들려오는 것은 눈보라와 마른 기침소리뿐. 그러나 무엇인가 마셔야 했다.

우리는 멀리 왔다. 와도 너무나 멀리 와있었다. 가셔브룸 고개를 넘어, 가셔브룸2봉 정상 밑 비박 장소로 왔는데, 하산은 서릉을 통해 자일로 하는 수밖에 없고, 모진 눈보라도 각오해야 할 것 같았다. 가장 어려운 곳까지 아직도 500미터가 남았는데, 우선 물이 있어야 했다.

우리는 그날 저녁부터 좁은 텐트 안에서 꼼짝하지 않았다.

그저 포기하고 싶은 생각뿐이었다. 구조의 대상도 아니니 우리의 희망은 몽상으로 끝나고, 우리는 끝내 잊히고 마는 걸까? 그러자 폭풍과 눈사태, 낙석 소리가 잦아들었다. 반쯤 잠이 들어서 잘 들리지도 않았다. 마치 감각기능이 정지된 듯했는데, 극도의 불안 상태에서나 있을 수 있는 독특한 반응이었다.

나는 한스에게 이상이 없는지 물었다. 괜찮다는 대답이 돌아왔다. 하지만 이것은 솔직히 나 자신이 어떤지 알아보려는 것이었다. 내가 앞으로 꼼짝도 하지 못한다면…. 한스와 나는 날이 밝으면 마지막 발걸음을 내디디려 했다. 이것이야말로 새로운 도전이었다.

"우리가 이번 극한등반을 이겨낸다면 어떻게 될까?" 나는 나 자신에게 물어보았다. "그렇다고 달라질 것도 없지." 만일 죽는다면 아무것도 남지 않을 것이다. 하지만 우리는 갔다. 우리는 1시간가량 폭풍 속을 기어올라서 또다시 8천 미터급 고봉의 정상에 섰다. 사실 우리가 공포에 굴복해 아래쪽으로 도망쳤다면, 나는 연속등반이라는 목표에 이렇게 가까이 도달하지 못했을 것이다. 이제 우리의 이상을 실현하는 데까지 얼마 남지 않았다. 정상에서 베이스캠프로 내려가면서, 나는 "여기서 이겨내면 또 다른 세상으로 돌아갈 것이다. 어떻게 되든 나는 살아남는 것보다 더 중요하게 보이는 목표 같은 것에 집착하지 않겠다."라고 혼잣말을 했다. 그러나 그런 일을 논리적인 생각만으로 할 수는 없다. 내 경험의 세계에서는 논리적인 생각은 감정을 따라가지 못한다.

6년 전에 나는 페터 하벨러와 그와 비슷한 처지에 있었다. 그러나 그때도 우리는 등반을 단념하지 않았다. 우리 텐트는 협곡에 있었다. 머리 위로 깎아지른 능선 두 개가 공중으로 솟아있었고, 그 밑은 깊은 골짜기였다. 벽의 높이는 2,000미터나 되는 것 같았다. 페터는 고개를 뒤로 젖히고 능선을 쳐다보았다. 능선에 구름이 길게 걸려있었다. 현기증이 났다. 이런 경사도의 암벽에는 보통 눈처마나 고드름이 붙어있다.

우리는 에베레스트 1캠프의 텐트에서 가스스토브를 작동했다. 하지만 잘 되지 않았다. 왜 그럴까? 우리는 같은 텐트에서 같은 생각으로 서로를 믿어왔다. 만일 아무도 응하지 않는다면 나는 혼자의 힘으로 에베레스트를 오르고 싶었다. 어디에서든지 우리는 자기 보호조치를 확실히 했다. 극한등반에서는 상호간의 신뢰가 기초다. 그런 강한 동료의식 여하에 따라 산에서는 상대방이 강해지거나 약해진다. 그런 마음은 무엇일까?

"자연의 법칙을 무시하는 것처럼 바보 같은 일은 없다." 이것은 우리가 우리 자신을 앞에 내세우며 하는 이야기다. 학자라든가 산악연맹 관련자, 또는 등산을 즐기는 사람들의 경우가 그렇다. 조금도 흥미가 없다든지, 나 자신의 행위가 편견에서 비롯된다든지, 또는 상대방의 규칙을 무시한다든지 하는 일이 아니라면, 나는 내 멋대로 저지른 잘못을 취소하는 편이지만, 목적을 위해서는 수단을 가리지 않는다. 페터는 영웅이었다. 그의 유령작가가 나를 평가하는 사람들에게 동조해도, 그것은 결코 의심할 여지가 없었다. 그렇다고 내가 새삼 나 자신을 더욱 분명히 해야 할 일도 아니고, 누가 언제 어떤 일로 빛날 것도 아니었다. 우리는 어느 미국인 등반가의 말처럼 '무서운 쌍둥이'였다. 그런데도 앞으로 더욱 '수치스러운 행위'나 계속할 것인가? 나는 불가능한 일로 동정 받을 생각은 추호도 없다. '무상의 정복자'로서 그리고 영웅적 알피니즘의 조롱자로서, 나 자신만은 남을 조롱해서는 안 된다며 나는 혼자 웃는다. 결국 나는 남의 사랑을 받지 못한다. 나에 대한 평가가 여전히 계속되더라도, 나는 구식의 태도를 고수하며 — 손수건을 내 깃발로 삼으며 — 많은 등반가들 사이에 끼어, 오직 나 자신의 길을 확실히 하면서 멋진 목표를 그대로 유지해나갈 것이다.

3456789012

3 신뢰

나는 단독 등반가로 태어나지 않았다. 그러나 나는 단독 등반가가 됐으며, 고독했고 독단적이었으며 남의 말을 듣지 않았다. 그리고 세계 시민이기는 하지만 어떻게 봐도 애국자는 아니다. 사실 내가 올린 대부분의 성취는 나의 파트너들 덕분이었다.

에베레스트 무산소 등정은 페터 하벨러와 자일파티였는데, 그것이야말로 상징적인 것이었다. 그때 우리는 당연히 위험과 불확실성, 육체적 고통을 함께 나누었다. 그리하여 우리는 과학적인 지식이 얼마나 근거가 없는 것인가를 보여주었다. 그 이론을 몸으로 체험하면서 실제로 우리는 강해졌다. 그 일을 돌이켜보면 즐거움이기도 했다. 우리는 실망과 경거망동 사이에서 먼 길을 갔다. 그리고 끝내 무릎으로 기다시피 에베레스트 정상에 올라섰다.

그때 정상 능선은 한없이 길었다. 또한 다리의 힘만이 아니라 의지력과 판단력, 결단력도 모두 약해져 있었다. 정상까지 마지막 100미터가 영원 같았고, 시간과 공간이 늘어나 보였다. 그곳에서의 무한성은 상대적이었다. 자기실현을 해보려던 것이 단순한 생존 투쟁이 되고 말았다. 정상에서 행복이란 찾아볼 수 없었으며, 모든 것이 왜소하고 초라했다. 불손 대신 겸허로 충만했지만 불안도 있었다. 그토록 위험을 느끼던 감정은 '고요의 계곡'에 와서야 살았다는 생각으로 바뀌었다. 산소, 위성을 통한 기상정보, 약물, 결정적인 기술이나 정해진 루트 없이 성공한 우리의 시도는 훗날 페터의 말처럼 자기 자신과의 고독한 싸움을 통한 승리로 가는 길이었다.

페터 하벨러와 나는 완전한 조화 속에서 서로 교감했고, 서로에게서 많은 것을 배웠다. 그러나 우리의 개인적인 경험을 제3자들이 계속해서 완전히 반대 방향으로 몰고 갔다. 페터의 '고독한 승리'는 한 나라의 승리, 하나의 사상의 승리며, 그가 자율적·이성적으로 지향한 한계 속에서 최고점에 도달한 것이었다. 그러나 나는 전혀 다른 방식과 결정으로 스스로 만족한 상태에서 나 자신과 싸웠으며, '지방의 영웅'을 사칭한 정치나 미디어의 작태와 횡포에도 반항했다. 남 티롤에서 나를 환영했을 때 나는 이렇게 말했다. "나 자신이 곧 나의 고향이며, 손수건이 나의 깃발이다." 이렇게 나는 고향 사람들의 신뢰를 받아넘겼고, 내 동기에 대한 억측에 맞섰다. 그러나 나는 언제나 나 자신의 업적을 이야기할 때 내가 속해있는 곳의 사람들 생각에 마음이 편치 않았다.

다시 해볼 수 없는 모험은 찬미의 대상이 되면서 악용될 소지가 있다. 그러나 나는 남에게 의존하지 않는 자주·독립을 바랐으며, 나의 개성을 지키려 했다. 산에서의 모험은 자립과 자주, 협동을 기초로 한다. 자신의 의지 속에는 상대방에 대한 관용이 필요하다. 상호간의 무조건적 신뢰는 함께 행동하는 것을 기본 전제로 하는데, 이런 관계는 언제나 위험하다. 제3자와 각종 미디어가 개입할 수 있기 때문이다. 우리 행위 당사자는 민감하다. 신뢰성 상실이 바로 불신이 되어 강자 사이를 분열시키며, 그들의 독립을 해친다.

해마다 사람들은 누군가와 원정등반을 가며 그를 안다고 생각한다. 그런데 갑자기 누군가가 돌출행동을 한다면, 그것은 단순히 자신의 기대를 벗어난 것으로 보아야 한다. 우리는 상대방을 완전히 알지 못하며, 신뢰는 그것을 인정하는 것에서부터 시작된다. 그래서 나는 파트너에 대해 관대해지는 법을 배웠다.

3 고독

단독등반을 하는 것은 자일파티로 등반하는 것보다 어렵지 않다. 위험도 덜하다. 이때의 문제는 고독과 이 고독을 다른 사람과 나눌 수 없다는 데 있다. 둘이라면 책임과 기쁨, 불안을 공유할 수 있다. 불안은 함께하면 반감되고, 기쁨을 함께하면 배가 된다.

알프스에서 나는 단독등반을 많이 했고, 극한등반도 했다. 보통 당일치기였지만 예외도 있었다. 나는 대암벽에서 혼자 밤을 새우기도 했다. 어떤 때는 어둠 속에서 오르기도 했는데, 그것은 불안했다.

1978년 8월 나는 다시 낭가파르바트로 가서 단독등반을 시도했다. 그때 불안이 엄습해 나는 악몽에 시달렸다. 그토록 많은 위험과 긴장과 실망은 일찍이 겪은 적이 없었다. 그리하여 세 번째 시도도 실패했다. 나는 일주일을 푹 쉬었다. 그리고 이번에는 멋지게 출발했다. 벽에서 네 번째 비박하는 날은 48시간 동안 기온이 계속 내려갔다. 그때 나는 비로소 이 어려움을 스스로 뚫고 나가는 수밖에 없다는 것을 깨달았다.

다른 형태의 고독도 있었다. 그중 하나는 이 단독등반이 끝난 다음에야 알았다. 그것은 떠버리들이 잘 알지도 못하면서 나더러 잘한다, 잘한다 하지 않고 모두 입을 다물었던 등반이었다. 내가 나의 행동을 이해할 수 있는 사람들과 너무 멀리 떨어져 있는 것은 아니었을까? 그랬을지도 모른다. 어쨌든 나는 점점 혼자가 됐다. 다른 면에서 본다면 가끔 일어나는 나의 실패 덕분이었다. 그러나 종종 나 혼자 길을 나서면 — 에베레스트 북쪽 사면이나 티베트의 동부, 고비 사막과 같이 — 나의 가장 좋은 모습이 드러난다. 나는 최선을 다했다. 나이가 들면서 나는 더욱 고독을 찾았지만 한계도전에서는 점점 멀어졌다.

어쩌면 혼자라는 것은 죽음을 준비하기에 가장 좋은 시간일지도 모른다. 우리 모두가 언젠가는 도달하게 될 먼 지평선의 끝에 도달하기 위해. 그 너머로 무한의 세계가 있을지, 아니면 그저 무의 세계일지 모르지만 두 세계는 동일하다. 나의 고독이 행복했느냐고 묻는다면 아니라고 대답하고 싶다. 나는 혼자보다는 함께 있기를 좋아한다. 특히 가족과 함께 있을 때가 그렇다. 그러면서도 나는 지평선의 세계가 좋아서 가는 순례자고,

고독한 존재다. 고독은 힘과 이상과 자유세계를 제공한다. 그래서 나는 혼자 길을 떠나곤 한다. 다른 사람과 함께 갈 때는 출발을 기다리는 경우가 많고, 그들과 속도를 맞추어야 하며 감정도 함께 나누어야 한다.

낭가파르바트를 혼자 갈 때 나는 전에 전혀 느껴본 적이 없는 상반된 감정의 유입으로 혼란스러웠다. 매력과 불안, 동기와 절망이 그것이었다. 당시 나는 얽매이지 않고 자유스러웠으며 내가 하고 싶은 대로 할 수 있었다. 그것이 나를 정상으로 몰아붙였다. 그때 고독이 나를 한없이 자극했다. 나는 온힘을 다해 나의 목표를 성취하려 했지만 불안이 엄습해서 더 이상 어떻게 할 수 없었다. 나는 단독등반에서 모든 위험을 체험했다. 눈사태와 체력 소진 그리고 화이트아웃과 어떻게 대결할 것인가? 여기에 지진은 생각지도 않았다. 그런데 그 지진이 아니었다면 나는 앞으로 나아가지 못했을지도 모른다. 지진과 맞닥뜨렸을 때 나는 벽 한가운데 있어서 살아났으며 마음이 아주 편안했다. 모든 불확실성과 회의가 점점 사라졌다. 마지막 걸음을 내디디기로 했을 때 그 결심을 막았던 환상이 사라지고 에너지가 분출하기 시작하면서 힘이 생겨 산을 올라갔다. 등반은 아주 경쾌하게 이어졌다.

6,400미터 고소에서 비박을 하고 나자 산이 진동했다. 리히터 규모 7의 강진이었다. 수백만 톤의 얼음덩어리들이 디아

미르 벽에서 떨어졌는데, 나는 완전히 맨 정신으로 아무렇지도 않게 계속 더 높이 올라갔다. 전날보다 직감적으로 더 안정되어 있었다. 그런데 솔직히 나는 정상에서 무엇부터 먼저 해야 할지 생각이 나지 않았다. 나는 그저 멍하니 서서 주위를 둘러보고 사진을 찍었다. 확신했던 것은 하나도 생각나지 않았고, 사물에 대한 의미조차 알지 못했다. 그때만큼 나의 삶이 의미없게 느껴진 적이 없었다.

행복감도 실존적인 의미의 위기도 없었다. 이런 완성은 무엇을 위한 것인가? 등반만이 나의 존재 의미로, 상도常道를 벗어난 이 일에 뜻이 있을 따름이었다. 하산 중에 죽을 수도 있겠지만, 이번 등반에서 나는 결코 죽지 않을 것이라고 다짐했다. 나는 엄청난 힘을 느꼈다. 고소순응이 잘되어 내 상태가 나무랄 데 없이 좋았다. 나는 대담한 아이디어를 가졌고, 나의 온갖 능력을 쏟아부었다. 나는 단 한 번도 나 자신을 의심하지 않았다. 내가 이룬 것이 무슨 쓸모가 있을까 하고 생각한 적도 없었다. 나는 하나를 생각하면 다른 것은 생각하지 않는다. 그러나 그런 가운데서도 또 다른 도발이 없었던 것은 아니다.

나는 자살이라는 것과 아주 거리가 먼 사람이었다. 사람들은 내가 자살을 시도했다고 덮어씌우려 했지만…. 나는 한밤중에 등반을 하다가 악천후가 닥쳐도 패닉에 빠지지 않았다. 그때 날씨는 결국 좋아진다고 혼잣말을 하자, 정말 날씨가 좋아지기도 했다. 내가 그렇게 바랐기 때문이었을까?

나의 단독등반은 산악계에 도발을 일으킨 것 같았다. 전통적인 알피니즘의 실제와 충돌한 것이다. 여기에 나는 대중의 관행에 반항하기도 했다. 나는 어떤 기대를 채워야만 한다는 의무감이 전혀 없었다. 나에게 중요한 것은 혁신적인 아이디어를 계속 실현해나가는 것이었다. 그래서 나는 금기사항을 끊임없이 깨나갔다. 산악계는 내가 산소마스크 없이 산을 올라가는 모습을 보며 숨을 죽였다. 그들의 세계는 얼마나 무미건조한가! 이 또한 하나의 도발이었다. 이때 나도 그들의 지지가 필요했고, 더 나아가기 위한 자극으로써 박수갈채도 필요했다. 하지만 남은 것은 회의감뿐이었다. 내가 시민으로서의 삶으로 돌아가는 것을 과소평가했을까? 나는 무정부주의적인 삶의 어려움과 소중함을 완전히 의식하고 나서부터 모든 것을 버리고 나 스스로 살아남는 것을 연습했다.

하지만 자신만으로 되는 일은 없다. 나는 이런 기본적인 구조가 우리 인간에게만 있다는 사실을 알고 있다. 우리는 원래 사회적인 존재다. 이것을 알면서도 혼자 있는 것은 자유롭기 때문이다. 나는 고독에도 고통이 있음을 부정하지 않는다. 고독의 이런 면을 나는 이따금 얼음과 바위에 배낭을 맡길 때 느꼈다. 때로는 황무지와 암벽으로 나를 끌고 가던 배낭이었는데, 그때는 죽음처럼 잃어버린 존재로, 죽음의 세계에 있는 듯했다.

나는 가족이라는 품안에 있어서 혼자라는 생각이 어느새 약해졌다. 젊었을 때보다 나 자신의 힘이 약해져, 결국은 한 부분이 된 것 같다. 혼자 있는 동안 나는 잘 지내왔다. 지난날 나의 단독행은 하나의 재산이었으며, 이것이 나의 총체적 인간성이 됐다. 나를 행복하게 해주었으니까. 우리는 자기 자신과 잘 지낼 때 다른 사람과도 잘 지낼 수 있다.

3 의미

1979년 늦가을이었다. 에베레스트 초등자인 에드먼드 힐러리의 아들 피터가 이끄는 뉴질랜드 원정대 두 파티가 아마다블람 서벽에서 사고를 당해 매달려 있었다. 정상의 급경사면에 불룩하게 붙어있던 커다란 세락 세 개 중 하나가 부서지며 일어난 얼음사태에 당한 것이었다. 세 명의 젊은 등반가가 얼음사태에 쓸리면서 자일이 서로 엉켰고, 네 명 모두가 한 자일에 매달려 있었다. 가장 뒤에 있던 네 번째 사람이 자일을 재빨리 암각에 걸어, 그야말로 천만다행이었다. 밑에서는 누가 누구며, 어떤 부상을 입었는지 확인할 길이 없었다. 우리는 그들과 안면이나 있는 정도였지, 잘 아는 사이는 아니었다.

우리들은 베이스캠프로 들어가기 며칠 전에 볼프강 나이르츠 Wolfgang Nairz 원정대장과 함께 있었다. 그때 우리는 아마다블람 등반허가를 받아놓은 상태였다. 셰르파들의 성산聖山 아마다블람(6,812m)은 텡보체 사원 위로 깨끗하고도 드높이 솟아있다. 눈에 잘 보이는 서벽은 그 산의 가장 아름다운 면이다. 그 산은 1961년 에드먼드 힐러리가 "실버 원정대"라는 이름으로 초등했다. 당시 원정대는 허가 없이 올라가서 카트만두 관계 당국과 현지 주민들의 분노를 사기도 했다.

피터와 그의 동료들은 우리가 베이스캠프에 도착한 직후, 그 어려운 서벽을 순조롭게 오르고 있었다. 그런데 이제 그들은 —거의 움직이지 못하고— 자일에 매달려 있었다. 쌍안경으로 확인한 바로는 그들 중 세 명은 움직이고 있었지만, 한 명은 아무런 움직임도 없이 그저 오버행 밑에서 시계추처럼 흔들리고 있었다. 그는 죽었을까? 세 명의 생존자 중 한 사람이 죽은 사람의 자일을 자르는 것을 보고 나서야 나는 남은 세 명의 뉴질랜드인들이 얼마나 곤란한 상황에 처해있는지를 확실히 알 수 있었다. 그들은 분명 엄청난 패닉에 빠져있을 것이다. 그들이 있는 곳은 1,000미터가 넘는 벽의 상단부로 얼음덩어리와 돌멩이가 수시로 떨어지고 있었다. 그런 속에서 그들은 무사할까? 자일 하강에 필요한 장비는 충분할까? 자일은 여분이 있을까? 아마 있겠지만, 나는 구조작업이 얼마나 위험할지, 우리가 언제 구조에 나서야 할지 알 수 없었다. 하지만 만일 지금 나서지 않는다면 언제라는 말인가? 그리고 우리가 나서지 않는다면 누가 나선다는 말인가?

볼프강은 벽의 상태가 허락하는 한 조난자들을 후송하기 위해 헬기를 동원할 생각을 하고 있었다. 의무대원인 오즈발트 윌츠와 나는 그들 세 명을 구조하기로 했다. 당시 헬기에서 자일을 내려 구조하는 것은 불가능했다. 우리는 그들의 후원자가 아니었다. 다만 우연히 현장에 있어서 도우려 했고, 구조에 조금이라도 힘을 보태고자 했을 뿐이다.

첫 번째 시도는 실패했다. 벽을 오르는 도중 집중 공격을 받을 정도로 낙석이 심했다. 낙석에 대한 불안이 구조 의욕보다 더 컸다.

우리는 비박을 하려고 내려오다, 자일이 잘려 죽은 사고자를 발견하고 그를 빙하 크레바스에 묻었다. 다음 날 아침 일찍 우리는 신들린 사람처럼 벽을 올라갔다. 낙석에 대한 불안, 긴 등반 구간과 사고에 대한 우려가 있었다. 그러나 나는 전에 없이 힘이 솟아오르는 것을 느꼈다. 우리가 왜 이렇게 움직여야 하는지 나는 그 의미를 알고 있었다. 물론 위험도 컸지만, 응급상황이 아니었다면 그런 위험을 감수하지 않았을 것이다.

오즈발트와 나는 넉넉한 길이의 자일을 갖고 올라갔다. 짐도 무겁고 중간 확보도 별로 없었다. 우리는 서로 격려했다. 얼음덩어리나 돌멩이가 떨어질 때마다 "좀 더 빨리!" 또는 "조심해!"라고 소리 지르며, 직감적으로 몸을 피했다. 사실 우리는 서로에게 책임이 없었고, 위에 있는 조난자들에 대한 책임도 없었다. 그러나 그것은 전통이나 도덕 또는 다른 어떤 인습 때문이 아니고, 우리가 당연히 해야 할 일이었다. 우리는 그들을 모르지만 그래도 동경과 몽상, 이상을 그들과 공유하는 셈이다. 우리는 오직 구조하기 위해 그곳에 있었다. 신이 그렇게 하라고 해서가 아니라, 그저 그렇게 하는 것이 당연한 일이었다. 그것은 조난자들에 대한 공감이었다. 그들의 불안과 비애가 바로 우리의 것이었고, 우리에게 용기를 불어넣어 주었다.

오버행 밑에서 확보하고, 낙석을 피해 우리는 그들을 끌어당겼다. 오즈발트가 그들의 부상 — 팔의 화상과 피터의 팔 골절 — 을 응급처치 했다. 우리는 빠른 자일 하강에 들어갔다. 몇 시간 뒤 헬기가 그들을 1캠프로 후송했고, 그들은 다시 계곡으로 옮겨진 다음 곧바로 카트만두에 있는 병원으로 후송됐다. 볼프강 나이르츠는 또 한 번 구조작업을 멋지게 해냈다.

이런 상황에서 우리는 등반을 단념해도 좋았다. 우리에게는 남은 자일이 없었다. 우리에게는 정상에 오르는 것보다 곤경에 빠진 다른 사람을 돕는 것이 중요했다. 그리고 우리의 존재 이유도 알게 되어, 이런 일을 할 수 있었다. 결국은 우리가 해야 할 일을 한 셈이지만 마침 우리가 하고 싶었기 때문에 더욱 좋았다. 즉 자기의 책임을 다한 것이 의미 있는 일이었다. 행복하다는 것과 의미 있다는 것은 완전히 같은 것이다.

나는 과거에도 부상자를 업어 내려온 적이 있다. 추락으로 절망적인 상태에 빠진 등반가를 그의 동료 옆을 지나 루트가 시작되는 곳으로 데리고 내려왔었다. 그때 나는 등반을 할 때보다 나 자신이 강하다는 생각이 들었다. 아마다블람에서의 구조작업은 자기 확신에서 한 일이었다. 나는 그 일을 할 수 있었고, 그래서 하지 않을 수 없었다. 그때 나는 행복하지 않았을지도 모른다. 나는 그 불행 속에서 함께 불행을 느끼고, 슬픔과 고통 그리고 공포를 공유·공감할 수 있었다. 그들의 고마움까지도….

의미란 무엇보다도 성공한 인생에서 깨닫게 된다. 그때 우리는 우리에게 좋은 것이 무엇인지를 경험으로 알 수 있다. 그러나 의미 있고 행복한 것을 목표로 추구하는 것은 옳지 않다. 그보다는 의미를 내세우는 것이 중요하다. 행복은 의미 있는 일에서 온다. 의미는 주관적인 것이며, 다른 사람과의 관계에서 온다. 그리고 어떤 것을 결정하게 만들고, 무슨 일을 할 것인가 찾게 만든다. 평가는 자기 자신에게 달려있기 때문이다. 이때 더 큰 의미는 중요하지 않다. 그것은 전통으로 이어지는 것이지, 협약으로 정해지는 것이 아니다. 그러고 보면 교회 같은 조직이 어떤 일을 사실로 설정해놓고 자주 인간의 본성을 오용하는 셈이다. 의미에서 힘이 생기는데, 거기에는 생의 즐거움이 따른다.

우리가 '정당한 일'을 하고 나서 자기 것에 집중할 때 행복과 의미를 찾을 수 있다. 그때 의미는 이미 우리 자신이다. 그러면 우리는 행복을 돌아보지 않는다. 자연히 그렇게 된다. 예컨대 강자가 약자를 돕는 과정이 그렇다.

여기 전혀 다른 사례가 있다. 보덴제Bodensee의 유명한 요양소 환자들이 어느 날 아침 바로크식 건물의 전면에 어떤 사람이 손끝으로 매달려 있는 것을 보고 모두 자신들의 눈을 의심했다. 몽유병 환자가 아니면 정신이상자, 또는 자살하려는 사람인가? 그런데 그는 의사요 나의 파트너였던 오즈발트 박사였다. 그는 당시 아콩카과 남벽 원정에 대비해 훈련을 하고 있었다. 그러고 나서 5년 뒤 우리는 아마다블람 서벽에서 세 명의 조난자를 구조했다.

건물 전면을 오르는 전통은 등반과 마찬가지로 오래됐다. 오늘날 대부분의 등반가들은 산에서 먼 도시와 바닷가에 살며, 극장의 기둥이나 담 또는 높은 건물을 기어오를 생각을 하고 있다. 그것이 르네상스식이든 현대식이든 건물이 만들어내는 선에서 등반가들은 어떤 의미를 찾고 있는지도 모른다. 전설적인 등반가였던 파울 프로이스Paul Preuß는 1911년 뮌헨의 프로필렌Propyläen을 아주 적절하게 활용했고, 나는 필뇌스 계곡에 있는 상트 페터의 오래된 제재소에서 그리고 우리가 잊을 수 없는 리오넬 테레이Lionel Terray는 파리 개선문 앞에 있는 커다란 바윗덩어리에서 훈련했다. 우리 등반가들은 그런 점에서 불가능성 속에서 의미를 찾는 세계 챔피언들이다. 우리는 건물을 '등반 연습장'으로 그 기능을 개조하는가 하면, 무의미 속에서 의미를 만들어내기까지 한다.

나는 모험가로 자연과 싸웠을 뿐만 아니라 그 속에 나 자신 모두를 바쳤다. 그러면서 소중히 여겨야 할 것을 알았고, 살아가는 데 있어서 더 이상 상대해서는 안 될 것도 배웠다. 이렇게 해서 나는 나의 인간성을 인식하게 되었고, 스스로 뜻있는 행위를 할 수 있는 용기를 얻었다. 이것은 누가 강요한 일이 아니다.

나는 언제나 아무 문제없이 대자연 속에서 살았는데, 자연은 나 스스로 생각하고 깨우치도록 해주었다. 외부 세계로 나간다는 것은 항상 단절을 뜻한다. 즉 일반적인 시민으로서의 삶, 일반적으로 받아들여지는 의미로부터의 단절을 의미한다. 이때 단순히 작용해온 공동사회의 모호한 약속들이 많이 깨진다. 여기서 소외시키고 사회를 마비시켜온 규약과 소모도 함께 없어진다. 그리고 이런 것들에 대한 포기의 대가로 스스로 결정하는 용기가 생긴다.

대자연에 극한적으로 도전하면 지금까지 의무적으로 묶여있던 문명의 온갖 규제, 강박관념과 거리를 두게 된다. 혼돈과 그것을 바꿔나갈 수 있는 힘을 갖고 있는 대자연은 문명세계가 애써 구축해온 모든 것의 배경을 아는 데 힘이 된다.

나는 자연을 따라갈 때 나의 방식으로 의미를 만들어낸다. 모든 위선적인 것들과 시민사회의 규약에서 해방되어 나의 방식으로 감동을 다룬다. 나는 때로 규격에 맞추어진 존재에서 벗어나 나 자신의 생활에 대해 전적으로 책임을 지거나, 또는 파트너와 함께 그 구속을 — 강요하다시피 하는 여러 관계를 — 물리치고 털어버린다. 그리고 해방된 기분으로 자의식을 찾는다. 이때 나는 정상으로 돌아와서 일을 한다. 따라서 제3자들은 나의 한계도전의 의미를 모를 수밖에 없다. 나에게 의미가 있는 것을 그들이 광기라고 해도 나는 부정하지 않겠다.

예를 들면, 미국인 딘 포터Dean Potter(2015년 요세미티에서 사망: 역자주)는 클라이머, 알피니스트, 베이스 점퍼, 슬랙 라이너 등 생각할 수 있는 모든 도전 속에 살고 있다. 이것이야말로 많은 사람들이 생각하는 '그 이상 없는 미친 짓'이다. 그도 말한다. "내가 보기에 단독등반은 오직 순간의 삶이다. 과거나 미래를 생각할 틈이 없다. 지금 여기 매달려 있을 뿐이다." 그래서 그는 그런 행위를 한다. 그에게 의미니 광기니 하는 것은 문제가 되지 않는다. 그는 파타고니아에서 어려운 루트를 혼자 올랐고, 아이거에서 베이스 점프를 감행했으며 — 수직 3킬로미터의 공간에서 6.5킬로미터를 2분 50초 동안 공중비행 — 요세미티 엘 캐피탄의 레티슨트 월Reticent Wall 루트를 35시간

만에 오르기도 했다. 포터가 가진 고도의 재주는 허공에서 춤추는 일로, 이것은 극한적인 균형 유지를 요한다. 그는 요세미티 타프트 포인트Taft Point의 높이 330미터 낭떠러지 위에 놓인, 30미터 이상 되는 슬랙 라인을 확보도 없이 건너갔다. 그의 한계도전은 극한의 단독등반과 베이스 점핑의 합작품으로 새로운 장르를 만들어냈는데, 그는 이런 것을 하며 여러 차례 낙하산을 안전장치로 삼았다. 2008년 포터는 아이거의 오버행 루트 '깊고 푸른 바다Deep Blue Sea Route'를 자유 단독등반으로 해냈다. 그때 나는 그것을 지켜보고 싶지 않았다. 물론 한 사람에게 의미가 있다고 해서 누구에게나 의미가 있는 것은 아니다. 그러나 그것은 적어도 그에게는 의미가 있는 것이었다.

"산을 오르는 것은 이제 늙은이들의 스포츠가 되었으며, 젊은이들은 산을 거의 찾지 않는다." 독일 산악연맹의 베르히테스가덴 지구 관계자인 베른하르트 퀸하우저의 말인데, 일리가 있다. 그러나 한편 우리 원로들은 반드시 그렇게 생각하지도 않는다. 우리가 지난날 젊었을 때처럼 한계도전을 하면 안 되는 것일까? 나는 조그만 장소만 있으면 아무 생각 없이 10분 동안 차분히 묵념 정진할 수 있다.

나는 이따금 앉아서 주위를 살핀다. 그러면 물 흐르는 소리가 들리고, 나뭇잎들이 살랑거리며 새들이 지저귄다. 지난날 히말라야에서도 그랬는데, 그때 나는 아무 생각 없이 그저 앉아

있었다.

"내일을 계획해야죠. 당신은 언제 어떻게 다시 이 세상에 태어날지 몰라요. 그때도 자기 마음대로 할 수 있을지는 알 수 없습니다. 지금이 바로 그것을 준비할 때입니다. 이것이 솔직한 나의 충고예요."라고 내가 사랑하는 요가 수련자 밀라레파Milarepa는 말했다. 밀라레파는 거의 천 년 전에 — 1052년부터 1135년까지로 추측되는데 — 티베트에서 살았다. 그는 집안이 부유했지만 재산을 모두 빼앗겼다. 그는 흑마술을 배우고 원수에게 무서운 보복을 했다. 그는 많은 제자를 길러낸 불교 스승 마르파로부터 가르침을 받았다. '밀라'란 자기의 좋지 못한 카르마(행위)를 노동으로 갚는다는 뜻이다. 이 요가 수련자는 몇 년 동안 서부 티베트에서 명상하고, 멀리 떨어진 동굴과 높은 산이나 에베레스트 — 그는 초모룽마Chomolungma라고 불렀는데 — 산록에도 있었다. 이렇게 해서 그는 해탈을 하고 제자들을 가르쳤다. 그는 타고난 시인으로 노래도 잘 불렀다. 또한 티베트의 생활을 담은 노래와 시를 남겼다. 그의 자연학은 티베트인을 위해서라기보다는 하나의 종교적 차원이었다. 밀라레파는 성스러운 산인 카일라스Kailas에 가서 "햇빛을 탔다."라고 했다. 이것은 그의 결단적인 생활태도를 의미했으며, 죽음에 대한 인식이기도 했다.

우리는 밀라레파를 행복한 인간으로 상상해야 한다. 그것은 알베르 까뮈Albert Camus가 시시포스를 이야기한 것과도 같다. 나의 길, 나의 낙천주의와 나의 유머 그리고 내가 사는 즐거움은 결국에는 모두 의미를 만들어내는 데서 비롯된다. 의미와 무의미는 서로 분리될 수 없도록 하나로 짜여있다. 우리의 삶과 죽음도 그렇지 않을까?

3456789012

39 금기

1978년 나는 낭가파르바트 정상에서 며칠에 걸쳐 혼자 내려왔다. 그런 다음 유럽으로 돌아오자 삶에 대한 나의 생각이 변했다. 나는 그 어느 때보다도 더 크게 나의 꿈을 펼치기로 단단히 결심했다. 물론 그렇다 해도 나는 삶을 쉽게 받아들이고 싶지 않았고, 그럴 수도 없었다. 왜냐하면 내가 늙어서까지 이런 삶을 계속할 수 있으리라고 생각해본 적이 없었기 때문이다. 나는 정말 단 한 번도 그런 적이 없었다.

나는 신중하고 책임감 있게 다음 프로젝트를 준비했다. 그것은 K2의 '매직 라인'이었다. 당시 가장 강력한 등반가 5명 — 레나토 카사로토Renato Casarotto, 미클 다허Michl Dacher, 알레산드로 고냐Alessandro Gogna, 프리들 무트슐레히너Friedl Mutschlechner 그리고 로베르트 샤워Robert Schauer — 과 함께 K2 남서릉을 오를 생각이었다. 그곳은 히말라야 8천 미터급 고봉 14개 가운데 가장 아름다운 능선이었다. 그래서 '매직 라인' 또는 '마법의 등반선'이라 불렸다. 이 능선의 등반 가능성은 불확실했다. 그러나 나는 자연의 선물, 값지고 불확실한 미가공의 소재로 받아들였다.

등반이든 삶이든 어떤 의미를 찾으려면, 시도해보아야 알 수 있다. 그래서 나는 가능한 한 자유롭고 용기 있게 등반을 시작했다. 이것은 나의 행위에 하나의 형식을 요구했으며, 또한 불가능 속에도 가능이 있다고 생각하게 만들었다. 자신의 한계가 어디인지, 자신이 어떻게 해야 하는지 알기 위해서는 먼저 산에 가보아야 한다.

나는 '매직 라인'에서 실패했다. 우리는 약한 데다 시간이 너무 촉박했다. 우리는 이슬라마바드에서 2주일을 허비했는데, 이것은 파키스탄 당국이 원정대를 부토 전 대통령의 사형 판결이 나올 때까지 묶어두었기 때문이다.

나는 미클 다허와 함께 남벽을 시험적으로 등반하고 나서 아브루치 능선으로 K2 정상에 올라갔다. 이것은 '매직 라인'을 대신한 것이 아니었다. 다만 이 세계 제2위 고봉을 우아하게 올라보고 싶었을 뿐이다. 그러나 레나토 카사로토는 그것으로 만족하지 않았다. 그는 고소에 대한 자신의 꿈이 마치 배반이라도 당한 것처럼 앞으로 나섰다. 그는 원래의 계획을 바꾸어,

도전의 마술에 빠지지 않고 단독등반을 해보려 했다. 그가 단독등반을 감행하겠다는 이야기는 사랑 고백이 아니라 반항심에서 온 것처럼 보였다. 그는 용맹심에 긴장한 나머지 망원경으로 K2 정상을 한참 바라보았다. 베이스캠프에서 텐트를 철수했고, 남벽에서는 내가 프리들 무트슐레히너와 등반을 하며 남긴 흔적이 다 사라져버렸을 때였다.

7년 뒤 레나토는 자신만의 '매직 라인' 원정대를 꾸려 도전에 나섰다. 하지만 그는 다른 등반가들이 남긴 고정 자일로 정상 가까이 오르다 끝내 크레바스에 빠져 죽었다. 마치 그의 등반이 불가능의 상징이나 동경의 절망적인 손짓이라도 되는 것처럼. 우리의 '매직 라인' 원정 전에도 그는 자신의 어린 시절을 잊지 않고 있었던 것일까? 그는 위험 부담이 있는 등반에 끌렸지만, 나의 등반은 끊임없이 변했다. 내가 나 자신에게 요구하고 있던 것은 여전히 새로운 도전이었다. 에베레스트 무산소 도전, 낭가파르바트 단독등반 그리고 K2 기습이 그것이었다. 에베레스트 단독등반을 그 다음으로 생각하고 있었으니 마지막은 무엇일까?

나는 유럽에서 살고 싶지 않았다. 세금을 내기 위해 소모해야 하는 헛된 도덕과 협약이 나를 압박했다. 당시 나는 어디 멀리 있었던 것이 아니고, 히말라야에서 나의 생활규범을 따라가며 살고 있었다. 스스로 결정을 내리고, 생활 범위를 줄이며, 자율적으로 살았다. 1977년 세계 최고봉을 정찰 비행하고 나서 나는 남 티롤의 집으로 돌아왔다. 그다음 해 에베레스트에서 마지막 불가능에 도전하기 위해서였다. 나는 밤마다 잠들기 전에 산소마스크 없이 등반하는 모습을 이것저것 눈앞에 그려보았다. 만일 눈보라가 엄습하면 어떻게 하나? 눈처마가 튀어나온 정상에서 확보는? 이런 생각 속에 나는 손과 무릎으로 기어오르는 모습을 상상했다. 그때 나는 데이팩day pack에 초콜릿 바와 보온병과 예비 장갑을 넣을 생각을 했다. 그런데 공포에 사로잡히는 날에는? 나는 한편 힐러리 스텝Hillary Step ─ 정상 직전의 마지막 난관 ─ 을 오르는 기술을 머릿속에서 그대로 그려보았다. 그리고 그런 꿈도 꾸었다.

당시 많은 사람들은 나를 보고 미쳤다고 했다. 자살이나 마찬가지라고 하는 사람도 있었다. 하지만 모두 크게 빗나갔다. 나는 1,000미터 고도를 35분 만에 오르는 훈련을 했다. 마술 대신 오직 성공을 전제했다. 나는 이 방법을 30년 동안이나 실천했는데, 발꿈치 골절로 중단하고 말았다.

그 무렵 나는 다른 산 친구들과 함께 있으면 아무 말도 하지 않고 조용히 있었다. 비밀이 새나가면 결국 그 힘을 잃게 된다는 것을 알고 있었기 때문이다. 그러나 금기는 고집이 세야 깨지는 법이다. 나는 문제를 제기하고, 그렇게 해서 문제에 파고들어 미리 검토하고 현장에서 해결할 수 있었다.

그런 다음 나는 그다음의 큰 목표에 대비해나갔다. 그것은 에베레스트 단독등반이었다.

1980년 여름 나는 이 마지막 도전을 실현해보고자 했다. 지구에서 가장 높은 산에 오르는 것이다. 몬순 기간 중 혼자 신루트로, 물론 산소마스크 없이. 나는 다만 먼저 일련의 금기를 깼기 때문에 일을 시작하자마자 서둘지 않고, 이 마지막 목표를 차분히 생각할 수 있었다. 나는 저 위에서 무엇이 나를 기다리는지 알고 있었다. 물론 이해하기 어려운 나의 요구를 공유할 사람은 결코 없을 것이라는 생각도 했다.

이때 긴 원정기간이 문제였으며, 산에서의 고독과 불안도 걱정이었다. 그러나 이 모든 것은 결국 나 혼자 처리해야 하는 것이었다. 2년 동안 준비하며 쏟아부은 나의 에너지는 눈앞의 순간을 이겨내는 인내로 나를 이끌며 온갖 위기를 물리쳤다. 혼자 있을 때 빙하의 크레바스에 떨어지면 내 속에 있는 모든 힘이 나의 고독을 물리치며 혼자가 된 처지를 참고 극복하게 한다. 그리하여 나의 온갖 의미가 하나의 목표로 집중된다. 사람이 사는 저 밑의 세상은 고정관념 그대로 거의 달라지지 않고 있다. 그런데 정상에 도착하면 자랑거리도 금기도 모두 피로 속에 소멸되고 만다.

나는 고향으로 돌아와 내 생활을 다시 찾았을 때 다시 태어난 느낌이 들었다. 그것은 내가 지금까지 어떻게 할 수 없었던 나 자신에 대한 구제였다. 이제 나는 서로 잘 어울리는 시인이 됐다. 체험을 이야기하고, 모험을 꿈꾸며, 등산을 유용하게 활용하는 모든 사람들과 함께 금기를 깨나가는 시인이 된 것이다. 혼자 있다는 것은 단순한 교만이 아니다. 그것은 자신의 지식을 남들과 나누는 대행자로 늙어가며 자신이 지게 되는 일종의 의무다.

4 탄생

마칼루 베이스캠프에서의 이른 아침. 나는 영국 등반가 더그 스콧과 함께 배낭을 꾸리고 있었다. 우리는 세계 제5위의 고봉을 산소 없이 그리고 중간 캠프나 고소 포터의 지원도 없이 오를 계획이었다. 동릉은 복잡했고, 그 반대쪽은 지금까지 미답이었다. 우리는 10일 정도 후에 베이스캠프로 돌아오려고 했다. 우리가 취사 텐트에서 운행 계획을 이야기하고 있을 때 메일 러너가 들어왔다. 니나Nena의 속달 우편이 그 속에 있었다. 지금쯤은 뮌헨에서 우리 아이가 태어날 시간인데…. 하지만 그녀는 그곳에 있지 않았다. 니나는 툼링타르에서 돌아간 후 카트만두에서 여아를 낳았다. 조산이었다. 아이가 카트만두에서 살아남기에는 너무 약하다는 말이 쓰여 있었다. 나는 줄을 건너뛰며 편지를 읽었다.

나는 일어나서 더그에게 "미안해, 난 아이를 돌봐야겠어…." 라고 말했다. 그는 놀란 표정을 지었다. 나는 텐트로 달려가 배낭을 꾸렸다. 우리의 마칼루 횡단등반은 이렇게 시작도 하기 전에 끝나버렸다. 모든 것이 취소됐다. 나의 이런 결정은 파트너에게는 당연히 불공평했다. 우리는 많은 열정, 시간과 돈을 여기에 쏟아부었다. 며칠 전에는 셰르파 두 명이 참랑Chamlang 북벽을 오르기도 해서, 우리의 상태는 훈련이나 고소순응 면에서 아주 좋았다.

하지만 나에게 아이는 산 친구와의 우정이나 산에서의 행위보다 중요했다. 더그도 그것을 알고 있었다. 우리는 서로 자신의 결정에 따라 살아왔다. 그는 내가 카트만두로 떠나는 것을 지켜보았다. 나는 그렇게 할 수밖에 없었다.

물론 나는 더그와 등반할 수 없게 되어 유감이었다. 그러나 마칼루에서 두 번이나 실패했다는 사실은 나를 그렇게 심란하게 만들지 않았다. 마칼루 횡단등반에서 있었을지도 모르는 죽음의 그림자가 공중으로 날아갔기 때문이다. 전혀 예상치 못한 일로.

당시 더그 스콧은 가장 성공한 세계적 등반가 중 한 명이었다. 그는 내 결정에 힘을 실어주었다. 그도 가족과 함께 히말라야를 여행한 경험이 있었는데, 이제는 파트너 없이 혼자 그곳에 있어야 했다. 나는 딸이 보고 싶었고, 딸을 도와주어야 한다는 저항할 수 없는 소명을 느꼈다. 내 첫 아이의 목숨이 달린 일이었다. 1시간 뒤 나는 출발할 준비를 마쳤다. 2명의 셰르파 — 앙 도르제와 다와 — 가 나의 장비를 지고, 나는 데이팩에 필요한 물건을 넣었다. 오후 늦게 십턴 고개를 넘어 저녁에 작은 마을에 도착했다. 다와는 그곳에 남았다. 그는 더 이상 같이 움직일 수 없지만, 며칠 후에 따라오겠다고 약속했다. 밤에 앙 도르제와 나는 오두막에서 감자와 순무를 삶아 먹고 우유를 마셨는데, 달리 먹을 것이 없었다. 그리고 곧 나의 충실한 앙 도르제도 그곳에 남았다. 나는 헤드램프를 비춰가며 길을 떠났다. 멀리 동쪽의 산 너머에서 하늘이 밝아왔다. 나는 툼링타르에 도착해 첫 비행기 트윈 오터Twin Otter를 타고 카트만두로 향했다.

꼬박 24시간 동안 히말라야의 저지대를 넘어 먼지를 잔뜩 뒤집어쓰고 지칠 대로 지쳐서 병원에 도착한 나는 니나와 아이를 찾았다. 하지만 헛수고였다. 호텔에도 그들은 없었다. 그러나 다행히 그들은 큰 탈 없이 친구의 집에 있었다.

아마다블람 구조작업이 끝난 다음 나는 니나를 카트만두에서 만났었다. 그녀는 에베레스트 베이스캠프에서 돌아와 캐나다의 집으로 가는 중이었는데, 그때 나를 따라 강연 기간 중 기술 조수를 하기로 했었다. 나는 아이 이름을 잉카식으로 "라일라Layla"라고 지어주고, 되도록 엄마가 돌보도록 했다. 이런 일은 당시 나의 일과 동시에 할 수 없었으며, 내가 책임져야 하는 자유로운 활동과도 맞지 않았다. 당시 나는 여전히 꿈이 있었다. 어린아이도 잘 자라야 하겠지만 내 꿈도 제대로 자라야 했으며, 그래서 우리 모두 사는 동안 후회없이 참되게 살아야 했다.

인생이란 탄생에서 죽음에 이르는 동안 활시위를 당기고 있는 것과 다름없다. 인생의 끝을 의식하는 자는 화살을 넉넉히 준비해 자신의 아이디어로 이 세상을 힘차게 살아갈 수 있다. 이런 목적 달성에 대한 자신감이 삶의 기술이다. 그리고 그 기술은 자신의 능력을 유감없이 발휘하는 것으로 끝나지 않는다. 반드시 그 자체가 목적이 되어야 한다.

4 질병

칸첸중가에서 하산할 때 눈보라와 추위가 점점 심해졌다. 날이 밝기 전 우리는 8,000미터 고소에 비박 텐트를 세우고 돌로 고정시켜 놓았었다. 우리가 동벽과 북벽 사이에 있는 능선에 도착하기도 훨씬 전에 텐트가 강풍에 펄럭이는 소리가 들렸다. 그 소리는 매우 요란스러웠다. 프리들 무트슐레히너와 앙 도르제가 텐트를 다시 세우고 있었는데, 나는 너무 지쳐서 그들을 도울 수 없었다.

우리는 침낭에 들어가 나란히 누웠다. 그러자 가슴 부위가 점점 아파왔다. 베이스캠프를 떠난 이후 이상이 없었다. 정상으로 가는 동안에도 전혀 느낌이 없었다. 하지만 지금은 이상했다. 이런 통증은 죽음의 지대에서는 곧바로 잊힌다. 눈보라 속에서 텐트가 주저앉아, 앙 도르제는 손을 녹이지 못해 음식도 만들 수 없었다. 만약 살인적인 추위까지 엄습했다면 나는 밤이 되기도 전에 죽었을 것이다. 텐트나 동료가 없었다면 나는 살아남을 수 없었다.

밤이 깊었을 때 통증에 환상까지 일어나, 금방이라도 죽을 것 같았다. 이제 나도 끝이었다. 텐트가 찢어지는 소리가 나면서 머리가 깨질 듯이 빙빙 돌았다. 새벽 5시였다. 동이 트자 얼굴에 눈이 몰아쳤다. 세상은 카오스 그 자체였다.

프리들과 앙 도르제가 침낭에서 빠져나와 하산 준비를 했다. 나는 가까스로 허리를 굽혀 등산화와 아이젠을 찾았다. "아직 아니야." 나도 모르게 혼잣말이 나왔다. 이때 누군가가 물었다. "뭐가 아니야?" 죽음이었을까? 프리들이 1~2미터 앞에서 폭풍 속을 내려가고 있었다. "따라와!" 그가 소리쳤다. 누구지? 나는 턱이 얼어서 말이 나오지 않았다.

그다음으로 내가 기억하는 것은 가까운 거리의 튀어나온 바위 위로 보인 프리들의 머리였다. 그는 "내려와, 여기는 안전해!" 하고 소리쳤다. 나는 여전히 대답을 하지 못했다. 그는 내가 턱이 얼어서 그러는지 알고 있었을까? 그가 한 말은 맞는 걸까? 나에게는 아니었는데…. 그럼에도 그의 말은 도움이 됐다. 나는 몸을 폭풍의 반대쪽으로 돌리고 바짝 낮추어서 바람을 피했다. 강풍이 내 위를 지나갔다. 나는 제정신이 아니어서 아이젠을 차지도 못했다. 나는 그 상태로 꼼짝도 하지 못하고 있었다.

프리들의 머리가 다시 보이면서 "빨리 와!" 하는 소리가 바람 속에 들렸다. 나는 다시 아이젠을 차려고 몸을 굽혔다.

나는 죽음과 맞서면서도 단 한순간도 천국과 지옥을 생각하지 않았다. 오직 살아남아야 한다는 생각뿐, 통증도 죽음도 두렵지 않았다. 죽음은 그다음에 오는 것이다. 지금은 그것이 문제가 아니다. 아무런 욕망도, 과거도 미래도 없다. 그 순간 내가 할 수 있는 것이 있다면 그것은 그저 한두 시간 더 살아있을 수 있을까 하는 것이다. 나는 도대체 어디에 있어야 하나? 지금의 내 처지는 오직 절망일 뿐 웃음도 울음도 나오지 않았다. 기회는 모두 놓치고, 용기마저 다 사라지고, 죽음은 아무 의미도 없었다.

눈보라는 무력한 나를 비웃듯 울부짖었다. 시간이 흘러가면서 나는 나 자신도 잊은 채 이따금 졸고 있었다. 시간과 함께 나도 사라지고…. 그런 가운데 프리들은 여전히 "지금 오라니까!" 하고 외쳤다. 터널 끝에 보이는 것은 빛일까? 그러나 빛이라고 하기에는 너무나 어두웠다. 이 죽음의 지대에서 질병으로 죽는 것은 세상을 떠나는 가장 고독한 방법이다. 혼자라는 것만큼 뚜렷하게 느껴지는 것이 없다. 수많은 한계 도전자들이 그저 멍하니 있다가 추락이나 추위에 무릎을 꿇고 어둠의 세계로 사라졌다.

영국인 등반가 피터 보드먼Peter Boardman과 조 태스커Joe Tasker가 1982년 에베레스트 북동릉에서 그렇게 사라졌다. 1982년 5월 15일 그들은 에베레스트 북동릉의 전진 캠프를 떠났다. 그들은 알파인 스타일로 거의 5킬로미터나 되는 어려운 루트를 통해 에베레스트 정상을 향해 오르고 있었다. 중간에 피너클 세 개가 그들의 루트를 가로막았다. 첫날 그들은 7,250미터 고소의 설동에서 밤을 지낸 다음, 그다음 날은 7,850미터 고소에서 비박을 했다. 크리스 보닝턴Chris Bonington 대장이 망원경으로 그들을 지켜보고 있었다. 그는 날이 어두워지기 직전 8,250미터의 피너클 밑에 그들이 있는 것을 보았다. 그들은 루트에 있었다. 그러나 그것이 마지막이었다. 그러고 나서 두 사람은 사라졌다. 1992년 일본-러시아 합동 원정대가 두 번째 피너클 전의 15~20미터 지점에서 피터 보드먼을, 1996년 일본 등반가가 조 태스커를 발견했다. 그는 두 번째 피너클 꼭대기를 바로 눈앞에 두고 죽어있었다.

내 친구 프리들 무트슐레히너는 1992년 '캉취(칸첸중가)'에서 내가 그의 명령을 따라 내려올 때까지 오랜 시간 나를 기다리며 분투했다. 나는 이렇게 살아남아 3주일 뒤 카트만두에서 간의 아메바 농양 치료를 받고, 두 달 뒤 8천 미터급 고봉 도전에 다시 나섰다.

나는 지금까지 죽음과 이토록 가까이서 맞서본 적이 없었다.

하지만 아무렇지도 않게 스쳐지나가듯 죽음과 만나지는 않는다. 히말라야에서 나는 지금도 바라는 것이 하나 있다. 바로 살아서 돌아오는 것이다. 나이가 들자 죽음에 대한 불안이 점차 줄어들었다. 하지만 나이가 들어 질병을 앓게 되거나 그 질병이 죽음과 연결되면 견디기 어렵다.

나는 남 티롤 사람들의 말처럼 어려서 누구나 앓는 질병 외에는 가벼운 질병도 앓은 적이 없었고, 원정에서도 그랬다. '캉취'에서 아메바성 이질에 걸린 것은 어프로치를 하며 더러운 물을 마셨기 때문이다. 나는 준마駿馬 같은 체질을 타고나지는 않았다. 그러나 대모험에서 나는 결코 질병 같은 것에 굴복하지 않았다.

4 2

질투

내가 8천 미터급 고봉을 하나 둘씩 올라가는 동안 나의 유명세만 올라간 것이 아니다. 오히려 나에 대한 질투가 유명세보다 더 맹위를 떨쳤는데, 이는 나로 인해 자신들이 뒤처졌다고 느낀 사람들에 의한 것이었다. 결국 그들은 나의 존재 자체를 질투했다. 몇몇 스타들은 자신들의 질투를 등산 저널리스트들과 등반가들 사이에서 읽히는 소책자에 시리즈로 내기도 했는데, 어떤 사람들은 자신의 8천 미터급 고봉 등정 성과를 내 것과 비교하면서 산을 있는 그대로 오르는 나의 등반 스타일에 문제를 제기했다. 마치 나의 명성이 그들의 명성을 깎아내리고 부정이나 하는 것처럼. 이런 때는 언제나 일반대중이 중요하며, 그들에게 보여줄 수 있는 자신의 것이 있어야 한다. 하지만 아무것도 없는 답답한 사람들이 문제다. 내가 갖고 있는 것, 내가 해온 일, 내가 해온 말, 이 모든 것은 다름 아닌 내 것이다. 내가 새삼 이에 대해 왈가왈부할 것이 없다. 그러나 유감스럽게도 그들은 나의 도덕성까지 문제 삼았다. 나에 대한 비판의 목소리가 점점 더 높아졌다. 내가 위험을 감수하고 즐기는 것도 문제 삼았다. 심지어 이런 질투와 비판은 서명을 받고자 하는 소망에까지 숨어있었다. "이번 원정이 당신의 마지막이 될지도 모르잖아요." 당연하다. 만약 그렇다면 서명을 해줄 시간 따위는 없을 것이다.

그래도 나는 나의 길을 갔다. 예전과 다름없는 감동과 호기심을 갖고 앞으로 나아갔고, 그때마다 새로운 도전과 더 젊은 파트너들을 발견했다. 이들은 나와 함께 불가능에 도전할 준비가 되어있었다. 초오유 동계등반은 너무 위험해서 도중에 단념하기도 했다. 모험에서 실패하는 일이 점점 더 많아졌다. 나는 강연이나 저술에서 실패까지 주제로 삼을 정도로, 성공에 대한 압박을 받지 않았다. 성공 여부에 관심을 두지 않은 지는 이미 오래됐다. 그러나 나를 질투하는 사람이나 나의 팬들까지도 가끔 있는 나의 실패를 받아들이려 하지 않았다. 이들은 오로지 나의 성공만을 바랐다. 마치 성공에 절대 배부르지 않는 사람들처럼.

초오유 동계등반에 실패하고 나서 반년쯤 지나, 나는 한스 카머란더, 미클 다허와 함께 남서벽으로 그 산의 정상에 올랐다. 카머란더는 그때가 8천 미터급 고봉 첫 등정이었고, 나의 파트너들은 끝내 자신의 힘으로 계속 올라갔다. 그들이 내 앞에 나타났을 때는 말을 하지 못해 몸짓만 했다. 그들은 심한 기침에 시달려 눈 바닥을 긁다시피 하며 앞으로 나아갔는데, 팬터마임을 보는 듯했다. 그때 한스는 자신의 모습이, 미클은 스키폴이 정상 플라토에 그림자를 만들었다. 그 그림자는 허리를 굽히고 가는 노인의 모습이었다. 이렇게 해서 10시간 뒤 사람 같지 않은 모습으로 정상에 섰을 때 우리는 마치 말세를 맞은 정신이상자들 같았다. 서로가 환상으로 보였고 상대방 얼굴이 자신의 얼굴이었다. 한스는 로봇처럼 카메라를 돌렸다. 그리고 얼어붙은 내 등에 손을 대고 "우리가 여기에 왜 왔지?" 하고 물었다. 강한 눈보라와 짙은 안개로 그는 내 말을 알아듣지 못했다. 휘몰아치는 눈보라에 세상이 그대로 부서지는 것 같았다. 그는 기침을 심하게 했다. 고요하던 세상이 요동치며 불안한 생각이 들었다. 우리가 산을 내려가기 시작하면서, 그제야 마음에서 근심이 사라졌다.

나는 이따금 이런 의문에 휩싸인다. 왜 우리 모험가들은 대자연 황무지에서 자신의 생존을 위협받는 일에 질투를 받을까? 우리의 용기 때문에? 아니, 이와 반대로 두려움이 없었다면 우리 중 어느 누구도 살아남지 못했을 것이다. 용기란 남에게 나누어줄 수 없는 것 중의 하나로, 그 속에 두려움을 동반한다. 이상주의자라고? 천만에. 그것은 가치 없는 모방일 뿐이고, 영웅적 알피니즘 시대의 유물에 지나지 않는다. 그것은 에고이즘이자 실은 우리의 원동력이기도 하다. 극한 등반가는 언제나 자기 자신 안에서 그런 원동력이 작동하며, 그것이 자신을 따라다닌다. 그런 일을 하는 자는 거기서 오는 고민을 스스로 껴안는다. 이때의 문제는 이른바 보편적 상식으로는 해결이 안 되며, '쓸모없는 것의 정복'을 문제 삼는 자만이 쓸모 있는 일을 하게 된다. 이것은 자신이 자기 행위의 기초가 된다는 의미에 대해서 하는 이야기다. 다시 말해서 모험을 선택할 때 모험을 해나가는 스타일이 결정되며, 그것이 바로 우리가 살아있다는 증거다.

낭가 라Nanga La 바로 밑의 베이스캠프로 돌아와, 우리는 돌아가는 짐을 꾸렸다. 아침햇살 속에서 한스는 자신의 배낭 덮개 주머니에서 무엇인가 찾고 있었는데, 마치 어떤 기억을 좇는 것 같았다. 그는 돌 하나를 꺼냈다. 점판암 조각이었다. 그는 오른손가락으로 그것을 끄집어내자 별 관심이 없다는 듯이 휙 던져버렸다. 그의 얼굴에는 정신이상자의 일그러진 표정이 나타났다. 그리고 무엇인가를 말하려는 듯 산을 가리켰다.

우리의 초오유 등정은 지난날 에베레스트나 낭가파르바트 정복자와 같이 한 나라의 대표로 오른 것이 아니다. 그렇다고 오늘날 세계의 지붕에 나있는 길을 따라 오르고 있는 저 여행자들과 같은 당당한 모습도 아니다. 초오유를 단체로 신청한 것은 그것대로 합법적인 일이니 잘못됐다고 할 수는 없다. 내가 당한 뻔한 질투는 적어도 8천 미터급 고봉 등정자나 나 같은 사람에게는 해당되지 않는다. 사람이 그런 식으로 차별대우를 받아도 되는 걸까? 자신만의 생각으로 남을 불쾌하게 한다면 그에게서는 더 이상 바랄 것이 없다.

초오유를 등정하고 돌아와 나는 바로 남 티롤로 가서 빈쉬가우Vinschgau의 유발에 있는 고성古城을 샀다. 오해의 여지가 없는 곳에 있는 환상적인 건물이었다. 그것은 높은 바위 위에 있어, 값이 나가는 건물도 아니었다. 건물 주인은 노인으로 성만 바라보며 살고 있었다.

한스 카머란더는 내가 건물 손질하는 것을 도와주었고, 나는 목공 노릇을 했다. 2년이 지나 나는 이곳으로 들어갔다. 그때 마치 내가 신을 모독이나 한 것처럼 지방신문이 떠들어댔다. "등반가가 성에서 사람들을 내려다본다."라는 악의적인 질투와 증오가 날로 심해졌다. 하지만 나는 문화재 하나를 물려받은 기분이었을 뿐이다. 그런데 문제를 제기한 사람들은 얼토당토않은 '스캔들'을 들고 나왔다. 그들은 한때 나로 인해 음지에 있다가, 달라붙어 질투하는 무리 속에 끼어있던 자들이었다. 대체로 언론매체란 사람을 끌어내리기도 하고 치켜세우기도 하지만 '옳은 것'은 옳다고 해야 하지 않을까? 내 동생이 낭가파르바트에서 죽었을 때 그들은 그 사고를 마녀사냥 하듯 몰아붙였다.

2003년 뮌헨 프라터인젤의 산악연맹 건물에서 자신들이 옳다고 주장하는 100여 명의 사람들이 영원히 손해를 보는 기분에 젖어있었다. 지나친 명예욕에서 나온 질투가 이제 압박으로 변했다. 나는 비로소 이런 극단적인 질투를 피해가는 방법을 배워야 했다. 이럴 때 나약함과 소심함이 부식토 같은 역할을 한다. 질투하는 사람은 패배감을 재치 있게 은폐하며, 겸손을 빙자해 마치 질투당해도 괜찮은 듯이 받아들인다.

그러나 그들이 비난을 일삼고 끝내 이름을 더럽힌다면 그것은 겸손이 아니다. 이른바 그들의 '정당성' 주장도 한계에 왔다. 이제 나는 조용히 입을 다물고, 그 결과가 어떻게 나타나는지 지켜보는 수밖에 없다. 이제 남을 통렬히 비난하다가는 더 이상 숨을 곳도 없게 될 것이다. 그렇다고 나는 그들을 고소해하며, 왜 이제야 알았느냐고 비난하지 않을 것이다.

나는 당시 동정을 기대하지 않았다. 나는 나 자신이 옳다는 것뿐이었다. 2005년이 되어서야 나는 낭가파르바트에서 죽은 동생의 유품을 찾으면서 이른바 '좋은 사람들'의 거짓 정체를 밝히게 됐다. 그러나 용기 있는 손길이 부족해서 현장에서 찾은 것이 별로 없었다. "나누기가 어렵거든 가만히 있어야 한다."라는 말이 있다. 거짓 논평에 대해서는 언젠가 그 진실이 밝혀지기 마련이며, 질투는 동정을 받지 못한다.

당시 나는 자기방어를 배우고, 나를 괴롭히는 모두에게 고개를 흔들기만 했다. 내 잘못이라고 하면서…. 그들은 누구도 질투받는 자가 없다. 그런데 나에게는 지금도 질투하는 사람이 많다. 그것은 내가 그 많은 나의 공을 인정받지 못하고 있다는 이야기다.

그동안 나는 미디어의 부당한 요구를 알 만큼 알았다. 일반적으로 잘못을 정정하려는 듯이 보여도 미디어는 시기를 놓쳤다. 변호사가 아니라면 독자의 편지가 허위인지 아닌지를 가리기는 쉽지 않다. 그래서 나는 비판하는 자에게 독자의 편지로 답변하지 않는다. 이러면서 40년이 흘렀는데, 나는 그동안 행동으로 보여주었다. 나는 줄곧 논쟁하고, 질문에 답변하는 문을 열어놓고 있었지만 결코 남을 비난하거나 질투한 적은 없다. 그들이 원래부터 갖고 있는 문제는 그들만의 것이다. 이제는 다 밝혀졌으니 음모설도 사실이 아니다. 지난날 독일 산악연맹에서 벌였던 사회적 모략 운동이 10년이 지났지만, 나는 그들의 100년에 걸친 '한계축소 문화'에 대해서만큼은 더욱 다루고 싶다. 문제는 이 100만 명이 넘는 독일 산악연맹의 회원을 한 여성이 대표하고 있다는 것이다.

4 단념 3

1975년 나는 처음으로 로체 남벽에 갔다. 리카르도 카신을 대장으로 한 이탈리아 원정대 소속이었다. 그때 이틀 밤 동안 당한 눈사태의 충격이 그 뒤 15년 동안 나를 따라다녔다. 당시 벽에서 지낸 일들도 마찬가지였다. 한때 내가 들은 바로는, 그 벽이 완등되었다고도 했고, 어떤 사람들은 오를 수 없는 벽이라고도 했다. 나는 벽 사진과 정상 능선의 눈보라 사진 등을 책이나 등산잡지에서 보고, 그곳에 이리저리 등반선을 그려나갔다. 해를 거듭하면서 온갖 소문이 나도는 가운데 벽에 대한 나의 상상도 변해갔다. 여러 이야기가 있었지만, 로체 남벽은 히말라야 8천 미터급 고봉의 등반 과시 장소나 다름없었고, 오랜 세월 소문이 끊이지 않은 '벽 중의 벽'이었다.

우리는 이제 행동방식을 바꿔야만 할까? 그리고 소문대로 우리의 경험으로 해낼 수 있을까? 모험답게 자율적으로. 그러나 내가 보기에는 계획이란 언제나 생각대로 되지 않는다. 다시 말해서, 다른 한계 도전자들이 해온 대로, 즉 그 비전과 행동대로 하기 마련이다. 우리는 더 이상 옛날의 우리가 아니다. 말하자면 우리의 경쟁자들과 다름없는 세상을 인수한 것이다.

1989년 봄 나는 로체 남벽 등반에 두 번째로 나섰다. 그때 나는 내 방식대로 해보기는 하지만, 굳이 정상까지 갈 생각은 없었다. 나는 다른 목표가 있었다. 그것은 멀고 먼 남극대륙이었다. 로체 원정대원들은 스페인과 프랑스, 폴란드, 남 티롤 출신들이었다. 벽 밑에 있을 때 음산한 벽과 협곡을 눈보라가 엄습하며 위로 날렸는데 그때 나는 철저한 등반가였다. 그 자연현상을 보자 오랫동안 잊고 있던 모습이 떠올랐다. 그것은 지난날 낭가파르바트의 눈에 덮인 메르클 걸리를 달빛 속에 오르던 나 자신의 모습이었다. 안나푸르나에서 하산할 때는 눈사태가 있었고, 마나슬루에서는 눈보라 속에 텐트로 기어들어가기도 했다. 이런 장면들이 순간적으로 선명하게 나타나더니, 재빨리 사라지면서 로체 남벽과 이미지가 겹쳤다. 거대한 암벽 상의 추위와 높이가 내 잠재의식에 작용해, 그 이미지를 끌어냈는지도 모른다.

우리의 기억은 이전 경험을 저장해두었다가, 다른 사람들이 경험한 것을 뇌가 추체험할 수 있도록 한다. 우리는 이전 상황

속의 자신을 다른 사람의 잠재의식에 옮겨놓고, 급한 상황에서 자신을 살리게 한다. 깊숙이 묻혀있는 기억에서 그 옛날 석기시대에 있었던 지식이 솟아난다. 우리가 살고 있는 이 세상은 지난날의 축적인가? 우리가 산에서 경험하는 일들은 어떤 경우든 복합적으로 일어나는 것이지 단순히 개인의 일면 때문에 일어나는 것이 아니다. 우리는 극한의 모험에서 여러 가지 경험했던 것들을 서로 교환하고 일깨운다. 이 모든 것은 중단 없이 이루어지지만 인식하지는 못한다.

4월 초의 베이스캠프는 아직 추운 데다 바람이 강하게 불어 가는 모래가 눈과 입 할 것 없이 날아든다. 그리고 돌풍이 일 때마다 텐트가 풍선처럼 부풀어 오르며, 파닥파닥 소리를 내고 금방이라도 찢어질 것 같다. 그렇다 해도 우리 베이스캠프만은 지금 고향이나 다름없다. 다양한 색상의 텐트가 몇 동 쳐져 있고, 암벽과 큰 바윗덩어리 사이가 취사장이다. 바람은 사정없이 불어닥치며 흙먼지를 마구 일으킨다. 그리고 그 먼지들은 성난 듯이 텐트, 식기, 심지어는 커피나 차 — 취사담당 펨바 체링이 오후 늦은 시간에 양철 컵으로 내놓는 — 속으로 퍼붓듯 한다. 거대하고 음산한 깎아지른 암벽이 검은 하늘에 높이 솟아있다.

그다음 날 아침 7시, 펨바 체링이 커피를 갖고 텐트로 왔다. 텐트 문 사이로 허공에 뜬 로체 남벽이 바라다보였다. 로체 남벽은 주위에 걸리는 것 없이 수직 바로 그것이었다. 내가 있는 곳에서는 하늘과 깎아지른 암벽밖에 보이지 않았다. 갑자기 돌풍이 일면서 눈보라가 로체 남벽을 엄습했다. 순간 주변이 깜깜해지더니 파랗던 하늘이 사라졌다.

당시 나는 나의 국제 원정대와 함께 현대 등반문화의 가치가 될 '프로젝트', '동기', '커뮤니케이션' 같은 새로운 시대의 개념을 슬로건으로 내걸고 다시 한 번 히말라야에 와 있었다. 신세대 알피니스트들은 명령에 무조건 순종하는 구식 체계를 따르지 않는다. 그러나 이들은 자유가 경계 없는 무한한 가능성을 의미하는 것이 아니라는 것을 빨리 알아야 할 것이다. 나는 내 동료들의 의도를 추측할 수 있다고 믿었으며, 머릿속으로 그들의 상황을 그려보기도 했다. 또한 물자를 옮기는 일을 돕기도 했다.

죽음의 빙하에서 모레인 지대와 초원지대를 거쳐 베이스캠프로 돌아왔는데 327보의 거리였다. 롤란드Roland가 세 번 쉬면서 아일랜드피크와 로체 남벽 사이의 설원에 있는 데포지점을 뒤돌아보았는데, 그곳은 우리가 세 번 오른 곳이었다. 그는 의식을 잃은 듯 몸을 휘청거리더니 천천히 내려갔다. 그는 도대체 여기에 왜 왔는지 모르는 것 같았다. 이제 그는 거칠게 뛰는 심장을 가라앉혀야 했다. 그러자 무엇인가 깨지는 소리가 들리더니 돌덩어리가 남벽에서 무섭게 굴러 떨어졌다. 롤란드는 위를 쳐다보지 않았다. 그런데 그는 재수 없게 돌에 맞고 말았다.

좀처럼 없는 일이었다. 그러지 않아도 그는 지금 아픈 몸인데, 이것이야말로 불행한 재난이었다. 그는 자신이 이 고산에 모인 국제 등반가들 사이에서 쓸모없는 존재라는 생각이 들었다고 한다.

눈보라가 고소를 강타하며 몇 주일째 변함없이 기승을 부렸다. 3,500미터의 이 높은 벽에 대양의 기류가 제트기의 속도로 휘몰아쳤다. 롤란드는 기다시피 했는데 굳어버린 그의 얼굴은 움직임이 없었다. 그러자 강풍이 모래 한 줌을 그의 얼굴에 뿌렸다. 그제야 그는 손으로 얼굴을 훔쳤다. 그는 이 고소에서 추위와 피로까지 덮쳐 말할 수 없는 곤경에 빠졌고, 나도 그와 다를 바가 없었다.

우리는 베이스캠프로 돌아왔다. 그리고 친구들을 둘러보았는데 나 역시 고산병에 걸리지 않았나 싶었다. 사람들의 모습이 이중삼중으로 겹쳐 보였다.

아침에는 해를 볼 수 없었다. 로체 동릉을 엷은 잿빛 구름이 덮고 있었는데 움직임이 전혀 없었다. 결코 반가운 현상이 아니었다. 크슈토프Krzysztof, 실비안느Sylviane와 브루노Bruno가 벽 한가운데에서 조그맣게 보였다. 크슈토프가 앞에서 오르고 있었다. 그는 무엇인가를 생각하고 마음을 굳힌 것 같았다. 그는 크게 오른쪽으로 돌더니 그곳에서 사면으로 이어지는 큰 크레바스 위로 나왔다. 이때 나도 그와 함께 벽에 있는 기분이었다.

그리고 그와 같은 프로 등반가라면 로체에서 실패하지 않을 것이라는 생각이 들었다.

며칠 후 아르투르Artur와 크슈토프가 내려오고 한스가 올라갔다. 이런 고도에서 눈보라 속을 그렇게 빠른 속도로 오를 수 있다니! 그는 이따금 걸음을 멈추고 숨을 가다듬는 것 같았다. 그리고 허파에 공기를 많이 끌어넣으려고 바람 부는 방향 반대로 몸을 밑으로 돌려 숨을 크게 쉬었다. 그는 다시 사면을 올라가서 능선을 따라 쿨르와르를 지나 왼쪽으로 갔는데, 머뭇거리지도 뒤돌아보지도 않고 계속 올라갔다. 그는 오른손에 피켈을 들고, 때때로 왼손으로 몸의 균형을 유지하면서 더 위로 올라갔다. 곧 그들은 눈보라 속에 모습을 감추었다. 나는 그들의 단호한 태도와 불안감까지도 그대로 공감할 수 있었다. 무엇보다도 강풍에 대해 느끼는 불쾌감을 나도 알 것 같았다.

사태가 악화되면 될수록 우리 뇌는 동료들의 감정을 강렬하게 반영한다. 그들의 움직임뿐만 아니라 그들의 생존까지도. 바로 이어 도전에 나선 나는 벽을 더 높이 올라갔다. 까마귀 한 마리가 바람을 타고 내 앞에서 마치 화살처럼 위로 날았다. 내 등반을 비웃기라도 하는 것처럼.

새는 원래 인간에게 하늘을 나는 것을 그리워하도록 한 동물인데, 그 비상의 기술은 무엇보다도 중량에서 벗어나는 것이다. 중량을 줄인다는 것은 등반의 꿈이며, 그것으로 우리는 진정한 자유를 예감한다. 그리하여 하늘을 나는 희열과 경쾌함을 구사할 때 인간은 그 능력에 따라 해방감을 얻는다.

밑을 헤아릴 수 없는 이 벽에서 모험을 감행하듯 새들은 어떤 장애도 물리치고 날며 내가 오르는 것을 비웃기만 했다.

날씨와 시계視界는 조금도 나아지지 않았다. 이런 날씨에 한스는 앞장서 올라가다 뒤를 돌아보았다. 그를 뒤쫓는 것은 폭풍 외에 아무것도 없었다. 그러나 그는 호기심에 앞으로 나아가기만 했다. 이때 긴 크레바스가 나타나, 그는 비로소 방향을 다시 잡았다. 날이 어두워지자 그의 흔적을 알 수 없었다. 발밑은 걸리는 데가 없는 반반한 설사면이었다. 급경사의 바위지대가 나타나는가 하면, 자욱한 안개 속에 눈이 바람에 쓸리고, 시계는 제로에 가까웠다. 그는 쉬었다. 그러자 크슈토프의 모습이 보였다.

우리는 함께 앞을 더듬어 나갔다. 강풍에 몸을 숙여야 했다. 얼음과 바위 사이에 우묵한 지대가 나타나서 그나마 동풍과 서풍을 피할 수 있었다. 그곳에 우리는 텐트를 치고 설동도 팠다. 비록 좁기는 했지만 추위를 피하고 안전하게 있을 수 있었다.

우리는 이런 원정등반으로 자신의 일과 자기 자신을 알게 된다. 하지만 벽에는 자연의 법칙 외에 아무것도 없다. 인간이 아무리 힘을 다해도 자연은 이를 물리친다. 지루하게 올라가면 내려올 때도 지루할 뿐이다.

성실치 못한 두 사람은 이미 떠났고, 우리 기억에서 지워졌다. 그들이 지금 어디서 어떻게 지내든 모두들 관심 밖이었다. 그들은 이제 우리와는 어떤 어려움도 공유하지 않는다. 그들이 7,000미터 고소에서 더 이상 힘을 쓰지 못하게 되어 물러났을 때 취사 텐트에는 안도의 분위기마저 감돌았다. 남을 미워하는 잡담이나 가볍게 여기는 평 같은 것을 더 이상 하지 않아도 되었기 때문이다. 그들이 사라지자 남은 대원들은 그 일을 모두 잊었다. 이제 모두가 남을 소중히 여기는 자유스러운 분위기가 되어, 사람들은 저마다 자기 생각대로 일을 해나갔다. 설사 어려운 일이 생겨도 서로 부딪치는 일이 별로 없었다.

이곳 고소에서는 모든 일이 평상시와 다르다. 그저 단순해서 저 밑의 정돈된 생활과도 다르다. 중간지대로서의 베이스캠프에서는 회의와 희망 사이에서 그런 대로 지낼 수 있다. 누군가가 전진하면서 캠프를 만들지만 언젠가는 봄이 찾아온다. 꿈을 따라 가면 결국 집으로 가게 된다. 지금 하고 있는 일을 모두 이러쿵저러쿵하지만 우리가 함께 하는 일이다. 벽은 지금 눈에 덮여서 하얗다. 그곳에는 아무런 즐거움도 없으며, 오직 극심한 추위가 있을 뿐이다. 우리는 이제 어떻게 해야 하지? 오르든지 포기하든지 둘 중 하나를 선택해야 한다. 셰르파들이 우리가 계속 실패만 한다고 농담 삼아 말하는 것은 이제 어떻게 할 수 없다는 이야기다. 그런데 대원들은 말없이 정상으로 가려고

만 한다.

에리히Eric와 아르투르가 다시 위로 올라갔다. 눈보라 속이었다. 허리케인! 그들은 어디가 어딘지 몰라 크레바스로 피신했는데, 그곳에 설동 같은 것이 있었다. 어두컴컴하지만 바람을 막아주는 곳이어서 그들은 그곳에 텐트를 쳤다. 동굴 안의 동굴인 셈이었다. 이 얼어붙은 고립 속에서도 그들은 정신을 차리고 먹을 것을 준비하고 잠자리를 챙겼다. 에리히는 머리가 아파 토할 것만 같았다. 고소순응도 좋았는데 지금 왜 이러는 것일까? 그러나 그는 참을 수밖에 없었다. 끊임없는 의문과 어찌할 바 모르는 상태가 텐트 안에서 폭발할 것만 같았다.

밑에 있는 취사장도 역시 추웠다. 사람이 없으면 대화도 없으니 모든 것이 미칠 것만 같았다. 나는 카트만두의 저녁 8시 기상예보를 기다렸다. 강풍에 텐트가 머리 위에서 펄럭거렸다. 옆 텐트에서 셰르파의 기도소리가 들렸는데 끝날 줄 몰랐다. 그 단조로운 음조로 일요일 같은 지난날의 어린 시절이 머리에 떠올랐다. 그 나지막한 음조에 마음이 편해지면서 나도 어려운 처지에 놓인 동료들 속에 있다는 기분이 들었다.

밤새 바람이 눈가루를 텐트 안으로 뿌렸다. 내 입김이 텐트 천에 서리로 얼어붙었다가 조금씩 녹았다. 얼음의 결정체가 손과 얼굴에 살랑살랑 떨어졌다. 한스가 침낭 속에 웅크리고 있었다. '우리 인생이란 이런 것'이라고 생각했는지 그는 이제 등산화를 찾았다. 그는 그것을 간밤에 침낭 속에 넣어두었었다. 그는 스토브를 켜 한쪽으로 밀어놓았다. 1시간이 지나 코펠 속의 얼음이 녹았다. 그는 일어나 물을 마시고 옷을 입었다. 그리고 결심한 듯 서둘렀다. 그는 미지근한 차를 한두 번 들이키고, 얼어서 굳은 침낭을 구석으로 밀어놓은 뒤 밖으로 나갔다.

로체 봉우리 위로는 별이 보이지 않았다. 그는 크슈토프와 정상으로 가야 했는데, 그것이 오늘인지 아닌지 알 수 없었다.

주변 환경이 조금씩 크슈토프와 한스의 눈에 들어왔다. 눈보라가 기승을 부려 지금까지 품었던 온갖 희망이 부질없는 일이 되는 것은 아닌가 생각하면 정신이 바짝 들었다. 그 용기는 다 어디로 가고, 이제 그들 앞에는 불가능이라는 암흑만이 있었다.

벽은 끝이 없었다. 오를수록 그들은 힘이 들었다. 바위를 넘으면 또 다른 바위가 나타나고, 걸리와 협곡 끝에 가서는 세락들이 늘어선 미로에 빠지고 말았다. 이제는 꼼짝할 수 없었다. 맑고 푸른 하늘은 고사하고 보이는 것은 온통 검은색이었다. 더 나아갈 수도 없었지만 쉴 만한 곳도 보이지 않았다. 허공이 실의나 죽음으로 가는 길을 준비하고 있었다.

우리의 온갖 희망은 이제 무의미하게 됐다. 5월인데 눈이 오고, 얼음같이 차가운 바람을 동반한 잿빛 안개가 로체 남벽에 엄습했다. 베이스캠프에서는 매일같이 셰르파들이 제를 올리고 그 연기를 바람에 날렸다. 몇 주일 동안 우리는 몬순 전의 온화한 날씨가 오기만 기다렸는데, 이제는 모든 희망이 사라졌다. 이 오락가락하는 날씨에 어떻게 장단을 맞춰야 한다는 말인가. 5월의 맑은 날씨인데도 남은 일들을 할 수가 없었다. 날씨는 여전히 춥고 베이스캠프에는 서리가, 산에는 세락이 그대로였다. 로체 남벽은 세락의 카오스로, 바위와 봉우리는 여전히 우리를 압박하고 있었다. 산이 흰 옷을 벗어 치우는 날에는 밑에 있는 우리 모두 묻히고 말 것이다.

크슈토프는 지금도 지난날 자신의 등반에 대해 이야기한다. 하지만 그때의 감격이나 정신 집중이 지금은 없다. 그때는 그것이 그의 인생을 빛내는 천부적인 재능이었다. 이제 말과 몸짓만으로는 아무도 자신의 비전을 그리지 못한다. 진실이 나타나야 한다. 우리는 절도를 잃은 것일까? 그 절도를 우리는 날씨만 갖고 말하려 하고 있다.

우리는 포기하고 실의에 빠지는 등 모든 불안과 공포에 마비되어, 추위와 질식을 이겨내지 못했다. 그리하여 우리는 산을 내려왔다. 태양은 동녘 봉우리 너머에서 결코 모습을 나타내지 않았고, 우리가 그리워하던 것은 이제 헛된 것이 되고 말았다. 더 이상 갈 곳이 없었다. 높이 또 높이 올라가 행복을 누리려던 것이 부메랑으로 돌아와, 단념과 기권만이 살아남는 길이었다. 결국 우리는 베이스캠프에서 다시 태어났다. 오랜 세월 나는 전진과 후퇴를 반복했다. 그것은 수수께끼 같은 일이고, 성과에 대한 기대며, 의미 있는 계획이었다. 그런 경우에 실패는 있을 수 있다. 내 경우에도 원정에서 웃지 못 할 일들이 많이 벌어졌다. 고소의 습기 찬 추운 텐트 속에서 살면 언제나 위험과 추위에 노출된다.

나의 원정도 언제든 실패할 수 있었다. 하지만 내가 하려는 것이 모두 불합리했다 하더라도 그것이 실패를 뜻하지는 않았다. 나는 불안한 생활 속에서 언제나 정당한 길을 찾아 행동했다. 그러나 베이스캠프의 불편한 바윗덩어리 위에 앉아서 자연 그대로의 벽을 바라보는 일은 결코 즐겁고 행복한 일이 아니다. 나의 과거가 불안하지 않았다고 부정하는 것이 아니다. 내가 절대불가침의 자연법칙이 나의 짧은 인생에 그대로 나타났다고 말하는 것은 나의 명예와 위신에 대한 이야기다.

하루가 다르게 베이스캠프의 기온이 올라갔다. 우리가 실패하는 동안 봄이 그 높은 곳까지 찾아온 것이다. 아침 해가 뜨기 전에 새들이 지저귀고, 메말랐던 땅이 푸르게 물들고 있었다. 우리는 식사를 마치면 텐트 앞에 모여앉아 따뜻한 햇볕을 즐기고 로체의 싸늘한 벽을 바라보았다. 벽도 이제 차츰 달라지며 부분부분 드러나고, 그다지 추워 보이지도 않았다. 머리 위를 스치던 바람소리도 들리지 않았다. 수직의 벽과 크레바스와 협곡에서는 눈사태도 일어나지 않았다. 고소의 얼어붙은 공기가 사람을 괴롭히지도 않았다. 오랫동안 있으며 미칠 것만 같았는데, 이제는 그런 걱정이 사라졌다.

벽이 친밀하게 느껴졌지만, 가도 가도 끝이 없을 것 같이 보이던 설벽과 정상 능선 바로 밑의 검게 튀어나온 바위지대를 넘어서지 못해 끝내 우리는 단념하고 돌아섰다. 생각만 해도 소름끼치는 일이었다.

하산하며 나는 베이스캠프와 남체 바자르 사이에서 잠시 쉬었다. 이때의 휴식은 로체 벽 밑에서 일주일 있고 난 뒤여서 새삼 떠오르는 기억이 없다. 안락한 세계에서 살다가 그동안 무자비한 산속에 갇혀 있었던 것을 나는 굳이 돌이켜보려 하지 않았다.

나는 그저 그 자리에 앉아 쉬었다. 바람이 머리칼에 스쳤다. 나는 햇볕에 탄 얼굴 자국을 손으로 뜯었다. 그 사이에 벌써 그 엄청난 벽과 지나간 시간의 속도를 모두 까맣게 잊었다는 말인가. 단념이란 그런 것들을 하늘에 기록했다는 메시지인가? 오랜 세월 동안의 메시지…. 큰 산을 오를 때 지상은 중요한 것이 아니고 늘 푸르지만 때때로 구름이 끼어 호통치는 하늘이 더 중요하다. 하늘은 커다란 폭풍을 일으키고 그 속에서 문제를 풀며 그러다가 조용해진다. 구름은 어떠한가? 그 그늘은 비전을 덮기도 하지만 우리에게 한 가닥 희망도 안겨준다. 이렇게 자연은 우리 감정에 있는 그대로의 영상을 보낸다.

1989년 5월 말, 나는 트윈 오터로 루클라Lukla에서 솔루쿰부로 내려왔다. 그때 나는 아무런 꿈도 남기지 않았다. 나는 그 원정에서 셰르파가 된 것이나 다름없었다. 그들이 루클라에서 우편물을 찾아오듯이 나는 배낭과 야크 똥을 베이스캠프로 날랐다. 그때 나는 등반가라기보다는 산의 농부였다. 그렇게 해서 오랜 세월 추구했던 명예심에서 벗어나 어린 시절로 돌아갔다.

나는 내 등반의 도약과 활기를 한때 젊은이가 갖는 집념 덕분이라고 보았는데, 이제 그것이 바뀌었다. 물론 지금도 여전히 그 길을 가고 있지만, 이제는 선두에서 다른 사람보다도 빨리 달리려고 하지 않는다. 내가 할 일도 아니며 할 수도 없다. 지금 나에게 중요한 것은 나의 존재와 행위가 일치하는 것이다. 나의 시간이 여전히 빨리 가기 때문에 나로서는 단념도 어렵지 않다. 그것은 단순한 일인지도 모른다.

4 연구 4

내가 클라이머로 전성기였을 때 그리고 그 뒤 고소 등반가로 불사조 같은 기분에 사로잡혀 있었을 때 가장 중요했던 것은 안전이었다. 그러다가 한번은 죽음의 불안에 휩싸인 적이 있었다. 물론 단독등반에서는 간혹 있는 일이기는 했다. 자신을 시험하며 스스로 책임을 지게 되는 행동에서는 지나친 태도나 극도의 어려움, 또는 기네스북에 오를 기록보다는 오직 자신이 옳다고 생각하는 평가기준이 필요하다.

나는 아브드 푹스Arved Fuchs와 1989~1990년에 걸친 남반구 여름 동안 남극대륙을 횡단했는데, 그곳은 아직 인간의 발길이 닿지 않은 곳이었다. 그때 나는 새로운 아이디어를 가진 사람으로 알려지거나, 특이한 집단으로 취급되기를 원치 않았다. 나는 오직 지구에 남아있는 마지막 미지의 대륙에 도전해보고 싶었다.

이 모험에서 나는 색다른 세상을 체험했다. 아브드와 나는 항해사와 얼음의 세계로 뛰어들었는데, 처음에는 과연 이것을 해낼 수 있을까 하는 의구심이 들기도 했다. 이 모험에 나선 지 얼마 안 되어 나는 고생에 시달리게 됐고, 안전에 주의를 기울이게 됐다. 문제는 두 사람이 같은 리듬을 타는 일이었다. 처음 2주일간 어려운 고비를 넘기고, 무거운 썰매를 습설 속에서 끌고 가는 일이 얼마나 힘든 일인가를 알고 난 후에 우리는 비로소 멋진 나날을 보냈다.

우리는 아침에 규칙적으로 일어나, 같은 리듬으로 얼음의 대륙으로 나아갔다. 때로는 날이 흐리고, 때로는 바람이 강하게 불었지만 좋은 날도 많았다. 하늘은 둥근 지붕처럼 빛났고, 그 높이는 끝이 없었다. 몇 걸음만 걸으면 지평선에 닿을 것만 같았다. 태양은 24시간 머리 위에서 돌며 우리가 가고 있는 눈의 원반을 비추어주었다. 우리는 마치 동물에 이끌리듯 갔다. 그 세계는 끝까지 분홍과 보랏빛을 띠고 있었다.

10일이 지나자 우리는 일상생활에 익숙해졌다. 수시로 짐을 싸 떠나고, 가면서 쉬었다. 텐트를 치고 스토브를 켜 식사 준비를 하고, 저녁이 되면 자고, 아침이면 일어났다. 그러는 동안 나는 내일을 생각하지 않았다. 시간과 공간을 잊은 것이다. 그러나 매일 끝없이 먼 세계를 뚫고 나가야 한다는 것을 생각하니 용기가 필요했다. 지나간 일은 생각하지 않아도 됐다. 우리는 자기 자신을 끝까지 이겨낼 수 있는지 계속 시험하고 있었다.

이와 같은 극한 조건의 모험에서 우리 인간은 억세고 민감하다. 만일 예측하지 못한 어떤 상황으로 우리의 식량과 연료를 실은 썰매가 얼음이 녹은 바다에 빠진다면, 우리는 말없이 각자의 책임을 다할 수밖에 없다. 우리의 생존은 결국 공동의 노력에 달려있기 때문이다.

단 5분의 여유도 없이, 아브드와 나는 92일 동안 긴박한 상황에서 지냈다. 우리는 서로를 소중히 여겼다. 용기를 내야 하는 역경에 대한 인식과 위험 부담이 높은 현실이 공동의 목표 못지않게 서로 원만하게 공존할 수 있는 보증서였다. 우리는 아무도 아프지 않았고, 남극에서는 유목민 같은 수렵인으로부터 감염되는 일도 일찍이 없었다. 도대체 병이 있을 수 없었다. 그것은 인간이 살지 않는 공간의 순결함과 추위가 파트너의 감정에 그대로 옮겨져 강하게 해주었기 때문일 것이다. 그런 빛의 공간을 뚫고 우리는 전진했다. 이따금 태양 광선이 수십억 개의 눈 결정체에 반사되어 빛났다. 그러자 전방에 푸른빛을 띤 분지가 마치 오아시스처럼 나타나 우리의 환상을 더욱 촉진시키고, 우리에게 용기를 북돋아주었다. 그것은 현대 유목민이나 연구가가 남극대륙의 대단히 광활한 지대에서 경험의 가능성을 탐색하는 것과 같았다.

이따금 나는 나 자신에게 물었다. 이렇게 넓은 공간을 실험용으로 쓰려고 우리가 이런 모험을 하는 것일까? 혹시 인간이 바라는 뜻있는 모험에 우리 자신을 내던질 수 있는 인공 오아시스는 없을까?

아브드와 나는 두 사람으로 된 가장 작은 공동체였다. 그때 우리가 무척 신경을 쓴 것은 자연의 위험과 환경이었는데, 그것은 빙하의 크레바스, 바람이 만든 눈의 언덕과 눈보라였다. 또한 깊은 공간과 하늘의 태양빛은 언제나 주의해야 했다. 연약한 세상에서 안전 문제는 잠시도 소홀히 할 수 없었으며, 그것이 언제나 우리의 신경을 날카롭게 했다. 그래서 파트너와의 감정은 항상 예민했다. 우리 상호간의 이런 감정이나 사려는 날로 깊어지고 굳어졌다. 우리는 언제나 살아남는 문제를 함께 의논하며, 말하기를 꺼리는 일이 절대로 없도록 했다.

한계 도전자는 비문명인과도 같다고 하지만, 그래서 오히려 인간의 본성을 깊이 아는 자가 아닐까? 한계 도전자는 확실한 자연 관찰자인 동시에 믿을 만한 동행자다. 그의 직관 — 그가 감지한 기상과 인간의 발자국 소리 그리고 상대방의 감정 표현 등 — 은 인간의 본성은 물론 외부의 자연을 섬세하고 예리하게 읽어나갈 수 있는데, 이런 것들은 문명 속에서 날로 잃어가는 것들이다. 하지만 우리는 이런 것들을 모험에서 얻을 수 있다.

설사 '지구를 탐사하는 일'이 오래전에 끝났을지라도, 예전에 갈 수 없었던 곳을 이제는 거의 위성통신의 도움으로 가거나, 위성사진으로 파악할 수 있다. 그러나 내 호기심은 언제나 자연보다는 인간에 있다.

3개월 동안 아브드와 나는 나란히 걸었다. 그리고 92일간의 밤을 비좁은 텐트에서 함께, 그것도 거의 말없이 지냈다. 낮에는 거의 말이 없었고, 텐트 안에서도 한두 마디가 전부였다. 우리는 결국 친구 노릇은 못했지만 위험할 때는 협력했다. 일종의 단결로 하나가 된 것이다. 이것은 하나의 발견이었으며, 과학적이라기보다는 감성적이었다. 그리고 이것이 나에게는 원정의 성과 이상 가는 만족감을 안겨주었다.

내가 오늘날 탐색하고 싶은 것은 인간의 본성이다. 여기에는 이런 질문이 따른다. "위험이 이제 모두 사라졌는데, 인간이 지난날 겪었던 일을 생각하고 싶어 하는 이유는 도대체 뭘까?" 이런 경우 이것을 제3자에게 영상으로 보여주고, 그와 비슷한 공감을 얻으려 하는 것은 부정할 수 없는 사실이다. 하지만 이것은 자연법칙처럼 숙명은 아니다. 그리고 현대문명에서처럼 단 한 번의 경험으로는 감지할 수 없다.

남극에서의 하루는 길지도 짧지도 않게, 하루하루가 잘 지나갔다. 지금 뒤돌아보면 그런 날들이 나에게는 총체적으로 아름다운 날들이었다. 거기에 더하여 지금까지 내 파트너와 영혼불멸의 감정을 공유하게 됐다.

얼음의 대륙을 가는 동안 나는 세 번이나 세상과의 새로운 관계를 발견했다. 그것은 내가 해보려고 해서 내 마음에서 우러나왔다기보다는 처음부터 세상의 일부였다. 물론 여기에는 불안과 의문이 따르지만, 자신을 나타내려는 데서 오는 희생 같은 것이다. 위험 속의 생활은 문명의 그것보다 몇 배나 크다. 그것은 돈과 재산으로 안전한 나날을 보내는 것보다 풍요롭다.

그렇지만 이런 세계가 최근 25년 동안에 얼마나 많이 변했는가! 2013년 12월 27일 나는 아들 시몬과 아루샤국립공원 사무실에 있었다. 우리는 메루 동벽의 직등 루트를 오를 생각이었다.

"안 됩니다. 그곳에는 루트가 없습니다."

"알아요. 그래서 우리가 여기 온 것 아닙니까?" 나는 되물었다.

"규칙이 있습니다."

"물론 가이드와 공원 감시원도 벽 밑까지 함께 갑니다. 우리는 어려운 1,000미터의 벽을 스스로의 힘과 책임으로 오를 것이고, 오르고 나면 노멀 루트로 내려옵니다. 함께 내려오는 겁니다. 그렇게 준비했습니다."

"그런데, 등산은 알려진 곳으로 가야 하지 않나요? 루트도 그것뿐인데.”

“당신 말대로라면 또 다른 루트가 어떻게 생깁니까? 규칙이란 그렇게 변하는 것입니다.”

“1978년 나는 킬리만자로에서 브리치 벽에 직등 루트를 뚫었습니다. 여기도 그런 루트가 있을 겁니다. 누군가 손대기 전까지는….”

힘이 쭉 빠졌다. 입산 허가를 받지 못한 것이다. 우리는 하루 이틀이면 되는 노멀 루트도 오를 수 없게 되었다. 우리가 정상에 가려면, 이제 다른 단체에 낄 수밖에 없었다. 하지만 그렇게 되면 그들의 느린 속도를 따라가야 하니 3일이나 걸릴 것이다. 결국 우리는 계획을 포기하고 우리끼리 이렇게 중얼거렸다.

“이런 식의 등반은 우리의 자존심을 해치지!” 시몬은 이것을 거만하거나 부끄럽게 여기지 않았다. 또한 무리지어 오르는 그들을 비웃지도 않았다. 우리는 그저 오리들이 몰려가는 식의 등산을 생각하지 않았을 뿐이다. 하지만 어떤 시도나 탐색을 인정하지 않는 사회는 몰락의 운명을 면치 못할 것이다.

45 운명

무엇보다도 나는 운명을 믿지 않는다. 그렇다면 자기 결정은 어떻게 하는 걸까? 생각만으로는 아무것도 할 수 없다. 우연한 일 역시, 그것이 행운이든 불행이든, 자연이 그 절대법칙으로 우리 정신에 앞서 영향을 주는 것이다. 세상을 살아가는 데 정해진 길이 없다는 것을 부정하지는 못할 것이다.

나는 1995년을 북극의 유빙流氷 위에서 맞이했다. 시베리아 해안 가까운 곳이었는데, 밤에는 영하 50도를 밑돌면서 돌풍이 엄습했고, 야영지 앞에는 유빙들이 수없이 떠다녔다. 야영지에는 텐트 한 동에 썰매 두 대 그리고 스키와 스키폴을 세운 다음 자일로 담을 만들어 곰의 공격에 대비했다. 발밑의 얼음이 꺼지면 주위가 일대 혼란에 빠진다.

금속공장에서 나는 잡다한 소리 — 끽끽거리면서 무엇인가를 자르고 망치로 때리는 — 가 났다. 유빙이 계속 부딪쳤다. 어슴푸레한 달빛이 두꺼운 구름 사이로 얼굴을 내밀었다. 우리가 이곳에서 막 빠져나가려는 시간이 되면 그나마 믿을 만한 얼음이 나타나서, 앞으로 며칠 그 위를 갈 수 있을 것 같았다. 그런데 믿을 수 있는 얼음의 섬은 전혀 없었다. 북극점에서 불어오는 강풍이 점점 더 심해졌다. 얼음의 압박이 늦춰질 기미가 보이지 않았다.

나는 동생 후버트와 함께 그린란드를 경도經度를 따라 횡단했다. 그리고 캐나다 북부에서는 물개 사냥을 했다. 우리는 북극해가 얼마나 무서운지 잘 알고 있었다. 그럼에도 우리는 수시로 밖으로 나갔다. 그러나 이제 우리는 이런 생활에서 단단한 대지로 돌아왔다. 그 카오스 같은 일이 다시는 없었다. 느닷없이 빙판이 깨지고 수면이 입을 벌리며 돌풍이 엄습하는….

이제 바닥이 단단한 곳으로 돌아가라는 것은 일종의 명령이나 다름없었다. 많은 시간 이상한 소리에 시달리고, 물에 빠져 썰매를 잃어버리며 살아온 사람은 그런 위험에서 점차 벗어날 때 그것을 위험 그 자체보다 더 곤혹스럽게 느낀다. 모든 것이 지나갔는데 왜 그럴까? 놀라움의 감정은 미지가 아니라 현실에서 느낀다. 그것은 운명이 우리에게 가져다준 것이다. 마치 우리가 예정된 삶을 산다고나 할까.

나는 운이 나빴다거나, 또는 운명으로 타격을 받았다고 이야기한 기억이 없다. 실패하고도 다시 살아남게 된 것이 그저 기뻤다. 이제 와서 어렵지 않게 나 자신을 설명할 수 있다 하더라도 그런 이야기는 하지 않는다. 그래서 시베리아 해안에 강풍이 계속해서 불어댔는데도 그 바람 이야기를 꺼내지 않는다.

우리는 바람 때문에 떠난다고 해놓고, 그 결정을 지키지 못한 채 며칠을 보냈다. 그때 우리가 출발을 너무 서둘렀던 것을 다시 바로 잡아보려고 했지만, 그 일은 자연에 맡길 수밖에 없었다. 우리는 그저 그 넓은 지역에 걸친 유빙만 알 뿐 재앙의 크기를 제대로 알지 못했다. 우리는 거대한 카오스의 극히 일부를 경험했을 뿐이다. 그럼에도 그 카오스가 일부였다는 느낌이 들지 않았다. 지구가 엄청나게 큰 공이라는 생각도 들지 않았다. 북풍을 맞받으며 극도로 얇은 유빙 위를 가다 보면 전진을 기대할 수 없다.

유럽에서 몇 해를 준비한 다음, 우리는 바로 몇 주일 전에 모스크바와 하탕가Hatanga를 거쳐 시베리아 해안으로 왔다. 그곳에서 가장 어렵다고 하는 길을 따라 북극점을 통해 캐나다로 갈 생각이었다. 아무런 지원도 없이 2,000킬로미터의 북극 유빙 위를 걸어간다는 아이디어는 우리로서는 도전해볼 만한 일이었다. 아직 아무도 가보지 못한 길이었다. 하지만 우리는 처음 품었던 생각을 그대로 가진 채 집으로 돌아갔다. 이제 계획을 다시 세워야 했다.

우리는 앞을 내다보는 시야가 부족했다. 마치 우리의 존재가 어떤 충격에 흔들린 것처럼, 출발을 앞두고 우리는 본래의 모습이 아니었다. 우리는 더 이상 다른 생각은 하지 않았다.

북극점, 그것은 세계와 같은 의미로 존재하는 것이 아니다. 그러나 북극점으로 가려 하는 것은 하나의 의미 있는 목표다. 그래서 그 점은 북극의 유빙 한가운데 있는 방향 지시판이며, 우리가 그리로 가려는 이유다. 물론 이것은 나의 이야기다.

그렇더라도 북극해는 우리에게 의미를 묻지 않았고, 아무런 운명도 강요하지 않았다. 우리는 우리의 실패로 행동이 제한됐을 뿐이다. 얼마 뒤 후버트와 나는 우리 장비를 갖고 북극 한가운데에서 150킬로미터를 걸었다. 북극점으로 가는 얼음 바다 위의 한 지점에서 출발한 것이다. 그리고 1996년 3월, 다시 행동에 들어가기로 결정했다.

모험이 불가능하게 되면 우리는 가능한 길을 찾고, 새로운 모험을 꾸며보려 한다. 그것은 언제나 마찬가지며 그 길은 많다. 우리는 뚫고 들어갈 수 없는 세상에서 감히 행동하며, 그 속에서 언제나 실패를 맛본다. 뜻을 제대로 이루지 못할 때도 많다. 본디 운명이란 무엇일까? 과거의 종교로 역행하는 것일까, 아니면 우리 자신이 만든 의미를 부정하는 것일까? 가능성의 부정, 이것은 혹시 자유를 강탈하는 것이 아닐까?

유럽으로 돌아가 — 약속된 스케줄이 하나도 없어 — 나는 아내 자비네Sabine, 볼프강 토마제트와 함께 시베리아로 여행을 떠났다. 이번에는 알타이 산맥에 있는 벨루카Belukha에 오를 생각이었다. 산은 높지도 어렵지도 않았는데, 우리는 그곳에서 지옥을 체험했다. 1995년이라는 '운명의 해'에 두 번째로 당한 일이었다. 우리는 정상으로부터 50미터도 안 떨어진 곳에서 짙은 안개에 휩싸여, 화이트아웃 속에서 꼼짝도 하지 못했다. 하산 루트는 전혀 보이지 않았다. 설상가상으로 폭풍우가 엄습하고 눈사태의 위험이 뒤따랐다. 그런데 놀랍게도 고소캠프 자리가 눈에 띄어서 거기에 텐트를 쳤다. 그러자 재난의 연속으로, 비와 우박 그리고 눈이 쏟아졌다. 우리는 이틀 밤낮을 텐트에서 꼼짝하지 못했다. 우레와 번개가 계속해서 산을 때렸다. 우리는 산의 감옥에 갇힌 신세가 되어 극심한 공포에 질린 채 누워있었다. 기온이 점차 내려가고 습기 찬 침낭은 얼어서 딱딱했다. 그런 속에서 탈출할 기회가 오기만 기다리며 희망을 가졌다. 이것은 결국 운명적으로 당하는 일이었다.

거의 일주일 후에 집으로 돌아왔는데, 우리는 그저 감사할 따름이었다. 다시 생기가 돌면서 기운이 솟았다. 그리고 새로운 아이디어가 떠올랐다. 괴로운 일들이 있었지만 그런 것들이 나쁘게만 생각되지 않았다. 한 번 잘못한 일을 다시 되풀이할 수는 없었다. 나는 시베리아에서 실패한 것을 교훈 삼아 남 티롤 유발에서의 여름을 유쾌하게 보냈고, 그래서 아주 즐거웠다.

그러던 어느 날 밤에 나는 가족과 함께 성문으로 갔는데 열쇠가 없었다. 관리인이 살고 있는 바우만하우스도 비어있었다. 나의 대자代子인 마쿠스 — 당시 그는 근처의 성에서 주방 일을 하고 있었는데 — 를 불러왔다. 그런데 그에게도 열쇠가 없었다. 비가 오는 춥고 어두운 밤이었다. 나는 서쪽으로 돌아가서 성벽을 기어 올라갔다. 성벽을 복구공사 하는 동안 자주 넘어가 보았기 때문에 그리 어렵지 않게 올라갈 수 있었다. 성벽은 높지 않았다. 외벽을 5미터 오르고 안으로 6미터가량 내려가면 됐다. 성 안에 예비 열쇠가 있어, 그것으로 성문을 안에서 열 생각이었다. 아이들은 지쳐있었고, 잠을 자야 할 시간이었다. 어둠 속에서 외벽을 무난히 기어 올라간 다음 내려가려고 할 때 바닥 몇 미터 위에 있는 고르지 않은 편마암 계단이 어두워 보이지 않았다. 그때 나는 비에 젖은 곳을 디디다가 미끄러지면서 아래로 뛰어내렸다. 마치 고양이처럼. 그러나 미처 무릎을 굽힐 새도 없이 오른발이 먼저 바닥에 부딪쳤다. 뼈가 부러지는 소리가 들렸다. 나는 바닥에 나뒹굴며 극심한 통증으로 비명을 질렀다. 이것은 한계 도전자로서 나의 '경력'이 끝났음을 확정 짓는 것이었다. 이 모든 것은 바로 열쇠가 없었기 때문이다.

"불행이란 그냥 오는 것이 아니다."라는 격언이 있다. 이런 일이 또다시 일어난다면 그것은 하늘의 뜻일 것이다. 나는 이런 불운을 몇 달 사이에 세 번이나 당했다. 이런 극적인 일을 연속적으로 겪고 나서, 나는 나 자신에게 경고해야 하는 것은 아닌지 골똘히 생각했다. 왜 미리 예측하지 못했을까? 이제 은퇴할 때가 된 것인가? 일련의 일들이 예정된 운명인 것인가? 나는 이것을 나 자신에 대한 경고의 암시로 보고, 조용히 받아들였다. 내가 지금 이렇게 살고 있는 것 자체가 행복 아닌가. 나는 인과응보因果應報라는 생각을 하면서부터 벨루카나 유빙에서 목숨을 잃을 수도 있었고, 유발의 성벽에서 추락했을 때 불구자가 될 수도 있었다는 생각을 했다.

이렇게 극적인 일들이 계속 일어나는 것은 단순한 우연일지 모르지만 어딘가 비현실적이었다. 아니면 무엇인가 불가피한 일이었는지도 모른다. 북극점에서 다시 쫓겨 왔을 때 나는 다소 충격을 받았다. 그리고 벨루카에서 일찍이 없었던 호우를 만났을 때는 그야말로 파괴적인 느낌이었고, 발뒤꿈치 골절로 나머지 인생을 불구자로 살 생각을 했을 때는 '이게 나의 운명이구나'라는 기분이었다.

이 세 번의 재앙을 모두 겪고 나서, 나는 결국 일어나는 일은 어떻게 할 수 없다고 생각했다. 잠을 자다 꿈을 꿀 때도 그리고 남들로부터 좋지 않은 소리를 들을 때도. 그러나 나에게는 잘못이 없었다. 오히려 그 반대였다. 나는 내 마음이 가는 대로 행동했다. 불운이 나를 덮쳤는데 어떻게 한다는 말인가?

결국 어느 가능성이나 수정은 불가피하다.

나는 북극에서 돌아서야겠다고 생각하고 그렇게 했다. 나는 곧바로 벨루카로 가고 싶었지만, 북극에서 실패하는 바람에 시기를 놓쳤다. 그리고 성벽을 올랐다. 누가 그렇게 시킨 것이 아니고, 그렇게 하기를 바란 것도 아니었다. 세 번이나 거의 목숨을 잃을 뻔했던 것은 운명이었을까? 아니, 그 모든 것은 결정적으로 내 책임이었다. 만일 내가 그것을 막을 수 있었거나 피할 수 있었다면 그 불행은 나를 덮치지 않았을지 모른다. 북극과 벨루카에서, 그리고 어둠 속에 성벽을 오르다가 일어난 일들 모두 넌센스였을까? 그럴 수도 있다. 내 나이 쉰이었지만 나는 나이를 잊고 있었다.

그러나 사람들은 내가 행동을 주저하고, 몸놀림이 유연하지 못하고, 반응이 정확하지 못하다고 수군거렸다. 이것은 내가 중년을 맞으며 오래전에 알았던 사실이다. 그러나 그렇다고 의도적으로 부풀리는 것은 너무한 일이다.

나는 거기에 대해 화내지 않았다. 피해를 입은 자는 덤으로 그 피해를 보고 기뻐하는 사람들까지 같이 얻게 마련이다. 물론 연민과 위로를 보내는 친구들도 있었다. 또 중세의 연금술사나 점성술사, 손금을 보는 사람들 같이 결과를 명확하게 알고 있는 사람들도 있었을 것이다. 오직 나만이 운명을 믿으려 하지 않았다. 물론 그 사람들의 눈에는 죽을 뻔한 일련의 경험이 신의 계시인 것이 너무나 명확하겠지만…. 원인이 분명하다면 그것으로 충분하다. 이렇게 보면 모든 초자연적인 것을 내가 다 알 수는 없다. 혹시 운명의 해부학이 우리 속에 깊이 자리 잡고 있는 것은 아닐까? 기대수명과 머리털, 큼직한 체구 등의 유전적인 성향은 어떻게 봐야 할까? 그래서 우리 자신도 결국 운명일까?

나의 한계도전은 모두 깨져나갔다. 유죄 판결이 나고, 앞으로의 꿈들을 중단하지 않을 수 없게 됐으며, 실패한 일들은 참고 받아들여야 했다. 의사도 나에게 말했다. 또다시 제대로 달릴 수는 없을 것이라고. 이렇게 불구자가 되면 어떻게 될지 분명히 알지도 못한 채 나는 병원에서 시간을 보냈다.

지금까지 가졌던 모든 가능성과 모험의 세계가 닫혔다는 것을 알고, 나는 첨예한 세계를 살았던 사람으로서 적어도 앞을 내다보는 지혜를 갖고 생각하면서 살고 있다. 나는 진실은 언젠가 밝혀지리라 예감하고 있다. 돌풍으로 시커멓던 하늘이 맑게 갠다. 우리의 성격뿐만 아니라 적어도 우리가 태어난 세상까지도 우리의 운명이라고 할 수는 없다. 배후를 캐고, 섭리를 믿지 않더라도 우리는 우리 자신을 확실히 알고 있다. 내가 보기에 세상에 분명한 것은 없다. 20년에 걸친 암벽등반은 나의 인생에서 가장 소중한 것이었다. 나는 여기에 모든 것을 바쳤다. 그러면서 저 8천 미터급 고봉들과 수많은 모험이 이어졌다. 나는 세 번째 인생에서 극지와 황무지에 몸을 던졌다. 이제 그것도 모두 과거의 일이다. 더 이상, 아니 조금도 의미가 없다. 내가 지상과제로 삼았던 모험은 오랫동안 나의 정신적 고양에 도움이 됐을 뿐이다. 거기에는 내적 법칙이 있는 것처럼 보였다. 나는 그 법칙 속에서 오랜 세월을 살며, 나의 삶 속에 하나밖에 없는 것, 즉 천진무구하고 자명한 것을 만들어보려 했다.

나는 다친 오른쪽 근골을 치료 받으면서도 그 시간을 '허송세월'로 보내지 않으려 했다. 그래서 나는 새로운 나를 찾아나가야 했다.

III

ÜBER LEBEN

인생

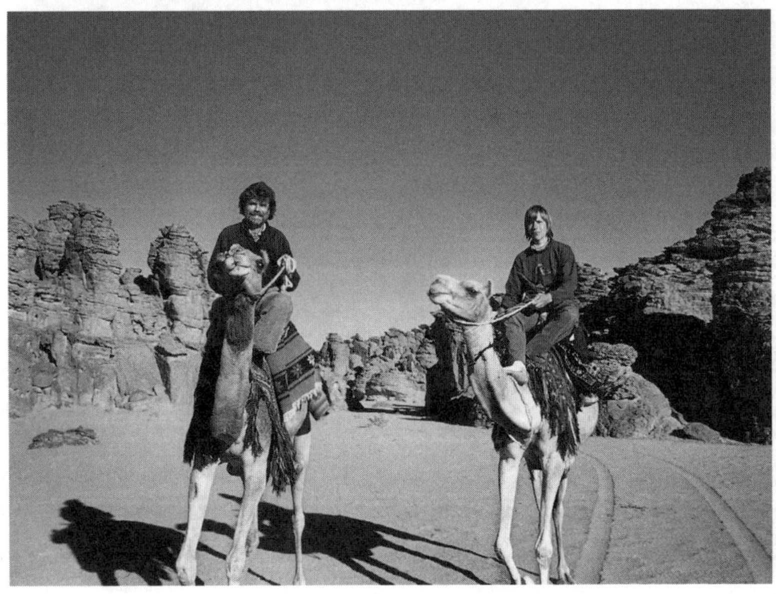

메스너 산악재단(MMF)을 세우고 가난에 찌든 산악지대를 돕고 있다.(위)
아들 시몬과 나는 그러한 산악지대를 지금도 돌아다닌다.(아래)

유발의 성城을 개관한 이후 인생의 여섯 번째 단계가 시작됐다. 나는 대표자로서 산에 관심을 갖는 모든 사람들과 나의 모험을 함께 나눌 준비가 되어있다.

내가 몽블랑에서부터 칸첸중가까지를 체험하지 못했다면, 나는 등산의 역사를 말할 수 없었을 것이다.
즉, 페트라르카에서 다비드 라마에 이르기까지의 이야기를.

미술 공예품과 골동품 — 프로이스의 해머에서 낙석 방어용 헬멧에 이르기까지 — 의 도움으로 인간과 산의 관계를 설명할 수 있다.

Wie oft werde ich nach
meiner Message gefragt.
Aber ich habe keine!
Meine Erfahrungen haben
keine Allgemeingültig=
keit, keine Zukunft, keine
Wichtigkeit. Sie werden ver=
schwinden mit mir.

Ich habe nur versucht,
meinen Ansprüchen zu ge=
nügen, meine Ziele zu
erreichen und zuletzt
zu erzählen über das
Leben. Jetzt bin ich bereit
loszulassen.

Mir ging es nie um ein
gelungenes Leben, im Tun
aber, als Prozess – vor allem,
wenn ich ganz gefordert
war –, wurde es ein Gelingen=
des Dasein: Die Entdeckung
von Sinnhaftigkeit dabei –
auch wenn es mich nie
gegeben hätte.

Juval, im Sommer 2014

이 책의 메스너 원고

나는 내 안의 법을 따라 행동하는 것을
규칙으로 삼았다.
그것이 어떻게 보이든
그리고 잘못 이해된다 하더라도.

횔덜린

4 새 출발

1996년 초 발꿈치 수술을 끝내고 난 후 나는 한쪽 다리를 심하게 절었다. 그리고 나는 알았다. 이제 이렇게 살아야 한다는 것을…. 불구인 채로 영원히. 그렇다고 내가 아주 걷지 못하는 것은 아니었다. 나는 다시 산을 오르기 시작했다. 처음에는 낮은 산에 올라갔다. 그러다가 나중에는 쉬운 등반을 시도했다. 나는 산에 대한 열망을 버리지 않았다. 나의 인생에 낀 안개가 걷히자 그전처럼 확신이 생겼다. 나는 다시 나의 삶을 되찾고 싶었다. 내가 꼭 극한적인 모험에 나설 필요는 없었다. 얼음 바다를 가로지르거나 만년설이 덮인 광야로 떠날 필요도 없었고, 더 이상 8천 미터급 고봉을 답파할 필요도 없었다. 앞으로는 어려운 길을 가며 나 자신의 한계를 시험해볼 필요가 없다고 스스로 타일렀다. 수직의 암벽을 오르지 못하더라도 나의 길을 계속 가면 되니까. 그러나 내가 성공한 것은 순응했기 때문만은 아니지 않았을까? 인생에는 더 이상 길이 없을 것 같아도 언제나 전환점이 있다. 때로 그렇게 바라지 않더라도.

1966년 나는 잠시 동안 임시직 대리교사를 맡았다. 당시 나는 이따금 돌로미테를 오르는 원로 산악인들을 안내하며 돈을 벌기도 하고, 혼자가 아니면 친구들과 함께 틈틈이 등반했다. 아직 명예욕 따위를 모를 때였는데, 첫 초등 경험과 함께 모든 것이 달라졌다. 내 삶의 출발점을 발견한 것이다. 이제 나는 새로운 아이디어와 용기 그리고 트라이애슬론의 지구력을 갖고 프리랜서로서의 경력을 쌓기 시작했다. 그리하여 1971년에는 암벽 등반가에서 고소 등반가로 방향을 바꾸었다. 전격적으로.

어떤 일이 일어나든 우리는 스스로 결정한 일에서 벗어나지 못한다. 이런 법칙에 대한 인식은 사고 이전에 오감에서 온다. 즉 촉각, 시각, 청각, 미각 그리고 후각이 그것이다. 그리고 여기에 많은 비판을 받고 있는 나의 완고한 성격이 더해졌다. 나의 경험이 계속 쌓이고 어떤 성과를 내고 있다면, 당연히 나는 나의 경험을 되살려 무엇인가 새로운 것을 해보려 하지 않을까? 이것은 과연 우리가 추상적인 사고과정보다는 감각적인 경험을 통해 더 많은 인식을 얻는다는 것과 어떤 연관성이 있을까? 내가 학교에서 얻은 모든 지식, 계산을 위한 사고, 이런 것들은 자연을 돌아다니며 얻은 감각적인 경험보다 훨씬 덜 인상적이었다. 평생을 사는 동안 수정되고 변화된 자연에 대한 지식은 오늘날 나의 감정으로 표현되고 있다. 왜냐하면 본능의 도움으로 얻어진 것이기 때문이다. 무의식적으로. 그것은 자기 인식에서만 오는 것이 아니며, 가능성의 경험이 의식의 기본이 되어 계속해서 나아가게 만드는 것이다. 나는 단순히 새로운 장場을 찾아 경험을 습득하기만 하면 됐다.

그렇다면 성벽에서 떨어지고 나서 내가 새로운 모험에 나서지 않은 이유는 무엇일까? 장애인을 벗어나 자유로운 활동을 하던 때였다. 산이라는 주제로 만나는 공간을 만들려고 한 것이 하나의 이유가 될 수 있다. 자신의 경험을 전달하려면 창조력과 결단력 그리고 조직적인 재능이 요구되는데, 이런 능력들은 산에서도 필요한 것들이다. 이런 것들은 결국 내가 전달하려는 모든 지식의 시뮬레이션이나 영상에도 도움이 되지 않을까? 지식을 담아두는 뇌는 박물관이 아니지만, 경험은 감각적으로 전달할 수 있다. 나는 이것을 강연을 하면서 알았다. 그리고 내 책의 독자가 날로 늘어가는 것으로도 알 수 있었다. 나는 내가 한 모든 일에서 나의 노하우를 찾아냈다. 어떻게 나는 평생 동안 극한을 추구했으며, 그토록 금기를 부수려고 했을까? 단순한 명예욕에서? 그렇지 않다. 나는 굴복하지 않았다. 무엇보다도 나 자신을 이겨내고 싶었다. 나는 젊었을 때 불사조 같은 감정을 갖고 있었다. 머릿속에서만 그랬던 것이 아니다. 그러나 내가 계속해서 같은 경험을 했다면, 나는 자만에 질식해, 결국에는 침체의 늪에 빠졌을 것이다. 같은 경험을 되풀이한다는 것은 일리가 있어 보이지만, 실은 보수적이다. 그래서 나는 아주 새로운 경험을 하고 싶었고, 그러면서 배우고 싶었다. 그렇다고 처음부터 다시 시작하기에는 너무 나이가 많지 않았을까?

동물이 냄새로 풍경을 알고 생명을 자연의 율동에 맞추듯이 나는 수십 년을 본능에 따라 살아왔다. 내가 말하는 진리는 불가피한 감정이며, 동시에 비교할 수 없는 소중한 것들과 연결되어 있다. 그것은 행복보다는 오히려 한 걸음 한 걸음 한계를 극복해나가도록 한 확신과 관계가 있다. 언제나 새로운 세계 속에서.

이런 식으로 나는 한때 많은 파트너들과 만나면서 그들로부터 소중한 것들을 배웠는데, 박물관 대표로 나는 지금도 예술계 동료들로부터 그 노하우를 얻고 있다. 그리고 한때 나의 존재 자체가 계속 나아갈 수 있는 원동력이 되었던 것처럼, 지금 나는 다시 종합예술을 만들고자 하는 꿈을 꾸고 있다. 이것도 분명 나의 단독행이나 다름없다. 이제 하나의 예술적 과제가 거기서 나올 것이다.

지난날 원정 때의 리더십은 말이 없는 가운데 이루어졌다. 박물관 일도 처음에는 내가 조용히 추진해나갔다. 이에 대한 시기와 질투가 쏟아졌는데, 이와 같은 일은 전에도 있었다. 나는 그전에 있었던 일이 이렇게 다시 되풀이되리라고는 생각지도 못했다. 나는 이미 1995년의 부상 이후, 1970년의 낭가파르바트 비극 때처럼 전격적인 전향을 준비해왔다.

지금 많은 사람들이 분노하는 것은 박물관을 만들면서 필요한 자료도 남다른 재능도 없다고 고백했다는 사실에 대해서다. 나는 처음부터 그렇게 시작했다. 모험에 있어서도 나는 최상의 대안이 없었다. 나는 암벽 등반가로서나 고소 등반가로서 남다른 능력은 없었지만, 많은 아이디어를 실천에 옮겼다. 아마도 나에게는 실용적인 전술과 남들이 나의 목표를 '노예'와 같은 가혹한 노동이라고 평가하는 그 정신력이 있었는지 모른다. 그래서 사람들은 나를 식인종이라고도 했다. 그러나 나는 조금도 수치심을 느끼지 않았다.

사실 나는 다른 사람들을 감탄시킬 줄 알았고 — 이따금 전문가도 있었지만 — 이들을 내 꿈에 끌어들일 줄 알았다. 오늘날도 나는 동조자들과 함께 나의 계획에 매달려 있는데, 이들은 나의 계획에 만족하는 사람들이다. 나의 사업은 결국 내 것이 아니라, 우리 모두의 것이다. 모두가 함께해야 성공을 거둘 수 있다.

4 환경

이것은 이상한 일이 아닌가? 오늘날 많은 사람들이 20년 전보다 환경을 더 걱정하고 있는데, "지구를 구하자!"라는 전 세계적 정책이 나오지 않고 있다. 이것은 이상한 일이 아닌가. 그러면서 우리는 소위 파괴적인 모든 것을 비난하고 있다. 그리고 기후 동맹, 빙하 감퇴, 지구 온난화, 삼림 소멸, 플라스틱 오염 등에 관한 기사를 수시로 접하고 있다. 그런데도 사람들은 집집마다 문 앞에 있는 쓰레기통에 필요 없는 물건들을 내다버리면서 환경문제는 나 몰라라 하고 있다.

지구 살리기 회의, 지구 정상회의, 생태학술회의 등이 끊임없이 이어지며, 주기적으로 벌어지는 쉿스톰Shitstorm과 몬산토Monsanto 간의 대담, BP냐 네슬레Nestlé냐 하는 논쟁 등은 대인기이지만, 이런 식의 접근이 바꾼 것은 지금까지 아무것도 없다. 왜냐하면 문제 토론의 지속을 논의하거나 요구하지 않기 때문이다. 그렇다고 단념하는 것도 아니다. 소비주체가 한목소리로 불평하고 떠들어대는 일은 실행하는 것보다 쉽다. 늘 플라스틱이니 환경오염이니 또는 바다가 죽어 가느니 하며 마치 책임이라도 지려는 듯이 말하면서, 자기 자신은 아무것도 하지 않는다면 자원의 남용 증가와 환경오염의 만연 심화 같은 문제는 피할 수 없다.

글로벌 시장은 무섭게 늘어나는 수많은 환경운동 단체들, 즉 연맹이나 위원회, 재단 등이 후원자를 놓고 경쟁하고 있다. 한편 비정부기구NGO들은 전 세계에 수백만 개가 존재하는데, 그들은 모두 자금과 사람들의 관심에 목말라있다. 이때도 자연환경은 그렇게 중요하지 않다. 왜냐하면 그들은 선량한 양심에 대해 금전이나 박수갈채를 요구하기 때문이다.

갠지스 강의 수원水源으로 가다가 강변의 숲에서 나무를 줍고 있는 요가 수행자 한 사람을 만났다. 이마에 반점이 있는 삐쩍 마른 노인이었는데, 그의 얼굴은 즐거움으로 빛나고 있었다. 그는 히말라야 삼나무의 높은 줄기에서 가져왔다는 마른 가지들을 날라다 올려쌓고 있었다. 저녁 무렵에 불을 지펴서 몸을 녹이려는 것일까? 그것만이 목적이 아니었다. 그는 무엇보다도 숲을 깨끗이 하고 싶었다고 말했다. 산불 위험 때문이겠지만, 그는 그것을 자신이 해야 할 일로 알고 있었다. 그는 히말라야 산록의 알라크난다Alaknanda 강변에 있는 한 숲이 자신의 일터라고 나에게 말했다.

인도인들의 성스러운 강 ― 그들은 '어머니 강가'라고 부르는데 ― 의 수원은 셋으로, 알라크난다와 자무나Jamuna 그리고 바기라티Bhagirathi가 그곳이다. 이 수원들은 가르왈 히말의 산으로, 수많은 사람들이 찾는 히말라야의 성지다. 많은 요가 수행자들이 강변에 있는 동굴이나 산장 또는 바위 위에서 명상한다. 이 성지聖地에 솟은 산이 인도 신화에서, 산과 똑같이 중요한 자리를 차지하는 강을 얼음 갑옷으로 씌운다. 히말라야에서 성산聖山이 이렇게 집중적으로 모여있는 곳은 이곳 가르왈밖에 없다. 요가 수행자들은 이곳을 '신들의 거처'라고 한다. 인도의 여러 지방에서 순례자들이 이 갠지스 강 수원지역으로 몰려들어, 성스러운 어머니로부터 받은 물로 몸을 깨끗이 한다. 가장 유명한 성지 순례지는 자무나 수원 가까이에 있는 잠노트리Jamnotri와 서부 가르왈 히말 기슭의 케다르나트Kedarnath 그리고 바기라티 수원에 가까운 강고트리Gangotri와 알라크난다의 바드리나트Badrinath다. 바드리나트는 나도 한 번 갔던 곳인데, 적막하고 완만하며 고상한 장소다. 나는 많은 '성자들Mahatmas' ― 스와미Swamis, 구루Gurus, 사드후Sadhus(순례자) 그리고 요가 수행자 ― 이 물속에 잠겨있는 바위 위에 앉아 명상하는 것을 보았다. 그들은 물질적 생활에서 벗어나, 끝없는 환생으로부터의 고리를 끊을 수 있는 지혜를 얻으려 한다.

강고트리 사원은 성지 중에서도 성지라고 하는 바기라티 수원에서 16킬로미터 정도 내려와 자리 잡고 있다. 이 샘물은 4,000미터 가까운 고소의 강력한 빙하 물줄기가 그 수원이며, 그곳에는 집채만 한 얼음 문이 강고트리 빙하 물을 토해내고 있다. 인도 신화에 따르면 그곳이 고대 인도를 상징하는 최고의 신神인 '인드라Indra'의 머리라고 한다. 그 위로 6,543미터의 쉬블링Shivling이 웅장하게 솟아있으며, 그보다 더 먼 곳에 있는 메루Meru는 타포반Tapovan에서만 보인다. 그곳은 인도 신화에서 신들의 옥좌로, 지구의 중심이며 신들이 춤추는 곳으로 보통 구름 속에 있다.

당시 소규모 원정을 하면서 수시로 모아두었던 쓰레기를 우리는 먼 계곡까지 내려가 처리했다. 좋은 선례를 남기려는 것뿐만 아니라, 모두가 쓰다 던져버리는 사회에 제동을 걸고, 길에서 쓰레기를 주워 버리는 일이 날로 증가하고 있다는 사실을 보여주고 싶었다. 오늘날에는 환경문제를 다루는 마스터플랜이 없다. 그러나 집합적인 교육 프로그램으로 — 과학자들은 자신들의 인식을 향상시키고, 정치가들은 분명한 제반조건을 제시하며, 시민들은 깨달음으로부터 행동하여 — 지속성 문제를 해결할 수 있을 것이다.

이렇게 볼 때 미래의 가능성은 그 실천에 달려있다. 또한 시행착오를 통한 온갖 노력과 고생에 기대는 수밖에 없다. 지구는 언제나 근심·걱정하고 경고하는 것만으로 살아갈 수 있는 곳이 못 된다. 우선 우리 모두가 의지를 갖고 나서지 않으면, 환경문제는 귀에 들어오지 않는다. 더구나 우리는 그 문제에서 점점 더 멀어지고 있다.

오래전에 나는 환경문제에 대한 쓸데없는 토론에서 벗어나, 남 티롤의 산속에서 농부로 살았다. 그때의 농사법은 초기 방식으로, 그 동력은 보행 능력을 갖춘 인간이었다. 이런 사고방식이 가까운 장래에 글로벌화가 되는 세상에서 살아남는 데 중요하게 될 것이다. 모닥불 옆에 앉아 넓은 그물처럼 복잡한 세상에 대해 이야기를 주고받는 일을 나는 지금도 하고 있다. 그러면서도 나는 차나 비행기로 여기저기를 돌아다닌다.

나는 여전히 내가 가장 좋아하는 길을 다닌다. 물론 내 발로 걸어서. 특별한 목표가 있는 것은 아니다. 길을 오르내리며, 나는 땅이 여전히 우리 인류의 역사를 추체험할 수 있는 곳이라는 것을 알았다.

알프스의 숲과 고원의 초원지대는 수백 년에 걸쳐 점차 모습을 감춘 옛날 도로망을 지금도 쓰고 있다. 따라서 세상을 돌아보는 체험은 일로 이어질 수 있는 범위 안에서 가능하다. 많은 사람들이 격찬하는 절경이 있는 곳은 정해진 길이 있어 언제나 갈 수 있고, 문명이 침투한 고지대로, 화초와 주차장이 있는 도시와도 같다. 그러나 내가 어려서 필뇌스 계곡에서 다니던 숲속의 길들은 지금도 다니기 쉽지 않다. 이와는 달리 유발은 앞으로 30년이 지나면 거미줄처럼 엮어주던 그 숲속의 길들이 모두 없어질 것이다. 언젠가 나는 그 옛날의 길을 가보고 싶다.

2014년 초 필뇌스 계곡 건너편 산허리에 등산 가이드가 길을 만들었다. 그 길은 위험에 많이 노출된 곳으로, 군데군데 폭포가 있고, 이미 100년 전부터 관개를 위해서 빙하의 물을 끌어다 쓰던 농장도 있다. 당시 건조한 빈쉬가우 지방에서는 농사를 짓는 일이 거의 불가능했을 것이다. 이 길도 펌프가 없던 시대, 지하수를 이용할 수 없던 시대 그리고 현대 기술을 모르던 시대로 돌아가 보려는 하나의 실천이다. 아니, 오히려 그 당시가 균형 잡힌 세상이 아니었을까?

4567890123

도시문화

1990년대 말 산을 주제로 한 박물관에 대한 계획을 가지고 지방 행정당국에 서류를 제출하면서 나는 그때까지 낯설었던 음모의 정글이라는 것을 알게 됐다. 나는 내 동료들에 대한 관심과 산에서의 경험을 통해 예상 밖의 사고들에 잘 대처해 왔고, 위험을 최대한 예방할 수 있었다. 그러나 음모와 악의를 다루는 능력이 나에게는 없었다. 몇몇 친구들은 가끔 문명사회로 돌아가서 우리가 함께 헤쳐온 모험을 매니저나 유령작가를 통해 가능한 한 많은 대중들에게 알렸다고 주장했지만, 그것은 영웅 행세 이상의 그 무엇도 아니었다. 나 또한 당연히 산악계에서 시기와 질투에 부딪쳤다. 그런데 이 질투는 내 스타일과 유명세에 초점을 두었을 뿐 내가 이룬 성과는 언급하지 않았다.

나는 1970년의 낭가파르바트 비극 이후 사람을 경시하는 횡포를 피할 수 없었다. 당시는 우리 등반가들 사이에서 어느 누구도 산의 모험을 공개적으로 보여주는 사람이 없었다. 이런 일은 분명 원정대장의 일이고, 부수적이 아니라 주된 일이었다. 문제는 원정대장이 등반가가 아니라 원정대를 조직한 사람이라는 것이었다.

나는 산에서의 체험을 이런 사람이 대중에게 전달하는 것이 마음에 들지 않았다. 처음에 그가 일을 잘못 처리했는데 내가 반론에 나서기도 전에 그는 세상에 거짓말을 퍼뜨렸다. 이것은 그의 현란한 작전이었는데 나는 그것을 잘 몰랐다. 하지만 그가 변명하는 것을 보고 내가 반론을 하자 그는 말을 바꾸었다. 사람의 뇌는 아주 작은 일도 기억하며, 이것을 극대화해 하나의 정보로 묶을 수 있다. 나는 계속 모든 정보를 원정대장에게 자세히 제공했다. 하지만 결과는 뜻밖이었다. 그는 그 정보들을 자기 마음대로 이용하고, 나에 대한 공격의 무기로 삼았다. 산에서의 행동 패턴은 다른데, 그것을 문명사회에서의 행동 패턴으로 삼은 것이다.

원정대 참가자의 행동이 문명사회에서 어떻게 달라지건 그것은 나에게 그리 중요하지 않다. 그러나 능력을 평가할 때는 이야기가 다르다. 사람은 누구나 다르며, 모두가 자기만의 의도를 갖고 있다. 일을 할 때는 많은 가능성이 있기 마련이며, 우리는 그 속에서 모두 잘 해보려고 노력한다. 이따금 상대방의 표정이나 언어로 그를 이해하기도 한다. 이때 몸짓이 말보다 오히려 도움이 된다. 나는 일찍이 유능한 파트너들을 만났다. 제프 마이에를, 페터 하벨러 그리고 뒤에 가서 한스 카머란더와 아브드 푹스 등이 그들이다. 그들은 모두 나의 인생에서 여러 번 두드러졌던 동반자였다. 대자연 황무지에서 우리의 행위와 태도는 바로 그 결과에 영향을 미치며 경우에 따라서는 치명적으로 다가오기도 한다. 그래서 목표를 향해 공동 작업을 해나가기가 문명사회에서보다 몇 배나 쉽다. 그런데 산을 내려오면 못된 정치를 닮아간다. 그리고 이런 저런 일로 자신이 결정권을 갖게 되면 가장 가깝던 사람도 변한다.

최근에 이런 정치가가 있었다. 그는 남 티롤의 지도자 루이스 두른발더Luis Durnwalder로 내 박물관 계획을 살린 사람이다. 나는 그를 따랐고, 그는 나를 믿었다. 당시 등반가가 아닌 다른 사람들은 프로젝트 MMM(메스너 산악박물관)을 방해하는 공작에 나섰다. 두른발더는 이 복잡한 상관관계를 잘 이해하고 음모를 직시했다. 그가 정치적으로 성공한 데는 그런 비밀이 있다. 남 티롤이 유럽 천 년의 역사에서 많은 사람들이 질투할 만큼 앞선 것은 그의 덕분이었다. 당시 나는 단념 직전에 있었다. 하지만 이 일에 많은 시간과 열정을 쏟아부어 후퇴할 수 없었다. 전진이냐 후퇴냐, 돌아설 것이냐 아니면 뚫고 나갈 것이냐의 기로에 서있었다. 때로는 하강보다는 등반이 쉽게 느껴질 때가 있다. 위로 오른다는 것은 이따금 유일한 탈출 방법이기도 하다. 이제 정상이 목표가 아니라 살아남기 위한 탈출구였다. 이런 때 무엇보다도 파트너에게는 힘과 집중력, 인내가 필요하며, 그것이 희망을 부른다. 정상에서 우리는 영웅보다는 오직 자신의 존재를 확인하게 된다. 그리고 제시간에 돌아서서 내려오는 용기가 필요하다. 하지만 대부분 나는 더 나아갈 용기가 없어서 내려오곤 했다.

박물관 계획이 쓸데없는 논쟁에 휘말려 1년을 끌다가 허가가 나와, 점차 아이디어를 실행에 옮겼다.

나의 등반은 좋은 날씨에 벽과 나 자신이 조화를 이루어 해내곤 했다. 즉 몸의 움직임이 확실했을 때였다. 하지만 계속할 것인가, 아니면 중단할 것인가가 중요하다. 등반이란 탐색과 실패, 생존의 연속이며 그 결과다. 이런 일은 하루에도 수없이 일어난다. 그 속에 나는 언제나 떠있었다. 그리고 일정한 율동을 유지했다. 그러다가 그 율동이 멈추면 바로 후퇴했다. 나는 하려는 동작이 뜻대로 되지 않으면, 손과 발을 뒤로 빼고 자세를 바꾸어 다르게 해본다. 잡고 디디는 연속, 그것이 마치 춤추듯 부드러울 때 등반은 정상 궤도에 오른다. 나는 만남의 공간을 생각할 때 언제나 산을 주제로 한다. 나의 등반이 경험을 통한 학습과정이었다고 한다면, 아이디어의 실행에도 이 같은 비유가 적절하지 않을까?

암벽은 어디에나 약점weak point이 있다. 크랙과 밴드, 움푹 팬 곳 등이 그것인데, 그것들을 찾아내 하나로 연결하는 것이 등반기술이다. 초등의 경우가 특히 그렇다. 1,000번의 등반으로 예리해진 나의 눈은 이제 가장 미끄러운 벽을 오르면서도 정상으로 가는 길을 찾을 수 있다. 이것은 마치 내가 벽을 읽는 것과 같다. 즉 자연의 기호를 읽는 것이다. 그런데 이런 기호를 이제 다른 세상에 적용시키는 것이 중요하다.

나는 실패하면 언제나 나의 경험과 지난날의 결과로 돌아갔다. 그리고 다시 떠났다. 파타고니아와 티베트, 돌로미테로. 내 약점은 육체적인 것이지 정신적인 것이 아니었다. 경험은 낮은 산과 중간 정도의 어려운 길로 가게 했다. 언제나 그랬다. 나 자신의 경험이 중요했다. 이렇게 앞으로 나아가는 것이 나의 새로운 과제였다. 이러다가 나는 대리인 역할을 맡게 되어, 나의 경험을 모르는 사람들을 위해 쓸 수 있었다. 어떤 경우에도 내 마음대로 할 수 있을 때 나는 내 마음을 따랐다.

처음에 박물관 반대론자들과 부딪쳐서 곤란에 처했을 때의 상황은 모험에 나서서 내가 생각했던 것과 현실 사이의 차이와도 같았다. 내가 모든 일을 디지털적으로 해야 할 의무가 있을까? 미디어를 미숙하게 다룬 것이나 복잡한 기계 장비의 조작에 실패한 것은 내 책임이었지만, 솔직히 나는 그 세계에 자신이 없다. 나는 실천가일 뿐이라서 생각이 나의 행위를 대변할 수 없다.

원정에서 한밤중에 생각하는 것은 문명사회에서 근심걱정으로 밤을 지새우는 것과 다르다. 내 고향 남 티롤이나 어느 호텔에서도 나는 가정이나 관료주의에 관한 생각에 사로잡히지 않았다. 평범한 시민으로서의 문제들이 텐트의 천이 내는 바람소리와 내가 숨 쉬는 소리로 재빨리 소멸되듯이, 나의 산악박물관 사업도 한밤중에 내가 생각하는 것이 되어야 했다. 이렇게 해야만 산이라는 주제가 도시문화로 자리 잡을 수 있으며, 하나의 아이디어에 불과했던 것이 나의 존재를 넘어서는 표현력을 지닌 강력한 만남의 장이 될 수 있다.

49
예티

예티 이야기가 티베트 민족의 전설에 뿌리를 내리고 있다는 것은 의심의 여지가 없다. 여러 부족인 티베트족, 셰르파족, 돌파Dolpa족, 마낭기Manangi족 등의 방랑과 이동이 발티스탄과 카슈미르, 네팔로 이어졌다. 예티는 각 지방의 방언에 따라 다르게 불린다. 체모Chemo, 드레모Dremo, 미데Mide(미드레), 칭데Chhingde, 또는 니티Niti 등이 그것이다.

'예티'라는 개념은 1931년 영국 신문 『더 타임스The Times』에 실려 처음 알려졌다. 공통된 의미는 '흉측한 설인'으로, 수천 년 동안 히말라야 원주민들 사이에 기록으로 전해져 왔다. 그러나 유럽인들은 '예티'를 '눈 곰' 또는 티베트 문화에서 말하는 '곰 인간' 같은 것으로 보았다. 그런데 티베트에서는 어디에서도 이 괴물을 원숭이 과에 귀속시키지 않았다. 물론 현재도 그렇지만, 그들은 오히려 거대한 크기의 갈색 곰으로 해석하고 있다. 오직 산업국가에서만 예티가 풍자적인 캐릭터가 됐다.

1879년에 이미 인도의 여행가 키센 싱Kishen Singh은 다음과 같은 기록을 남겼다. "드레모는 두 가지 종류가 있다. 하나는 '미데'로 발은 사람의 것을 닮았고, 곧바로 일어서서 거칠게 공격한다. 다른 하나는 '칭데'로 야크를 죽인다."

1924년 영국 에베레스트 원정대원이었던 존 노엘John Noel 대위는 그의 『에베레스트를 티베트에서Through Tibet to Everest』라는 책에서 이 괴물에 대한 여러 에피소드를 소개하고 있다. 그는 이 이야기들을 에베레스트 북쪽 롱북 지방에서 들었다고 한다. 11세기의 요가 시인 밀라레파는 '미데'를 자신의 놀이친구로 삼았다. 그가 쓴 『10만 노래』에 이 이야기가 나와 있다.

내가 캄Khm과 티베트의 동부에서 체모에 대해 그리고 카슈미르와 파키스탄 동부에서 드레모에 대해 들은 이야기를 전했을 때 유럽 사람들은 귀를 기울이려 하지 않았다. 그리고 훗날 어느 책에서 예티가 티베트의 전설이라는 결론을 내리고, 서부 유럽의 언론이 만들어낸 환상이라고 밝히자, 사람들은 나를 비웃었다. 억측이 아니라 불신에 가깝던 등반가들과 신문기자들은 끝내 나의 주장을 '스캔들'로 몰아서 웃음거리로 삼았다.

훗날 나는 이런 음모론이 단순한 사실보다 더 끈질기다는 것을 여러 번 경험해야 했다. 그것은 1970년의 낭가파르바트 비극이나, 남극점 도달을 헛소리라고 하는 것들이었다. 거짓 선전을 일삼는 사람이 얼굴에 가면을 쓰면 쓸수록 사람들의 호기심은 더욱, 분명치 않은 사실이 밝혀지기를 바란다. 그러는 사이에 나라는 인간이 슬라이드 화면에 극도의 광인으로 악용된 것을 보았는데, 나는 사전에 전혀 모르고 있었다. 이것은 그들이 가십성 책의 판매량을 늘리는 한편 내 이름을 팔아서 이른바 '새로운 순위'를 노리려는 것으로 생각됐다. 그래서 나는 그들의 넌센스를 경고하고 싶었다.

여기 재미있는 예가 하나 있다.

"나는 라인홀드 메스너의 슬라이드 강연을 기억하는데, 그는 남극원정 이야기를 했다. 그때 메스너는 파트너와 얼음 한가운데에서 출입금지 구역과 만났다. 그 구역은 군대가 철저히 통제하는 곳이었다. 그런데 우리 메스너 씨는 그곳을 통과하지 못한다는 것에 기분이 몹시 상해 있었다. 그는 신분을 밝히고 나서 자신은 허가를 얻었으며, 더구나 그 장면을 텔레비전에 내보낼 것이라고 말했다. 그러나 경계를 서는 군인은 만약 그가 지나간다면, 심지어 중국의 황제일지라도 총으로 쏠 수밖에 없다고 하면서 그를 설득했다. 그는 이 강연에서도 돌아갈 수밖에 없어 결국 여러 날 늦게 되었다고 화를 냈다. 이 이야기는 그의 책에는 나와 있지 않다."

하지만 이것은 사실이 아니다. 나는 남극점 주변에 그런 곳이 있다는 것을 책에 쓰지 않았는데, 설사 사람들이 그 지역에 그런 길이 있기를 바란다면 그들은 환상을 더욱 넌센스로 몰고

갈 뿐이다. 그런 이야기는 나치에게나 있을 수 있다. 무슨 일이나 명백하게 밝히기는 여간 어려운 일이 아닐 뿐더러 불신만 일으키게 될 수도 있다. 더욱이 그러다가는 다른 분명한 진실까지도 휘말려든다.

곰이란 놈은 빙하시대부터 있었고 멸종 위기의 동물이며, 사람들에게 겁을 주지만 소중한 동물이기도 하다. 지금까지 전해져 온 이야기로는 사람과 같이 그 직감이 탁월하다는 것이다. 다양한 몸짓과 이동 모습을 보면 우리 인간을 닮았다. 발바닥으로 기어가다가도 적이 나타나면 벌떡 일어서서 공격한다. 곰의 앞다리는 동물의 다리가 아니라 팔과 손이다. 이런 이중성격을 우리는 특히 어린 곰에게서 본다. 곰은 6년이면 다 커서 혼자 살아가는 능력을 갖춘다. 그리고 이때가 되면 마치 우리 어린 아이들처럼 논다.

1944년, 페터 아우프슈나이터Peter Aufschnaiter는 하인리히 하러Heinrich Harrer와 인도의 포로수용소에 갇혀 있다가 티베트로 탈출했는데, 나에게 이런 이야기를 한 적이 있다. "예티 이야기는 중세 때 우리의 용龍 이야기나 다름없다. 티베트 사람들의 전설에 나오는 예티(미데)는 의심할 여지 없이 원숭이가 아니고 곰이다. 티베트 고원지대에 사는 갈색 곰의 천적인 소위 드레모와 체모는 우리 유럽의 곰과 같은 종種이다. 이 곰들은 이따금 곧추 서서 주위를 탐색한다. 인도의 여행가 키센 싱은 곰이 티베트 북부와 관계가 있다고 말한다. 라싸와 중국의 북서부를 연결하는 탕 고개의 북쪽에는 일종의 드레모가 있는데 '미데'라고도 한다. 그 발은 사람의 것을 닮았고, 거칠어서 사람을 보면 곧추 일어서서 정면으로 달려든다. 셰르파 이야기로는 예티보다 크고, 껑충껑충 뛰며, 달리다가 크게 뛰어오르기도 한다."

히말라야에서 '예티 목격담'이 한때 화제가 된 적이 있었다. 마시모 코르티니Massimo Cortini 교수는 1975년 카간Kaghan 계곡의 사이프 울 말룩Saif-Ul-Malook 위에서 네 마리의 '눈 곰'과 만났으며, 스페인의 호세 라몬 바셀라José Ramón Bacelar는 2006년 돌포와 무스탕을 넘어가다 눈 속에서 그들의 발자국을 따라가기도 했다. 해발 5,700미터 고소였다. 티베트의 한 동굴에서 선사시대先史時代의 곰발자국을 본 고고학자도 있었는데, 그는 유전자 조작기술을 이용한 북극곰과 갈색 곰의 교배가 무서운 새끼를 낳을 수도 있다고 증언했다.

일찍이 1832년에 브라이언 H. 호지슨Brian H. Hodgson은 — 당시 그는 네팔 주재 대영제국 초임 외교관이었는데 — 히말라야에 서서 다니는 괴물이 있다는 이야기를 들었지만, 그것은 결국 죽은 야크였다. 그 괴물은 머리털이 길었으며 희고 검은 것도 있었고 꼬리가 없었다. 하여간 곰은 아니었다.

'예티'는 원래 원시 신앙에 나오는 키마이라chimaira가 아니고, 동물 집단과 인간을 정서적으로 잇는 일종의 가교다. 오늘날 알프스에서는 곰이 거의 멸종됐지만, 장난감 곰 인형이 인기다. 이것도 하나의 인식으로 고마운 일이며, 나도 이런 식으로 나를 평하는 사람을 고맙게 여긴다. 어떤 인식이든 당연한 상식으로 자리 잡기 전에 웃음거리로 끌어들이려는 것이 이제 하나의 법칙이 된 듯하다. 어쨌거나 예티가 사람을 공격한다는 이야기는 허구에 불과하다.

5 정치

1999년 나는 이탈리아 북동지역 남 티롤에서 유럽의회 무소속 의원으로 선출됐다. 이후 나는 녹색당에 입당하여, 녹색당 및 자유동맹그룹으로 5년간 교섭단체에서 일했다. 무엇보다도 단체장이 다니엘 콘 벤디트Daniel Cohn-Bendit였기 때문이다.

세상의 끝에서, 투표와 위원회가 열리는 유럽의회의 슈트라스부르크와 브뤼셀로의 변화는 나에게 커다란 삶의 전환을 의미했다. 이것은 나의 사회적 환경 변화를 가져왔다. 왜냐하면 다른 정치가들과의 관계는 원정을 나선 자일파티와 다르게 그리 직접적이지도 강렬하지도 않았으며, 끊임없이 연락을 요구해왔기 때문이다. 나의 극한 도전에서는 책임감과 서로를 주목하는 일이 감정적으로 간단없이 계속되었었다. 문자메시지나 휴대폰, 이메일 같은 것으로 주의가 산만해지지 않기 때문에 우리는 마치 다른 행성에 온 것만 같은 느낌을 가질 수 있었다. 선거가 끝나자 아내는 나에게 휴대폰을 선물했다. 그리고 나는 나에게 익숙했던, 예방조치 — 아프지 않기 — 등의 세세한 사항까지 미리 계획하는 목표를 내려놓을 수밖에 없었다. 의원으로 활동하게 되자 외부로부터 끊임없이 문의가 들어왔다. 그뿐이 아니었다. 다른 누군가로부터 넘어온 문의, 또 다른 누군가로부터 해석된 문의까지 있었다. 나 자신의 비전을 내세울 수 있는 자리는 찾기 힘들었다.

현대 산업사회에서 고개를 들고 살려면 씨족사회나 자일파티 속에서 해오던 전통적인 생활방식을 버리고, 그물로 짜인 넓은 정치세계로 들어가는 수밖에 없다. 나는 결국 아내와 아이들 그리고 주변의 경치 속에 있지 못하고, 오직 건물과 거리와 자동차 속에서 살아야 했다. 그리고 스모그에 덮여 희뿌연 도시나 비행기 창문으로 내려다볼 뿐이었다. 무엇보다도 스케줄이 기입된 달력과 시간에 대한 압박 그리고 스트레스가 사람을 가만두지 않았다.

물론 이런 전통사회와 산업사회의 대립은 산에서의 리더십과 전체회의에서의 타협 간의 대립처럼 하나의 흑백도식으로, 이를 테면 거짓이다. 그러나 자신의 재주와 아이디어로 일을 하는 데 익숙한 사람은 자신이 택한 환경에서 자발적으로 결정해가며 힘들게 일을 한다. 현대로 전승되어온 생활 형태는 '초보 의원'인 나에게 처음에는 맞지 않았다. 그러나 나는 도시와 국가와 세계라는 이 조직사회에서 소집단에 있을 때와는 다르게 일하는 것을 배워나갔다. 소집단은 오직 나 혼자만의 일터에 지나지 않았다.

우리 모험가들은 계속해서 실험을 한다. 결국 우리의 요구를 채워나가는 것은 많은 시도를 통해서다. 이때 확실히 안전해야 하고, 야영 생활도 간편해야 하며, 장비도 줄여야 한다. 이렇게 되었을 때 모험은 급진전한다. 불안이 사람을 창조적으로 몰아가는 셈인데, 자일파티는 새로운 사태에 직면했을 때 재빨리 이에 대처하게 된다. 이와는 달리 거대한 공동체에서는 생활에 대한 부담을 받기 때문에 그로 인해 일어나는 일부터 신경을 쓰게 되고, 무엇보다도 안전 보장을 생각하게 된다. 무엇인가를 결행하지 않으면 사태가 오히려 침체에 빠진다는 것을 알면서도 무사안일을 바란다. 그렇게 될 때 큰 변화는 기대하기 어렵다. 정치란 이래서 대개의 경우 유화정책으로 나간다. 새로운 규제와 제한, 현상유지가 그것이다. 의회는 휴회하고, 다수파는 안정된 길을 찾는다. 불안에 떠는 사람들과 자신의 의원직을 지키려는 사람들은 이렇게 해서 안정된 정치를 선택하고, 그것으로 조용해지기를 바란다.

우리의 문명이라는 것은 지리적 연결 띠인 빙하기가 끝나자 농경과 목축의 도움으로 오늘날 현실적이고 건전한 인간의 사고

思考에 이르렀다. 그러면서 순응형 인간을 만들어냈다. 하지만 이렇게 인내 속에 쌓아올린 성과를 허상으로 여겼던지, 그 길을 따라가는 일이 적었다. 그래서 끝내는 대의민주주의라는 이름으로, 표면상 다른 국가형태보다 기능적으로 더 뛰어나다고 하는 거대한 공동체가 탄생했다.

그러나 이것으로 결정과정은 국제화가 진행되었지만, 여러 이해관계와 국제적 금융시장의 영향 등으로 항상 복잡하기만 할 뿐이다. 게다가 인구층이 넓고 다양해서 그 속에서 일을 조정하는 것이 여간 느리지 않다. 그러다 보니 정치 혐오증이 생기면서 직접민주주의로 돌아가자는 목소리가 나온다.

문제는 우리의 정치제도가 다수의 비판 세력만이 주로 문제해결을 할 수 있도록 하는 데 있다. 민주주의제도가 그들 시민의 지식 위에 있기 때문이다. 각종 위원회와 의회의 대의원은 그들의 선거인에게 책임이 있고, 투표로 해임될 수 있다. 국민투표로 뽑힌 한 무리의 지식인들은 이름도 없이 앉아있고, 결국은 책임지는 사람이 아무도 없다.

정치는 더 이상 바랄 것이 없다. 변화는 언제나 보일 듯 말 듯 이어지고, 그 속에서 결정 과정은 다양한 배후 지식을 요구하고 있다. 이런 과정에서 정치가들은 시간도 지식도 부족하다. 한편 시민들은 언제나 결정과정에 참견하면서도 끝내는 대의민주주의에 등을 돌리고, 결국 대의원들의 책임도 모습을 감춘다.

그렇다고 이것으로 자유공간을 잃는 것이 아니고, 책임을 져야 하는 다른 측면이 남는다. 일찍이 우리의 조상들은 앞을 내다보고 거대한 공동체에 직접민주주의를 알맞게 내놓았다. 동물의 세계를 빼고 거만불손한 자들은 지식층의 무리보다 언제나 더 많다. 특히 유럽에서는 자기 문화의 우월성을 자랑하는데, 그래서 유럽 정치는 제 기능을 발휘하지 못하며, 시민들은 유럽 공동체와 한 덩어리가 되기보다는 각자 자기 나라에 대한 특별한 이해와 관심을 더 중요하게 여긴다. 그러므로 정치가가 각종 안건 제출을 자기 선거구민의 눈치를 봐가며 하기 때문에 유럽 공동체는 계속할 만한 프로젝트가 못 된다. 유럽 공동체의 국민 대표로 있던 나의 책임을 4년으로 단념한 많은 근거가 여기에 있다. 이제 나도 나이가 많다. 유럽의 많은 젊은 세대가 하나로 유대를 이룰 때 그리고 그 밖에 여러 가지를 통합할 때만 유럽은 하나의 공동체로서 올바른 선택이 될 것이다.

나는 직업 정치인이 될 생각은 추호도 없었다. 다만 국민의 대표로서 일하는 것을 인정받고 싶었을 뿐이다. 나는 의회 밖에서도 정신적 유럽 공동체를 제안할 수 있었으며, 그것은 의회보다 오히려 해볼 만했다. 하지만 그러기에는 시간이 너무 없었다. 2004년에 의원직이 끝나자 나는 바로 고비 사막으로 떠났다. 그리하여 2,000킬로미터를 뚫고 나가며, 황폐한 무無의 현실을 눈앞에서 보았다. 나는 날씨가 너무 뜨거우면 그늘을 찾아 해가 지기를 기다렸다. 그리고 다시 어스름 속으로 전진했다. 그곳에는 아무런 규칙도 없었고, 오로지 내가 정한 목표만이 존재했다. 그것은 고비 사막 서쪽 끝에 도착하는 것이었다. 문제가 생기면 스스로 해결했다. 나는 내가 갖고 있는 얼마 안 되는 도구들을 어떻게 다루어야 하는지 알고 있었고, 또 그런 도구들은 큰 문제를 일으키지 않았다. 유럽에서 내가 무언가를 필요로 했을 때와는 무척 다른 방식이었다.

고비 사막에서 나는 나 자신과 대화했다. 우리가 사는 도시에서는 대화의 상대로 사람이 있지만, 그곳은 다르다. 나는 그런 대화는 잊어버리고 오직 말없이 나 자신을 대했다.

많은 몽고인들은 마지막에 사막으로 돌아간다. 그들은 유목민으로, 무명의 시민으로 살아간다. 나도 그들도 그동안 무슨 일이든지 스스로 결정하며 살아왔다. 나는 그들과 함께 유르트Yurt(유목민의 원형 천막)에 있으면서 언제나 손님대접을 받았고, 필요한 정보도 얻었다. 그들은 내가 계속 걸어갈 수 있도록 도와주었다. 도중에는 병원도 학교도 관청도 없었다. 그러나 그들의 천막에는 온기溫氣와 식량과 무기가 있었다. 나는 전등이나 화장실, 수돗물이나 가스스토브 없이 그들과 똑같이 살았다. 당연한 일이다. 가족들과 사는 것은 민주주의를 모범으로 삼는 것이다. 그런데 그것의 가능성 여부를 떠나, 나는 건전한 인간에 대한 이해란 옳고 그름을 구별하는 데 있다고 생각한다.

오늘날 고대유적은 계속 사라지고 있다. 나는 이런 모래투성이 황무지의 사람들에게 신뢰가 간다. 유럽 공동체에 속해있는 수많은 사람들보다 나는 그들에게 더 친밀감을 느낀다.

나는 내 아이디어를 행동에 옮기고, 무엇인가를 창조하며, 그런 이야기를 나누는 것을 좋아한다. 그리고 그 일에 전력을 쏟고 싶다. 이때 나는 누군가에게 끌려 다니면서 내가 하는 일에 방해받고 싶지 않다. 그래서 나는 정치에서 물러나지 않을 수 없었다.

5 아름다움

내가 기억하기로는 아름다움과 행복은 이따금 색채로 나타나고 멜로디와 감정으로 정착하는데, 이때의 아름다움은 뭐라고 표현할 수 없다. 행복 역시 직관, 즉 본능에 속한다. 우리의 미적 감각은 당연히 미적 관념에서 오며, 그것은 예술의 추세, 시대와 장소 그리고 생활공간 등으로 정해진다. 아름다움은 인간의 진보로도 연출할 수 없다. 뮌헨의 10월 축제에 갑자기 가죽바지 차림을 한 청년이 나타나 눈길을 끈 적이 있다. 그는 뇌조雷鳥의 교미 흉내를 내며 남 티롤 슈날스Schnals 계곡 지방의 닭놀이 같은 연출을 했다. 하지만 그렇게 해서 되는 일이 아니다. 자연에서 감탄하는 일이 그런 놀이보다 오히려 더 매력이 있지 않을까?

바위 위에 기형적으로 자란 나무, 자연 그대로 흐르는 강물, 눈의 결정체를 뿌리며 부는 바람에 나는 발걸음을 늦춘다. 첩첩이 싸인 능선의 실루엣이 빚어내는 푸른 색조는 나의 마음을 즐겁게 한다. 그 순간 나는 생활의 보람을 느낀다. 나의 두 손으로 지은 농가 역시 그렇다. 그곳에서 나는 숲으로 가고 산도 넘었는데, 이 모든 것이 이미 조화로움이었다. 나는 그곳에서 사계절을 특별한 색조와 모습, 소리와 내음과 함께 살았다. 물론 겨울에는 그런 생활에서 멀어진다.

1999년 **2**월 **20**일, 한겨울이었는데 나는 하르츠 산맥의 브로켄 정상에 서있었다. 발밑으로 가문비나무 숲과 얼어붙은 툰드라 지대가 이제 막 솟아오르고 있는 태양에 빛나고 있었다. 나는 혼자였는데 아무데도 마녀는 없었다. **1**미터나 쌓인 부드러운 눈의 결정체가 반짝였다. 주위는 적막 그대로였다. 모두 얼어붙은 듯했다. 이 얼마나 아름다운 광경인가!

보데 계곡으로 내려왔을 때 사람들은 혹시 산 정상에 마녀들이 춤을 추다 날아간 무대가 없었는지 물었다. 물론 그곳에는 아무것도 없었다. 그때 갑자기 뒤에서 어떤 그림자가 나타나서 나를 불렀다. 나는 잠시 뒤돌아보았다. 나이 든 사람이었다. 그는 가볍게 춤추듯 하더니 다시 한 번 나에게 말했다. "나는 베노다. 브로켄의 베노." 그리고 사라졌다. 바람인가, 눈인가? 아니면 비라도 왔단 말인가? 그것도 아니라면 햇빛인가? 베노는 달리고 또 달리고 달려서 어느 날 브로켄 정상에서 사라졌다. 내가 밑에 내려와 들은 이야기다. 브로켄은 500미터 높이에 12킬로미터의 산책로가 있어 사람들이 매일같이 그 길을 달린다.

베노Benno는 이상한 동물도 마녀도 아니다. 그는 생의 희열이며 에너지고 지혜다. 베노는 자신의 행복을 새로운 목표나 세계 오지에 있는 산에서 찾으려 하지 않는다. 그는 그것을 자신 안에서 구한다. 베노는 인간이 생의 모든 역경을 이겨내지 못한다는 것도 잘 알고 있다. 그는 자기의 생활환경을 남들과 비교하지 않으며, 거기서 도망치지도 않고, 빠르게도 자주도 가지 않지만 하루에 한 번 브로켄에 오른다.

베노의 인간성은 깊은 자기 이해와 만족에 있으며, 그의 걸음은 언제나 일정하다. 이런 그의 산행은 아름답다. 그리고 언제나 자신의 심장이 뛰는 리듬에 맞추어 달린다.

여기 베노를 닮은 아름다운 등반가가 있는데, 갈렌 로웰Galen Rowell이 바로 그다. 그는 요세미티 출신의 클라이머로 수많은 초등에 참가했고, 여행가로 사람의 주목을 받은 산악 사진작가였다. 그는 대자연을 좋아했다. 그는 뛰어난 알피니스트며 카메라맨으로 추종자들이 많았다. 그는 사진을 통해 사람들에게 산을 자연의 값진 보화로 설명하고 있다. 그는 세계의 산을 찍으며 산의 아름다움을 포착해, 그 분위기를 사진에 담는 데 성공했다. 마치 사진 속의 자연 — 카라코람이나, 요세미티 또는 시에라네바다 — 이 언제나 그 자리에 그대로 있는 것처럼.

요세미티의 개척자 중 한 명인 로웰은 많은 등반에 참가하고 난 뒤 여행에 관심을 가졌다. 그리하여 그는 1972년 전문적인 '아웃도어 사진작가'가 됐다. 포탈라 궁전 지붕 위에 걸린 무지개는 그가 라싸의 티베트 고원에서 찍은 것인데, 이 사진으로 아름다움에 대한 그의 예술은 확고하게 자리 잡았다.

로웰은 생의 대부분을 숭고한 산에서 보냈으며, 결국 마지막 생도 산에서 비극적으로 마쳤다. 아내와 함께 탄 경비행기가 알래스카에서 미국으로 돌아가다 추락한 것이다. 사진작가로 광야에서 인간의 행복을 표현한 로웰은 생활 예술의 모토로 이런 말을 유언처럼 남겼다. "발자취를 남기지 않고, 행복한 기억과 좋은 사진을 집으로 가져가고 싶다."

5 예술

나에게는 한가한 날이 없었다. 나는 계속 나의 길을 바꾸었다. 암벽등반에서 고산등반으로, 또 한계 도전자로 그리고 갑자기 빙원과 사막으로.

나는 항상 다른 것에 마음이 끌려 무엇인가 새로운 것을 찾았다. 그리하여 끝내는 사막에 몸을 던지고 수평적 모험을 감행했다. 중앙 사하라 사막에서 카라반을 했고, 가난한 유목민들과 함께 고비 사막을 갔다. 또한 석기시대의 사냥꾼들과 뉴기니의 고원지대도 돌아다녔다. 그들을 이해하려는 것이 아니라, 그들과 함께 걸으면서 그들이 사는 모습을 있는 그대로 보고 그 세계를 체험하고 싶었다. 이리하여 많은 전설이 전설 아닌 현실로 나타났는데, 그 현실이 정상이기도 했고 평범하기도 했다. 하지만 오늘날 이런 황무지도 모두 없어졌다. 대부분 문명의 영향을 받아 카오스 상태를 벗어났고, 여행의 대상지가 되어 내일은 어떻게 변할지 아무도 알 수 없는 상황이 됐다.

이제 이 황무지들은 모험의 무대가 아니라 체험의 공간이 됐다. 비판적인 여행자들은 신화도 믿지 않고 머리에 담아두려고도 하지 않는다.

그 옛날 원주민들에게 악마의 땅이었던 곳이 오늘날에는 단체 여행지가 됐다. 그들이 삶의 근거지로 삼았던 광활한 대자연이, 그리하여 숭고한 감정에 사로잡혔던 곳이 자신의 생각대로 이 대자연에 도전하는 사람들에게는 낭만조차 찾을 수 없는 곳이 됐다. 신비한 세계는 이제 어디에도 없다. 장엄이나 숭고는 오직 태도의 문제가 되었다. 클라이네 샤이덱Kleinen Scheidegg에서는 아이거 북벽이 장엄하게 보이겠지만 낙석 세례를 받는 '거미' 밑에서는 앞으로 오를 루트를 살피는 도전자를 소름끼치게 하며, 장엄한 감정을 위축시킨다. 이때 우리는 불안과 공포에 사로잡힌다.

한계 도전자가 나설 무대가 없다고 주장하는 것은 괜한 말이다. 사실 사정은 다르며, 어떻든 간에 가장 적은 수의 '모험가'가 대자연 황무지를 찾아나서는 것은 좋은 일이다. 모험이 미디어를 통해 날로 늘어나고, 또한 그것으로 끝나는 것이 오늘날의 현실이다. 대다수의 '대자연 도전자'에게 끌리는 곳은 이미 다른 사람들이 갔던 곳이다. 이전의 황무지가 이제는 사회·

경제적 기반으로 변했기 때문이다. 다만 불가능에 자신의 몸을 내던진 사람들이 나와 같은 사람들이다. 이들은 실패를 예감하면서도 이미 나있는 길을 피했다. 연대기에 기록된 이들의 모험은 나의 흥미를 끌었다. 이들의 행위는 세계적인 현상이며 등산의 절대적인 분야다. 나는 그것을 전통적·모험적 알피니즘이라고 부른다.

오늘날 나는 산에서의 행동보다는 명상으로 더 많은 시간을 보내고 있다. 나는 마치 박물관의 유물 이야기를 하는 것처럼 사람과 산의 관계를 이야기한다. 이때 나는 무엇보다도 구교의 성유물聖遺物이나 다름없는 예술을 인용하는데, 그렇게 해서 정서를 전달하려는 것이다. 나는 이것을 우선으로 삼았다.

1968년 빈Wein의 아흔이 넘은 노파가 파울 프로이스(1913년 추락사)의 등반용 해머를 나에게 주었다. 그것은 1911년에 천재적 등반가 프로이스가 '내 작은 피켈'이라고 불렀던 장비였다. 아마도 파울 프로이스가 젊어서 사랑했던 에미 아이젠버그Emmy Eisenberg가 그와 비슷한 사상을 갖고 있는 등반가에게 유품을 전달하려 했던 것 같다.

그녀는 "불가능과 싸우다 갔다"라는 나의 글에서 나의 행동이 자기 친구의 비전과 많이 닮았다는 것을 알고, 프로이스의 해머를 넘겨주었다. 이것은 해머를 유품으로 보관해, 프로이스의 계승자들이 전통적인 등반을 계속 이어나가도록 하려는 것이었다. 남 티롤 가더 계곡과 푸스터 계곡 사이에 있는 크론플라츠Kronplatz의 메스너 산악박물관MMM Crones에는 2014년 이래 이 주제가 채택됐다.

내가 산에 대해 이야기하려고 할 때 제일 먼저 생각나는 것은 아무래도 등산이란 육체적인 경험이라는 것이다. 따라서 나는 내 경험에 비추어 이야기를 하게 된다. 이런 육체적 경험을 이야기할 때 비로소 산이 무엇인지 알 수 있다. 나는 등반의 의도나 배경에 대해 옳고 그름을 말하고자 하는 것이 아니다. 교육적인 의도는 전혀 없고, 오직 산과 인간의 본질을 이야기하려는 것일 뿐이다. 이때 도움이 되는 것이 예술, 특히 내가 살면서 수집해온 유물과 타인의 명언이다. 나는 산악계 내·외부 사이에 친밀한 분위기를 만들어내고 싶었다. 전체적으로 보면 남 티롤 지역 전체를 만남의 광장으로 만들고자 한 것이다. 그리하여 바위와 얼음, 의식 행사장, 산악지대 농부의 세계와 대암벽 등 전체 분위기를 한데 담을 수 있는 지역으로 만들고 싶었다. 지그문츠크론 성Sigmundskron Castle에 있는 메스너 산악박물관에서는 보첸 시가가 내려다보이고, 그 너머로 리트너호른과 텍셀 산군, 슐레른이 남 티롤을 '산악지대'로 만드는 일종의 무대장치 역할을 하고 있다. 바위 이야기는 돌로미테, 얼음은 오틀러, 의식 행사장은 유발의 외치스를 말한다. 가옥 여섯 채가 있는 곳은 전시된 예술작품 이상의 가치를 발휘해서 방문객들의 정서를 고양시킨다. 그림이란 많은 관심을 끄는 것 이상의 가치가 있다.

나는 교양이나 스포츠를 위한 장소를 만들 생각은 없다. 내가 중요하게 여기는 것은 등산의 본질이며 인간의 본성이다. 내 박물관은 산과 같아서 놀라운 일로 가득 차있다. 박물관의 공간을 어떤 선입관도 없이 돌아보고 체험하고 음미하는 사람은 거기서 사람과 산을 만나게 된다.

우리는 산을 바라보며 무엇을 느낄까? 산은 무엇을 나타낸다고 생각할까? 그리고 우리는 나의 성스러운 유물들인 장비에 유명 등반가가 쏟았던 온갖 정서에서 무엇을 얻을 수 있을까? 수십 년, 아니 수백 년이 지나도 그 소유자가 한때 간직했던 정신은 그 속에 그대로 남아있다. 천년이 지나도 그때 있었던 일들을 아이거, 마터호른 그리고 에베레스트에서 그랬듯이 설명할 수 있을 것이다.

전기로 작용하는 물건들, 이를 테면 비디오 시설과 조명기구, 터치스크린들은 이런 환경에서는 하나의 방해물이 될지도 모른다. 그래서 이런 정보 도구는 없다. 예술작품은 본연의 양식일 때 비로소 힘을 발휘한다. 그리고 그 작용은 서서히 감동을 준다. 박물관을 찾아가서 예술작품들이 나타내는 것을 느끼는 것이 중요하다. 자연의 아름다움을 체험하는 것이 예술의 도움으로 이루어질 수 있어, 나는 많은 관심을 가질 수밖에 없다. 감정은 지식보다 중요하다. 그래서 나는 획일적인 시각과 고정된 사고방식을 배척한다. 등산의 역사와 그 주요 문제점을 보는 시각은 탐방자의 수만큼이나 많다. 나는 산악계 안팎이 예술과 자연을 함께 반영했으면 좋겠다. 산의 신화는 산이 계몽되지 않아야만 풀릴 수 있다. 그것은 예술에 설명이 필요 없는 것과 같다. 산악박물관의 꿈도 한때 내가 원정을 계획했을 때처럼 15년이 지나서야 그 실현을 보게 됐다.

내가 왜 이런 일들을 할까? 젊었을 때 문턱이 닳도록 산을 오르내리면서 나는 산에 대해 이런 식으로 관찰을 할 여유가 없었다. 그런데 오랜 세월 죽음과 싸워오면서 나는 산에서 보아왔던 등반의 본질 그 이상의 것을 모두에게 나누어주고 싶었다. 그래서 이 일을 위해 무엇인가 하지 않을 수 없었다. 나는 몸이 건강할 때 틀을 잡고 여기에 몰두해서 내 계획을 성공시키고자 했다. 무엇을 남기고 어떤 일을 창출하려는 것이 아니라, 나의 삶을 더욱 뜻있게 하고 싶었다.

나는 하나의 생명을 앞으로만 계속 끌고 갔다. 나는 한 걸음 한 걸음 걸어가며 자세히 파고들고 시야를 넓혀가며 점점 불확실 속으로 들어갔다. 그것은 언제나 꿈의 세계였다. 그런데 다행히도 그 길을 제대로 갔다. 결국 나는 대담하고 파격적인 일을 해냈으며, 남보다 용기 있고 강하지는 못했지만 실패하지는 않았다. 나는 겨우 감당할 수 있는 능력을 가졌을 뿐이다. 나는 심장 수술을 받기도 했다. 또한 나의 시간이 멈췄을 때도 있었다. 그러나 나는 그때마다 일어섰다. 가다가 누워도 결코 중단하지 않았다. 나는 언제나 꿈을 꾸었고, 그 꿈을 포기하지 않았다.

나는 머리는 구름 속에, 발은 땅에 디디고 죽음을 쳐다보았다. 그러면서 나의 목표와 하나가 되려고 했다. 나의 손재주, 음성과 언어가 예술작품을 만들어낼 능력이 없어도, 나는 살아남는 기술만은 잘 알고 있었다. 나는 어디로 가든지 나의 발로 갔다. 산악박물관으로 가는 길도 마찬가지였다.

5 신

나는 산과 빙원과 사막에서 몇 달씩 있기도 하면서 20년 이상을 대자연 속에서 살아왔다. 하지만 신神을 가까이한 적은 없다. 이렇게 스스로 고독 속에 살면서 용기를 잃기도 했지만, 산의 정상과 빙하와 사막 등, 모든 자연현상에는 그 모습 외에 아무것도 없었다. 먼 곳을 동경하는 낭만주의자들에게 꽃은 피어있을 때만 아름답다. 그런데 나는 앞으로 200년 후와 8,000미터 고소라는 두 차원을 인식하며 거기서 벗어나지 못하고 있다.

나는 신을 믿거나 머릿속에 그리며 대자연과 대하지 않았다. 나의 여행은 성지순례도, 명상도 아니고, 오직 생존 가능성의 한계에서 살아남으려 한 것이었다. 죽음과 싸우는 것은 죽지 않기 위해서다. 이때 호기심은 모두 사라진다. 살아남는 것은 기도로 이루어질 만큼 간단하지 않다. 이 세상은 신앙으로 좋아지는 것이 아니다. 사람이 자연환경에 맞춰 사는 것이 중요하다.

그리스인들은 그런 일을 간단하게 해냈다. 그들은 신들을 올림포스 산으로 추방하고, 제우스를 정상에 모신 후 그 아래에 거대한 문화를 창조했다. 그것은 인간의 힘과 정신으로 가능했다. 나는 이 산에 청금색 영기靈氣가 감돌던 학창시절의 기억을 잊지 못하고, 천 년 동안 뜨거운 햇볕이 내리쬐고 있는 올림포스 산을 올라갔다. 영원한 '제우스의 옥좌'를 세속화하는 케이블카 설치 계획에 항거하기 위해서였다. 그런데 오르고 보니 '고대 세계 살리기'라고 하던 구호 속에 신들이 살던 산의 장엄함은 어디에서도 찾아볼 수 없었다. 어슴푸레한 잿빛 정상은 사람들로 소란스러웠다. 하늘빛은 보이지 않고, 여름 공기만 어리어리했다. 신의 실종을 그리워하는 분위기가 아니었다.

그 신비한 세계의 제우스 옥좌에는 1921년 마르셀 쿠르츠Marcel Kurz가 첫 발을 내디뎠지만, 나는 더 이상 그 옥좌에 순수한 마음으로 오를 수 없었다. 100년 사이에 모든 것이 변했다. 그 정상에는 이제 신이 없었다. 고대 그리스 신들의 고향으로 가는 길은 현대인인 우리에게는 별것 아닌 길이 되고 말았다. 올림포스나 그 밖의 다른 봉우리들의 생김새는 이제 더 이상 창조 전의 경이로움을 우리에게 주지 못하고 있다. 그것은 우리가 모든 자연의 신들을 간단히 물리쳤기 때문이다. 신들은 고작해야 기상을 조작할 뿐이다. 그러므로 신에게 접근하려면 인간 세계로 내려와야 한다. 테살로니키Thessaloniki에는 과거와 현재가 기묘하게 공존하고 있다. 초고층 건물 사이에 동로마 초기부터 내려오는 작은 교회가 있는가 하면, 멀리 올림포스 산을 배경으로 불빛 찬란한 항구가 눈부시다. 현지인들의 친절과 그 지방의 아름다움 속에 내가 있다는 생각이 강렬할 뿐, 나 같은 모험가가 잠시 거쳐 가며 오디세우스를 생각해본들 거기서 오는 감동은 별로 없다.

아토스Athos 산은 전혀 달랐다. 찾아오는 사람이 하루에 10명 정도밖에 되지 않았는데, 그들은 수도원에 머물기를 좋아했다. 성스러운 장소의 세속화를 사전에 경계한 덕분이다. 전통 신앙답게 바위 위에 수도원이 있는 메테오Meteora라도 그런 곳이다. 그 수도원은 오르기 힘든 바위 위에 있다. 신과 인간 사이에 자연이 장애물을 만든 셈이다. 이에 대해 괴테는 "자연이 신을 보호한다. 그러나 모든 신을 다 그렇게 하지는 않는다."라고 했다. 무슨 말인지 분명하다. 이 세상에 알려진 모든 신들은 인간의 상상력으로 만들어진 것이다. 저 세상의 신은 우리가 그 이름도 힘도 모른다. 그래서 가능성을 찾는 사람으로서 나는 신을 나의 세계에 그대로 남겨두고 있다. 그러나 옛날 신들은 나에게 필요하지 않다. 따라서 그립지도 않다.

나는 종교적으로 지나치게 절망에 빠지지도 동경하지도 않고, 무엇보다도 한계상황에서 균형감각을 찾았다. 가끔이라도 비참하고 불합리한 행위를 하지도 않았다. 일반적인 전술을 행한 어리석은 자는 더욱 아니었다. 지금 나는 다시 태어난 기분이다. 이것은 인간이 한계적인 존재라는 이야기며, 그래서 사람들은 신적인 것을 인정하게 된다. 인간은 불행한 동물로, 무서운 허공이나 화이트아웃 속에서 신이 없어도 생의 소중함을 알게 된다. 그때 인간은 자신의 어리석음을 깨달아야겠다는 것을 알며, 극한상황에서 벗어나면 이제 살았다는 기분으로 돌아간다. 그리하여 제 길을 찾아 새로운 꿈을 갖고 성공적인 등정에 이르기까지는 저 환상적인 신의 단계만큼이나 멀다.

나는 얼마나 많이 죽음의 문제와 부딪쳤는지 모르는데, 그것은 내 안에서 해결이 되지 않았다. 그렇다고 생을 위협하는 곳에서 의미를 찾기 위해 머리를 깰 수는 없는 노릇이다. 이때 나에게 필요한 것은 신을 찾는 일이 아니다. 내가 생존하는 데는 내가 있으면 그만이다. 나는 지금까지 살아오며 여러 가지 변화를 겪었지만, 살아남겠다는 생각은 언제나 변하지 않았다. 그렇다면 언제나 내 안에서 반복되면서 나에게 불안과 의미를 안겨주는 것은 도대체 무엇일까? 언제나처럼 인간 속에 있는 신적인 것일까? 아니면, 만족을 모르는 생의 욕망일까? 나는 그렇게 보지 않는다. 바로 우리가 한계적인 존재이기 때문이다. 혹여 우리가 영원·만능의 존재라 하더라도 우리는 언제나 만족을 모를 것이다.

5 6789012 34
등반 스타일

산을 오를 때 등반 스타일은 아무런 역할을 하지 못한다. 선구자들은 그냥 산에 올랐다. 초등인 경우에도 그랬다. 스타일이란 '가능한가, 불가능한가'라는 의문 외에 그 방법과 환경까지 고려할 때의 이야기다. 나는 알피니즘이란 아무 기록도 없이 지도에 남아있는 공백을 탐사하는 것으로 여겼다. 이것은 스포츠도 아니고, 더군다나 예술적 자기표현도 아니다. 그래서 나는 내가 성장한 돌로미테의 암벽에서 하켄 없이 자유등반으로 오를 수 있는 온갖 루트를 찾아다녔다. 그러다 보니 내 스타일이 굳어졌다.

1970년 고소 등반가가 되기로 결심하면서 — 발가락 절단 수술로 인해 — 나의 과제들을 적어놓은 노트에는 아직도 50개의 메모가 남아있었다. 모두가 알프스의 루트들이었다. 암벽 등반 루트는 정상까지 이어지는 것이 중요하다. 아이디어와 실제 등반이 하나여야 한다는 이야기다. 그 뒤 가엾게도 나는 이런 것들을 단념할 수밖에 없었다. 아무런 보상도 없이 내 스타일에서 벗어나야 했기 때문이다.

로열 로빈스Royal Robbins를 비롯한 1960년대 미국 클라이머들에게도 암벽등반에서 스타일은 중요한 기준이었다. 그때 '클린clean'이라는 것이 등반의 가치를 정하는 척도였다. 로열 로빈스는 20세기 후반의 가장 영향력 있는 클라이머 중 한 사람이었으며, 그는 이본 취나드Yvon Chouinard와 함께 요세미티의 '클린' 등반을 유산으로 남겼다. 바위에 상처를 내지 말고, 보조적인 인공장비를 쓰지 말자는 것이 그들의 주장이었다. 그들의 시대에 요세미티 등반은 하나의 독특한 등반 스타일이었으며, 그것이 세계에 당연한 것으로 알려지자 효과가 컸다. 하켄도 임시 확보용 장비나 슬링도 그리고 뒤에 가서는 프렌드까지도 등반 스타일로 인정하지 않았다. 성장하는 산악계의 철학이었다. 그 시작은 로열 로빈스가 이룬 하나의 창조적인 업적이었으며, '그림이나 노래' 같은 것이었다. 따라서 이것을 되풀이하면서 시간을 낭비해서는 안 된다. 등반에 종합 예술의 선구자로 등장했던 볼트 하켄은 자연의 침입자가 됐다. 이상적인 등반 루트를 찾는 것은 창조적인 행위며, 무엇보다도 자연을 소중히 여기는 일이다. 로열 로빈스는 이렇게 말했다. "크랙이든 어디든 바위에 박은 하켄은 시詩에서 한두 개의 단어가 구성 전체를 바꾸는 것과도 같다."

로열 로빈스는 요세미티 스타일의 상징적인 인물이었으며, 바로 등반 — 그의 등반은 혼자 밀어붙이는 것이었는데 — 의 척도가 됐다. 또한 그와 반대로 오늘날에는 요세미티 스타일이 고산 원정등반 스타일이 되어 다시 각광받고 있다. 고전적 빅월 루트인 하프돔의 '북서벽' 루트와 엘 캐피탄의 '살라테 월', '노스 아메리카 월' 루트 등에 구축된 그의 신념은 등반 발전에 커다란 영향 — 특히 미국에 — 을 미쳤다. 그는 1968년 단독으로 엘 캐피탄의 '뮤어 월'을 오르고, 캐나다와 유럽에서 신루트를 개척하면서 자기 스타일을 과시해, 이것이 현대 등반의 사조가 되었다.

현대 등반의 또 다른 현상은 슬로베니아 출신의 마르코 프레젤Marco Prezelj로부터 시작됐다. 그는 구세대에 속하는 알피니스트인데, 그의 등반 스타일도 큰 역할을 했다. 그는 산에 가는 동기를 자기 의무의 실현이며, 불가능을 알파인 스타일로 해내는 것이라고 주장했다.

1980년대 말 그는 '전문적인 아마추어'로 대담한 루트를 찾아다녔다. 그때 그는 롤왈링 히말의 멘룽체Menlungtse를 안드레이 스트렘펠Andrej Štremfelj과 함께 올랐고, 칸첸중가에서는 보리스 로렌치치Boris Lorencic와 짝이 되어 초몰하리Chomo Lhari 북서릉을 해냈다. 이런 성과들이 그로서는 만족스럽지 못했지만 "명성이란 홍보매체가 세워놓은 함정이며, 자기만족에 빠진 자는 그 함정에서 허우적거리다 재빨리 주머니를 털린다."라고 말했다. 스타일은 극한으로 가면 깨달음을 준다. 그의 루트는 환상적이며, 그의 등반 스타일은 앨버트 머메리나 발터 보나티를 닮아서 기성 알피니즘을 인정하지 않았다. 그리하여 그는 '모험이란 결정적인 길을 찾아가는 과정'이라는 것을 깨달았다. "계획을 하는 동안에는 의혹과 불확실성이 따라다니며, 그것이 본질이다. 일단 해보면 자신의 능력을 알게 되며, 여기에 열정과 고민이 있다. 결과를 미리 알려는 것은 전혀 다른 이야기로 재미도 없다." 결국은 축하할 것도 유감스러운 것도 없다는 이야기다. 프레젤은 자신의 세련된 알피니즘을 알래스카 디날리 남서벽의 '경쾌한 여행자Light Traveler'에서 과시했다. 그는 미국 스노보드 전문가인 스티븐 코치와 함께 고도 2,000미터의 혼합 루트를 사전 정찰 없이 자유등반으로 올랐다. 51시간이 걸린 등반이었다. 완전히 지친 채 서로 확보해가며 밤을 지새웠는데, 마르코는 그 뒤 회복에 꼬박 한 달이 걸렸다. 이것은 알피니스트뿐만 아니라 예술이나 철학에 흥미를 가진 사람에게도 해당되는 이야기다. 그런 의미에서 마르코 프레젤은 산의 예술가다. 그의 등반 스타일은 남들이 흉내 낼 수 없을 정도로 독특하다.

나 또한 얼마나 자주 알래스카나 히말라야에 가서 그곳의 산을 알려 하고, 거센 바람을 맛보며 산정 높은 곳에서 하늘을 바라보곤 했던가. 그러나 진심으로 감동받는 일은 드물었다. 하지만 초등을 이룬 후 하산해서 나의 등반 루트를 찾아, 머릿속에서 스타일을 그리면서 산을 올려다보는 그 행복은 무엇에도 비견할 수 없다. 이때 나는 모든 근심과 걱정을 버리고 나 자신에 만족하며, 그것을 스스로 자랑한다. 다른 구실이나 변명이 필요 없다. 사실이 그렇다.

나는 등반가를 스타일로 판단하며 결코 명성이나 기록, 또는 등반 횟수 등으로 평가하지 않는다. 그가 해낸 모험의 종류와 내용은 훗날 등산역사에 남는다. 나는 과거에 '정당한 방법으로by fair means'라는 철학에서 영향을 받았지만, 현재도 '3A TRADITIONAL, ADVENTURE, ALPINISM'의 사상을 갖고 나의 산악박물관을 남 티롤 크론플라츠에서 추진하고 있다. 이곳은 '왕관Crones'이라 불리는데, 나는 이 당당한 규율을 모험적 알피니즘에 바치고 싶다.

5 스캔들 5

나는 한계에 도전할 때마다 엄청난 시련에 부딪친다. 거기서 살아 돌아올 가능성은 항상 희박하다. 목표를 추구하기도 쉽지 않고, 곤궁에 빠졌을 때 스스로의 힘으로 살지 못하면 죽음밖에 없다. 이런 나의 행위는 언론매체를 통해 많은 사람들의 분노를 샀다. 실패를 했을 때는 특히 더하다. 내 파트너가 친절하게 대우받지 못했을 경우에는, 그에 대한 동정으로 나의 야심에 비난이 일기도 한다. 이래서 나는 스캔들의 자료가 많다. 억측과 '폭로'와 비난이 언제나 새로 포장된다. 오늘날까지 산에서 일어난 일들은 공개적으로 밝혀져야 하는데도 피상적으로만 드러나는 경우가 많다. 그러나 이런 경우 상대적으로 높은 성취를 이룩한 사람이 오히려 나락으로 떨어지기도 한다.

등산에서 일어나는 스캔들은 대부분 거짓 정보 제공을 통해 일어난다. 정보 제공자는 사실을 밝히지 않은 채 그 내용을 사람들이 믿게끔 속인다. 또한 후에 사실이 밝혀지지 않도록 은

폐한다. 오늘날 언론에 숨은 익명의 거짓 정보 제공자는 처벌을 피할 수 있어, 새로운 소문만 늘어난다. 즉 밖에서 몰래 공격을 일삼는 것이 가능하다. 이런 정보 제공자는 자신의 신의나 생명에는 하등 지장이 없으며, 그 정보가 후에 새빨간 거짓으로 판명 나도 마찬가지다. 그러나 이렇게 해서 불신을 당하게 된 사람은 이에 저항할 때만 그 '스캔들'에서 벗어날 기회를 얻는다. 그러다가 진실이 드러나면 그때서야 '진실'을 위해 싸워온 사람이 관심과 신의를 얻게 된다. 이것도 진실이 그들의 관심에 호응했을 때의 이야기다. 거짓 정보 제공자들에게는 좋은 일감을 주고, 희생자에게는 쓰라린 경험을 안겨주는 것이 '스캔들'이다.

우리 한계 도전자들은 행동에 나설 때 바로 그 자리에서 의논하고 결정한다. 이런 결정은 뒤로 미룰 수 없으며, 자일파티 간에 서로 미리 말을 하지 않았더라도, 함께 책임져야 한다. 설사 뒤에 가서 그들이 겪은 일을 똑같은 시각으로 보더라도 그렇다. 그러나 문명사회에는 대자연 황무지에서와는 다른 법칙이 있기 때문에 이 두 세계가 서로 융합하기를 바라는 것은 의미가 없다. 그것은 산을 모르는 사람의 바람일 뿐이다. 그들에게는 자신의 신조를 공개하는 용기가 필요하다. 사람은 비방을 당하고, 불신을 당하고, 마침내 상처를 입는 일에 나서려 하지 않으며, 대체로 자기 계열과의 연대도 생각하지 않는다. 거짓 정보는 대부분 어느 일에 대한 집단적 쾌감의 작용이며 거의 근거가 없다. 그리고 성공적인 결과가 질투라는 공격의 표적이 된다. 특히 용기 있는 사람은 이런 경우 희생만 당할 뿐이다. 어빈 슈나이더Erwin Schneider, 프리츠 비스너Fritz Wiessner 그리고 발터 보나티Walter Bonatti 등이 좋은 예다.

비스마르크가 말하는 '자기 신조를 공개하는 용기civil courage'는 훈련되지 않은 용맹 따위와는 다르다. 소방관이나 경찰관은 사고에 투입될 때 위험에 대한 준비가 되어있다는 것을 보여준다. 그것은 직무다. 그들은 정해진 조직 내에서 단체에 대한 복종을 전제로, 엄격한 행동지침을 따른다. 주저도 없다. 그러나 비스마르크의 말은 자기 책임으로 단체의 사고를 넘어 행동하는 것인데, 이때 이것은 전혀 다른 종류의 위험과 결부되어있다. 수적으로 우세한 집단을 상대로 횡포와 부당한 일에 대항하는 능력은 경탄할 일이지만, 대개의 경우 그것은 도발자의 '승리'로 끝나며, 자기 신조를 공개하는 용기는 실패한다. 나는 공정한 것을 따르려고 단단히 마음을 먹어도 부당한 것으로 되돌아가기 일쑤였다. 그리하여 여성 등반가 오은선에 대한 판결처럼 참을 수밖에 없다. 그리고 앞으로는 더 이상 이런 판결에 대해 에너지를 쏟을 생각이 없다. 나는 산악연맹의 세계에서 시민적 용기를 기대하지 않는다. 결국 중요한 것은 이 세상에서 벌어지는 일을 스스로 극복하는 것이다.

56 보복

2003년 초여름 뮌헨의 프라터 섬에 있는 독일 산악연맹 회관에서 두 종류의 서적 전시회가 열렸다. 이것은 그 저자와 연맹의 대표자들이 나를 곤란에 빠뜨리기 위해 여는 행사였다. 나는 연맹의 이런 주도를 사전에 경고하고, 그들이 계획하는 명예 훼손에 대해 지적했다. 그러나 그들은 말을 듣지 않았다. 나는 그 무렵 북극의 프란츠 요셉에 머물고 있어서 그것이 어떻게 진행되고 있는지 제대로 알 수 없었다. '보복의 천사', 즉 1970년 낭가파르바트 원정대원들과 독일 산악연맹 관계자들이 허위 사실을 퍼뜨리고, 그것을 정당화하려고 했다. 그러나 이에 대해 문제를 제기한 사람이 없어, 그것은 마치 중세의 '마녀사냥'처럼 지나가고 마는 듯했다. 완전한 거짓말의 눈사태가 나의 지명도를 박탈하고, 나를 달갑지 않은 인물로 낙인찍으려는 것이었다. 도덕적인 과오가 있다는 유죄 판결이었다. 그들은 내 동생의 비극을 '산악인의 스캔들'로 만들어 정치적으로 계속 이용하려 했다.

하지만 사회와 종교, 객관적이어야 할 기관이 연맹처럼 계속 나를 매도한다면 보복을 반박하고, 보복이라는 감정의 발휘를 자제하는 수밖에 없다. 그러나 프라터 섬에서는 왜 그런 음모가 일어났고, 무엇을 위한 것인지 알려는 사람이 아무도 없었다. 이 명예 훼손 기도는 독일 산악연맹의 작품이었다. 나는 후에 방어에 나섰지만 연맹은 오늘날까지도 그 방향을 시정하지 않고 있다.

그래서 나는 쓰라린 경험을 하는 수밖에 없었다. 또한 모험가들은 연맹이 시민의 양심으로 진실을 가려내도록 맡기는 의미에서 많은 것을 포기했다. 등반가들은 결코 산의 괴물이 아니다. 아주 평범하고 불안에 떨기도 하는 인간으로, 책임 있게 행동한다. 우리는 대자연 속에서 인간의 본성과 자연법칙을 따른다. 그 외에는 어떤 것에도 속박 받지 않는다. 대자연 속에서 우리의 행동은 국가적 통제에서 벗어나 있으므로 — 생사의 문제이기 때문에 — 우리는 생존본능을 따르고 스스로 책임진다. 이런 상황에서는 교회나 재판정에서 일반적으로 통하는 윤리가 생존본능으로 대체된다. 나 또한 아무리 내가 책임질 수 있는 한도 내에서 행동한다 하더라도 일반적인 윤리잣대를 들이대면 나의 행동들이 '비윤리적'이라는 것을 잘 알고 있다. 위기에 처한 파트너를 구할 때도 마찬가지다. 이것은 우리에게 너무나 당연하면서도 꼭 필요한 행동방식이다.

당시 나는 이와 맞설 수 없었다. 산악연맹 관계자들과 낭가파르바트 원정대원들 그리고 글을 쓴 사람들은 자신의 형제가 희생당하지 않았기 때문에 내 진실이 제대로 전달될 리 없었다. 그러나 나는 나의 믿음을 인정받고 싶었다. 뮌헨 프라터 섬의 모임은 달리 중요한 일이 없었기 때문이다. 하지만 연맹회관에서는 '좋은 사람들'이 그들의 보복 감정을 위해 이상하게 나왔다. 그들은 나의 신빙성을 말살하려고 온갖 억측과 허위 사실을 세상에 퍼뜨렸다. 그들은 발언자의 신용이 떨어지고, 그 발언 내용이 사실과 다르다는 것을 알고 있었다. 그런데 내가 처했던 산의 위험한 공간이 연맹 사람들과는 거리가 멀어, '비도덕적'이니, '있을 수 없는 일'이니 하며 나를 비난의 대상으로 삼았다. 그리고 아주 간단하게 내 이야기를 이것저것 섞은 다음 그럴듯하게 거짓말을 꾸며, '회고담'이라고 하면서 반론을 끄집어내려 했다. 이런 고약한 선전에 연맹이 나서서 광적으로 유도했으며, 사람들은 그런 스캔들에 박수갈채를 보냈다.

이렇게 한 무리가 되어 명예 훼손 기도를 하는 것에 대해, 그것이 설사 사법 당국이 하는 일이라 하더라도 나는 연맹 안에서는 맞서서 싸울 생각이 없다. 그 운동은 연맹에도 속하지 않은 어떤 기구가 벌이고 있는 것이 틀림없다. 그렇지 않다면 나에 대한 헛소문을 왜 깨끗하게 해명하지 못한다는 말인가?

나는 결국 100만 명이 넘는 회원을 가진 연맹의 막강한 힘과 허세를 일삼는 광기어린 자들과 맞설 기회가 없었다. 수많은 동조세력 덕분에 신빙성과 개인의 자유 활동공간이 점차 축소됐다. 동생의 시신이 발견되어 내가 그것을 루팔 벽 너머로 돌려보낼 수 없었다는 것이 분명히 증명됐을 때도 그들은 입을 다물지 않고 헛소문을 퍼뜨렸다. 여하튼 그들은 자신들은 이기고, 나는 사라지기를 바랐다. 그들은 내가 미워서 나에게 못되게 굴었다. 그런데 점차 그들은 거짓말이 드러나면서 신빙성을 잃어가고 있는 것을 느끼기 시작했다. 이런 그들에게서 내가 도움을 받은 것이 있었다면, 그것은 언제나 그들의 이기적인 생각에서 나온 것이다. 남의 것을 가로채는 것은 상당히 부정한 수단인데, 그들은 나의 불행을 위해 그런 일을 일삼았다. 나는 언제나 동생에 대해 책임의식을 느끼고 있다. 그런데도 그들은 명예 훼손을 통해 그것을 비난했다. 이때 피해자인 내가 항거하면 할수록 그들은 더욱 그것을 이용했다. 그래서 모든 비난을 잊어버리고 그들의 악의를 무시하며, 그들이 싸우겠다면 싸우도록 내버려두는 수밖에 없었다. 헛소문을 퍼뜨리고 돌아다니는 자들에게는 무관심이 최고의 방어다. 자신들의 거짓을 아무도 믿는 사람이 없게 되면, 그들은 자신들의 주장이 잘못이었다고 고백하지 않을 수 없게 될 것이다. 이런 논리를 뚫고 나가지 못한 것이 나의 불찰이며, 그들을 거짓말쟁이라고 알려주지 못한 것이 나의 실책이다.

성인이 된 이후로 나는 산악연맹과 어떤 관계를 맺으며 살고 싶은 생각이 없다. 나는 산에 대해서는 무정부주의자여서 연맹이 필요하지 않았고, 더욱이 산이 인간의 본성을 일깨워주어서 산에도 혼자 다녔지 남들과 무리지어 다니지 않았다. 연맹에 틀어박힌 채 마치 자기가 인간답게 사는 것으로 알고 있는 사람들이 있는데, 그들은 책임감이 없는 사람들이다. 연맹의 '복음서'에는 신뢰성이 암시되어 있지만, 동시에 위험성도 들어있다. 그리하여 낯선 세상을 동경하다 보니 산에 쓰레기를 버리는 집단들이 생긴다. 하지만 모험에서는 위험을 피할 길이 없으며, 자기 책임도 함께 따른다. 결국 이것이 산에서 배우는 독특한 인식이다. 한계 도전자는 획일성을 싫어하며, 집단적 성격이 이와 맞지 않아 집단행동 같은 것을 참지 못한다. 나는 연맹 같은 세계에서 벗어나, 예측 불가능한 것을 대변한다. 나는 나 자신에게 한걸음씩 다가가는 자유인이다.

책임질 일이 없는 연맹은 불행한 일이 일어나면 책임과 슬픔을 외면한다. 우리는 각자 자신의 기록이 있어야 하며, 자신의 배낭을 져야 한다. 우리는 자신의 꿈을 실현하다 불안해지면 그 일을 중단하고 뒤로 물러선다. 우리는 그것을 체험으로 안다. 그리고 우리는 행동에서 이기주의와 이타주의를 상대로 하지 않는다. 다른 사람에게 협조를 강요하는 것은 결국 이기적인 본능에서 온다. 이런 일은 어디에서도 있을 수 있다.

나는 성공과 절망이 아닌 상황에서 일련의 일들과 공동생활을 체험했다. 예를 들면 산장에서 무료한 시간을 보내는 것, 안개 속에서 그저 무사하기만을 바라는 것, 또는 여행을 함께 계획하는 것, 눈보라 속에서 죽지 않을까 공포에 떠는 것, 성공에 흥분하는 것 등이 그것이다. 모험에서는 주변을 살피며 온종일 정신을 집중하게 된다. 또는 앞뒤가 맞지 않는 말을 더듬거리고, 스스로 격려한다고 큰소리를 지르기도 한다. 정상에서는 의기충천해서 날뛰거나 "두 번 다시는 안 할 거야!"라고 내뱉기도 한다. 하지만 베이스캠프로 내려가면 또다시 미지의 대자연을 꿈꾼다.

그러나 산악연맹 관계자들은 자기들에게 이로운 일에 겁쟁이들을 시켜 마치 그들이 정관의 이상을 위해 싸우는 영웅이나 되는 것처럼 내세우는데, 이것은 경계할 일이다. 광신자들은 그들의 에고이즘을 드러내면서 보복심에서 비열하게 행동한다. 특히 토론에서 그들이 약자의 입장에 서게 될 때 그렇다. 만일 그들이 자신의 입장을 찾아내거나 지지자가 많아지면 그들은 아무런 배려도 하지 않고, 남의 개인적인 결과 따위는 전혀 고려하지 않는다. 물론 자기들의 주장이 이상주의에서 온 것이라고 거짓말하는 이런 자들은 결국 자아비판에 약한 자들이다. 그들은 도덕적으로 자신이 옳다고 하면서 연맹의 폭넓은 지지를 받으려고 애쓴다. 그렇게 해서 힘도 생기지만 파괴력도 갖게 된다. 그리하여 이것을 모두 보복에 쓰며, 자랑으로 여긴다.

나는 독일 산악연맹과 아무런 관계가 없다. 그들과 기본적인 방향을 같이하는 모든 단체와의 접촉도 피할 것이다. 다만 그들의 정체를 알고 싶을 뿐이다. 이것은 대자연의 법칙과도 같다. 보복의 감정이란 가슴속에 품고 있기 힘들다. 그것은 인간 본성의 한 부분이 문제가 되어서 그럴 수도 있겠지만, 깊이 상처를 받았을 경우 그 반작용으로 나타난다고 볼 수도 있다.

1979년 내가 K2에서 돌아왔을 때 K2 초등자 중 한 명인 콤파뇨니Compagnoni는 1954년에 있었던 자신의 영웅적 행동을 다시 한 번 미화할 기회를 찾고 있었다. 그때 그는 미클 다허와 내 앞에서 '자기의' 봉우리는 무산소로 올라야 한다고 재차 강조했다. 그것은 나에 대한 보복이 아니고 발터 보나티에 대한 것이었는데, 보나티는 당시 최종 캠프로 산소를 날라다 주어, 등정을 성공하게 했었다. 그리고 시간이 흘러 콤파뇨니의 이름은 잊히고 말았는데, 그렇게 만든 사람에 대한 보복이었다.

보복이란 사실이 아닌 내용을 알고 있다는 것이며, 그것은 약점 외에 아무것도 아니다. 나는 이 문제에 대해 더 이상 이야기하고 싶지 않다. 이 자체가 보복을 부르는 일이기 때문이다.

그러나 억울한 일을 당하는 사람 모두를 생각해서 주의를 환기시키고 싶다. 그리고 나는 그들의 감정을 뒷받침할 수 있다. 내가 그 처지에 있지 않다면 나의 인식은 의미가 없는 것일까? 내가 품고 있는 적의는 극복할 수 없는 것일까? 하지만 누가 뭐라고 하든 나에게는 근거가 있다.

5 67890I234
강행

에드먼드 힐러리와 텐징 노르가이Tenzing Norgay가 1953년 에베레스트를 초등했을 때 나는 초등학교 학생이었다. 그때 나는 학교에서 그 이야기를 들었다. 나는 자세히 알지 못하면서도 그런 일을 과감하게 해낸 것에 놀랐다. 나는 영국 사람들이 30년이라는 긴 세월 동안 실패를 거듭했다는 것을 알았다. 그리고 텐징이 셰르파로서 짐을 나르게 되어있었다는 것도 알았다. 힐러리는 텐징이 먼저 정상에 서도록 하겠다고 마음먹었다. 원정의 성공은 그의 덕분이었기 때문이다.

힐러리는 영국 원정대에서 특별히 경험이 많은 우수한 등반가는 아니었다. 이 원정대는 존 헌트의 탁월한 능력과 우수한 인재들 덕분에 성공할 수 있었다. 그러나 끝내 한 걸음 한 걸음 정상으로 올라간 것은 체력이 좋은 뉴질랜드 출신의 실천가였다. 이것은 스스로 알아서 기쁨으로 결심하고 말없이 선택하며 과감하게 행동에 나선 적극적인 힘이 작용한 것으로, 나는 처음부터 에드먼드 힐러리에게 호감을 느꼈다. 그리고 오랜 후에 그를 알게 되었는데, 내가 어려서 가졌던 그에 대한 생각은 전혀 달라지지 않았다. 나는 무엇보다도 에드먼드 힐러리의 모험에 대한 천부적인 재능에 감탄했다. 그는 대담하고 저돌적인 등반가라기보다 항상 새로운 것을 추구할 정도로 개방된 다정다감한 인간이었다.

뉴질랜드의 산에서 등산을 배운 힐러리는 1951년 인도 가르왈 원정을 끝내고, 영국 에베레스트 정찰대장인 에릭 십턴Eric Shipton을 알게 됐다. 그리고 1년 뒤 십턴은 힐러리를 초오유 원정에 초청했다. 그리하여 1953년 에베레스트에서 그는 결정적으로 정상 공략을 감행했다. 힐러리는 처음부터 정상 공격조로 예정됐던 것은 아니고, 텐징 역시 다른 데서 실패한 적도 있었다. 세계 최고봉에 처음 서는 인간은 강한 인물이지 몽상가는 절대 아니다. 뉴질랜드의 이 양봉가는 모험을 즐겼으며, 그의 후기 인생은 우연한 것이었다. 그리하여 그는 지평선의 세계로 모험을 펼쳐나갔다. 그는 1958년 비비언 버니 푹스의 커먼웰스commonwealth 남극횡단 원정대원으로 남극에 갔다. 트랙터를 개조해 갖고 갔는데, 그는 주력 원정대의 식량과 연료를 공급하는 일을 맡았다. 그 뒤 힐러리는 인도의 뉴질랜드 고등판무

관이 됐다. 특히 그는 네팔의 셰르파들을 위해 헌신적으로 일했다. 그가 설립한 '히말라야 재단'은 비행장, 다리, 학교와 병원 등을 세우고 불교 사원을 보수하는 등 여러 사업을 했다. 내가 보기에 이런 노력은 그가 살아오며 남긴 가장 뜻있는 일이었다.

사람들이 말하듯 힐러리 경은 그저 행운아였을까? 그렇지 않다. 성공과 고뇌는 그의 인생에서 하나의 저울이었다. 에베레스트 등정 후 그는 미디어의 주인공이 되었으며, 사회적인 사업들을 성사시킬 수 있었고, 시간과 수완을 총동원해 자신의 에너지를 남에게 분배했다. 그리하여 우호적이며 성실한 그는 많은 친구를 만들었다.

힐러리는 나에게 있어 베풀 줄 아는 사람의 전형으로, 그의 성공과 고뇌의 인생이 특히 그렇다. 에베레스트 등정으로 그는 위대한 인물이 됐다. 한편 텐징도 인도의 언론매체를 화려하게 장식하면서도 승리자로 놀거나, 편안하게 살게 되었다고 우쭐대는 바보처럼 굴지 않았다. "그 높은 곳을 어느 분과 함께 올라갔습니다."라는 것이 그의 대답이었다. 이것으로 그는 등산의 세계가 정상으로 돌진하는 에고이스트들의 것이라는 편견을 일소했다.

말년에 힐러리는 자기가 얻을 수 있는 이상의 것을 바칠 각오가 되어있다는 것을 보여주기도 했다. 그는 욕심이 없고 거절할 줄 모르는 허약한 조력자가 아니라, 진심으로 좋아서 자신의 시간과 지식 그리고 가진 것을 나누어주었다. 그는 대가를 기대하지 않았다. 그의 '히말라야 재단'은 큰 성과를 가져왔다. 그러나 거기에도 한계가 있었다. 즉 자기가 더 많은 것을 가지려는 자들이 나타나서, 공동의 결과를 자기의 것이라고 주장했다. 그는 그들의 이런 모습을 어떻게 보았을까? 사람을 웃기는 이런 '좋은 사람들' 속에 힐러리 경 같은 사람은 결코 끼지 않는다.

우호적인 세계와 가정에서 우리는 누구나 남을 돕는 인간이며, 힐러리는 그 위에 우뚝 서있다. 그는 타고난 이타주의로 모험을 감행한 것임이 자명하다. 이기주의와 이타주의는 본질적으로 하나며, 결코 서로 떨어져 있는 것이 아니다. 그가 우리에게 보여주고 싶었던 것은 인간 모두의 복지였다. 그것은 우리에게 종족 보존본능과 같이 선천적으로 주어진 것이다.

에드먼드 힐러리는 내가 등반가들을 위한 사회사업을 시작하려 했을 때 나에게 자극을 주었고, 나의 롤 모델이었다. 내가 네팔을 돕는 일로 더러 그의 재단을 찾아갔을 때 나는 내가 바로 그 재단을 세운 듯이 지원을 받았다. 고지대 주민들 중 가난한 사람들 중에서도 더 가난한 사람들을 꾸준히 지원하고 있는

MMF라는 나의 산악재단 이야기다. 이것은 처음에 카라코람과 낭가파르바트에서 시작됐고, 한때 네팔의 마오이스트들 때문에 모습을 감추었지만 다시 히말라야로 번져나갔다.

20세기 중엽까지 네팔은 통행이 불가능한 산악지대로 인도와 중국 사이에 낀, 샤Shah와 라나Rana 가문으로 갈라진 왕국이었다. 1951년부터 라나 가문이 지배했지만, 50년 뒤인 2001년 6월 1일 비렌드라 왕과 그의 가족이 살해됐다. 디펜드라 비어 비크람 샤 데브 왕자는 어떻게 되었을까? 그 비극의 원인과 왕자의 운명은 정확히 밝혀지지 않았다. 왕의 동생인 갸넨드라가 그 뒤 새로 왕위에 올랐지만 마오이스트들이 군주제 폐지를 요구해, 사랑받지 못하는 새 왕은 궁정에서 추방되기 일쑤였다. 그리하여 네팔은 오늘날까지 그 위기를 벗어나지 못하고 있다. 세계 곳곳에서 '자유를 희구하는 국민들'의 동정이 쏟아져, 이제 정치적 혼란이 깨끗이 끝났으면 좋겠다.

나는 카트만두같이 평화를 염원하는 곳에서 어떻게 폭력사태가 벌어지는지 볼 수 있었다. 아마도 많은 사회기반 시설이 황폐해졌을 것이다. 그것이야말로 생각지도 않았던 일이며, 내가 모험에서 경험한 것과도 다른 것이었다. 나는 지금까지 산에서, 우리가 살고 있는 세상을 벗어난 곳에서 지냈다. 그런 데서 수십 년간 이런저런 체험을 해왔다. 그리고 지금 그것을 도시와 관련지어 생각하고 있다. 그러나 나는 산악지대에만 지원한다. 중요한 것은 산악지대에서는 유기적으로 성장해온 자유로운 생활을 서로 탄압하지 않는 것이다. 내가 단순한 경제적 원조에 무척이나 회의적인 만큼, 나는 스스로 노력하는 자들을 돕는다. 아울러 원주민들의 고유한 문화를 지키는 것은 지원할 만한 가치가 있다고 생각한다. 산악지대의 주민들은 한 번도 물자가 풍부한 상황을 경험해본 적이 없기 때문에 절대로 종속과 독재적 구조 속에서 통제받아서는 안 된다. 적어도 장기적으로는.

네팔 인구의 절반 — 1,300만 명 정도가 되는데 — 은 지금 극심한 빈곤 상태에서 살고 있다. 자연적인 생활 기반이 파괴되었기 때문이다. 특히 히말라야의 계곡과 구릉지대가 그렇다. 그래서 MMF에서는 학교와 젊은이들의 교육과 문화 교류에 신경을 쓰고 있다. 작게는 힐러리가 자신의 후기 인생을 대대적으로 전개한 것처럼 우리도 그렇게 하고 있다. 이런 일은 산에 가는 것처럼 나를 위한 것이 아니다. 이것은 취미나 의무가 아니라 나의 책임 속에 있는 일이다. 하지만 이것은 나의 경력과는 아무런 관계가 없다. 나는 이른바 '자선을 위한 등반'이라는 것을 이타주의자들의 일로 여기지 않는다. 그것은 그들이 지구의 오지를 여행하려는 구실로 삼고자 하는 것이 틀림없다.

5 6 7 8 9 0 1 2 3 4
8
자기신뢰

자기신뢰는 샘물과도 같다. 샘물은 마르지 않는다. 샘물을 찾는 사람은 자기 안에서 샘물을 찾게 되며, 그 샘물을 평생 쓴다. 많은 것을 시도하고 돌아가는 것은 가능성의 미로에서 헤매는 것과는 다르다. 후퇴하고 다시 시작할 때 우리는 자신에게 믿음이 생긴다. 이것은 단순한 갈망이 아니며, 고뇌가 열정을 창출하기 때문이다.

리오 하울딩Leo Houlding이 열여섯 살에 등반을 시작했을 때 나는 부자유스러운 몸이었다. 그때 나는 발꿈치에 어려운 수술을 받은 뒤, 막 걷기 연습을 하고 있었다. 리오는 영국의 레이크 디스트릭트Lake District 출신으로 1996년 웨일스의 '고수의 벽The Master's Wall'을 올랐는데, 그것은 나로서는 절대 불가능했을 등반이었다. 자기 자신을 믿는 이 10대 소년은 지금까지의 전통을 벗어난 방식으로 자신의 능력을 계속 키워나갔다. 그는 자기 발의 치수보다 큰 신발을 신는 것을 좋아했지만, 자신의 역량을 넘어서는 등반에는 한 걸음도 내딛지 않았다. 그리하여 그는 자기신뢰를 키워나갔으며, 언제나 완벽했다. 원로들에게는 젊은이의 교만으로 보였겠지만, 그는 재능이 날로 발전해서 자신의 한계까지 밀고 나갔다. 그는 요세미티 빅월 자유등반에 도전하고, 타협을 모르는 스피드 클라이밍을 계속했다.

그의 자기 이해는 나에게 강한 인상을 심어주었다. 그가 자신을 소중히 여기는 감정은 등반기술에서만 그런 것이 아니다. 우리가 처음 잠깐 만난 뒤, 리오는 파타고니아의 세로 토레에서 복사뼈를 다쳤다. 그는 마에스트리-에거 루트에서 떨어져, 악몽 같은 하강으로 목숨을 건졌다. 그때 그는 대각선으로 자일 하강을 하고, 펜듈럼을 해서 빙하와 너덜지대를 겨우 기어서 내려왔다. 그의 결론은 이렇다. “산에서는 답을 줄 사람도, 나무랄 사람도 없다. 그리고 곤경에서 도와줄 사람도 없다. 자연이 환경을 제공하며, 자기 자신의 명예욕과 판타지에서 모험이 생긴다. 그래서 누구나 무엇이든 할 수 있으며, 자기가 자기 자신을 조절할 수 있다.”

리오는 모험가로, 에베레스트에 오르고 나서 비디오 사업으로 돌아섰다. 그의 자기신뢰는 오늘날까지 생활에 그대로 나타나 있으며, 그것은 자기 안에서 솟아나는 샘물을 최대한 쓰는 사람에게만 허락되는 것이다.

무인지대인 수직의 벽에서 겪는 추위와 어려움 그리고 위험 속에서 우리는 모든 것을 포기하기 쉽다. 정상이라고 해서 특별한 일이 있는 것은 아니다. 보통 서로 잠깐 손을 맞잡고 주위를 살핀 다음 내려온다. 일반적인 삶과는 거리가 멀며, 불안과 욕망이 따를 뿐, 안전지대로 돌아갈 수 있다는 것을 알고 자기 신뢰를 하게 된다. 수평인 지평선에서 사는 것과는 전혀 다르다.

자유 등반가에게 신체는 가장 중요한 도구가 아니다. 그에게 가장 중요한 것은 바로 독창성이다. 하늘과 땅 사이, 일반인이라면 엄두도 못 낼 바로 그곳에서 우리 등반가들이 배우는 것은 원숭이처럼 행동하는 것이 아니라 바로 이 독창성이다. 나는 리오가 바위를 쉽게 오르기 위해 혹시 사다리를 이용하는 것은 아닌가 하고 혼자 생각해보았는데, 그렇지 않았다. 그는 없는 것을 찾아내는 힘을 갖고 있었다. 곤경에 빠졌을 때 탈출할 수 있는 힘이 바로 그것이다. 그러나 문명사회는 우리의 힘과 민첩함을 둔하게 만든다. 문화인은 온갖 기구를 갖고 있지만, 모험가는 이런 것 없이 종일토록 깊은 생각만으로 살아남아야 한다. 결국 자기신뢰가 생존능력으로 작용한다. 그래서 우리가 도움으로부터 독립하면 할수록 자기신뢰는 그 힘을 발휘한다.

나는 이전에는 투어리즘이 알피니즘을 밀어내는 것을 걱정하지 않았다. 그런데 등반이 기술적 보조 수단을 거부해야만 더욱 발전한다는 정통 알피니즘이 실내 스포츠클라이밍 등 다른 투어리즘으로, 예컨대 에베레스트 정상까지 길을 내는 등으로 변해가는 것을 보게 됐다. 하지만 앞으로 10년 뒤에는 아무도 에베레스트나 K2에서 산소기구를 사용하지 않을 것이다. 2000년이 시작될 때 나는 이렇게 말했다. “인간은 자신의 허파만으로 가능하다. 결국 자신의 힘만 믿게 될 것이다.” 나는 히말라야에서 알피니즘이 더욱 발전해나가리라고 확신했다. “언젠가는 로체 남벽을 올라 사우스콜로 내려오고, 끝내는 에베레스트를 넘어가는 날이 올 것이다. 당장은 아무도 믿지 않겠지만, 10년 있으면 누군가는 이 일을 해낼 것이다.”

얼마나 큰 착각이었나! 오늘날 에베레스트 등정 대기자들은 대부분 세계의 지붕에 나있는 길을 따라 단체로 오르려 하고 있다. 물론 이것이 대재앙은 아니다. 그저 그들이 우쭐대며 돌아오는 것이 유감스러울 따름이다. 그들은 ‘정상에 오르는 것’만으로 특별한 등반가가 되는 것으로 알고 있다. 자신에 대한 이런 가치관은 선구자나 셰르파들에게 있었던 것이다. 나는 처음부터 산이란 그 자연성의 가치 때문에 우리가 하는 노력의 중심에 자리 잡고 있다고 주장해왔다. 그래야 그 매력이 보인다. 산의 잠재가치는 그 크기와 위험, 고고함에 있다. 그래서 사람들은 산에 자신을 맞추어보려 하고, 독창적인 힘을 쓰며 혼자 견디어보려 하기도 하며, 빠져나갈 길을 찾을 때까지 참아보려 한다. 그리고 대자연과 맞서보려는 불손한 생각으로 잠깐이라도 버티려 든다. 이렇게 함으로써만이 우리는 자기신뢰를 증대시킬 수 있으며, 그때 비로소 산의 세계가 유지된다.

이것은 내가 만들어낸 결과가 아니며, 나의 등반 능력에서 온 것은 더더욱 아니다. 다만 내가 불안 속에서 살아남으려 애썼을 때 나의 자기신뢰가 길러낸 것이다. 그런데 아직도 나는 넉넉함 속에서도 없는 듯이 나 자신의 무력감을 이겨내야 한다. 다만 그때 그것이 잘 유지되지 않아, 이따금 나는 이런 일로 놀라곤 한다.

59 자긍심

사람들은 계속해서 내가 해낸 것과 내가 한 말의 신빙성을 의심하고, 나의 명성에 흠집을 내면서 나의 의지를 꺾으려 했다. 그러나 나의 자긍심만은 빼앗지 못했다. 나의 자긍심은 오로지 나의 것이기 때문이다. 나는 언제나 이런 일에 무관심했는데, 그것이 이따금 거만해보이기도 하는 모양이다. 그러나 그것으로 내가 강한 것은 아니다. 나 자신을 소중히 여기는 감정은 수많은 어려운 상황을 겪으면서 단련된 것이다. 내가 무엇을 어떻게 했는지 잘 알고 있기 때문이다. 대부분의 비판자들은 내가 한 것 중에서 극히 일부만을 보고 판단하려 했고, 거기서 무엇인가 얻으려 했으나 아무 소득도 없었다.

나는 8천 미터급 고봉 14개를 모두 오르고 나서도 — 20년 동안 30여 차례 원정에 걸쳐 — 모험을 그만둘 수 없었다. 대자연에서 살아남는 것은 일종의 예술을 끝낸 셈이었다. 그렇다고 맥주잔을 들고 텔레비전을 보고 있을 수는 없었다. 나는 은행에 돈을 넣은 일이 없으니 받을 연금도 없다. 나는 오직 수직에서 수평으로 모험만을 해왔다. 수직에서 수평으로 오르락내리락 이리저리 대자연 황무지를! 티베트의 동부를 1,000킬로미터 가고 나서는 고비 사막을 횡단할 생각을 했다. 그것도 걸어서. 당시 몽고는 소비에트연방 지배하에 있었고, 중국에서는 그런 모험에 허가를 내주지 않았다. 그래서 나는 방향을 남극으로 돌리고 얼음의 세계로 갔다. 그 뒤 나는 몽고로 가서 알타이 산맥을 오르고 고비 사막의 경계에 가보았다. 유목민들은 그들의 이동식 천막을 갖고 돌가루가 깔린 거대한 사막으로 돌아갔다. 소련의 집단농장은 황폐했다. 울란바토르 사람들은 그 땅에 매장된 무진장한 지하자원을 이야기하며 내게 투자를 권했다.

2004년 드디어 나는 고비 사막의 몽고 지역을 혼자 갔다. 나는 길고 긴 단독행에서 오는 긴장과 고뇌를 사전에 충분히 알고 있었지만, 그것보다도 현장에서 죽지 않고 살아남아야 한다는 생각과 매일같이 싸웠다. 그러는 가운데 끝내 이겨내는 것이 내가 계획한 일이니 거기 불안이란 있을 수 없었다. 나는 오랜 세월 등반가로, 또한 빙원을 걷는 사람으로 살며 큰 자긍심을 가졌다. 그런 황무지 횡단에 내동댕이쳐진 상태와 처참한 경지를 아무렇지도 않게 여기는 그런 자긍심. 여하튼 말로 표현할 수 없는 세계의 최전방에 대한 이야기다. 그렇지 않았더라면 나는 그때 실패하고 말았을지도 모른다. 무인지대를 동에서 서로 2,000킬로미터나! 나는 유목민의 천막에서 물과 말린 양고기를 얻었고, 그곳을 피난처로 삼았다.

모험의 현장 어디에서나 — 그것이 암벽등반이든 고산등반이든 사막을 걸어가는 것이든 — 나는 언제나 활동적이고 의욕적이었다. 환상적인 것은 또한 창조적인 것으로 그때그때 나의 동력이었다. 나는 이것에 의지함으로써 받는 전략적 자극을 화학적 반응으로 여기지 않았다. 어쩌면 모든 것이 그토록 조화롭게 움직여주었을까! 그렇다고 모든 모험이 좋기만 했던 것도 아니다. 나는 무슨 메시지를 받은 적이 없고, 도움이 될 만한 것을 찾지도 못했다. 그것은 나의 목표였기 때문에 내 목표를 이루기 위한 전술을 언제나 찾을 뿐이었다. 여기 내가 자긍심을 갖는 것은 그것이 내 삶에 의미를 주었기 때문이다. 그것으로 나는 나 자신을 가장 잘 나타낼 수 있었다. 이런 행보는 인간성에 아무런 가치를 주지 않지만, 나에게는 깊은 뜻이 있었다. 그래서 나는 모험에 도전했으며, 그 결과를 자료로 증명할 생각을 하지 않았다. 도대체 누구를 위해 증명한다는 말인가.

사진을 보면 즐겁다. 담뱃갑 정도의 카메라 하나로 그때그때의 순간을 담아냈기 때문이다. 역이든 길거리 식당이든. 내 자료실에는 히말라야 사진이 수천 장 있다. 그런데 그것이 이제 하나도 소용없다. 나는 히말라야를 잘 알고 있으며, 그 모든 것이 내 머릿속에 있는 것이 더 중요하다. 나는 그것들을 누구에게도 나누어줄 수 없다. 하루 이틀 시간을 끌다가 떠난 도보 행진, 자기 자신의 리듬에 맞춘 삶, 시간을 초월한 넓은 세계의 조망, 이것들은 마치 나 자신이 그 속에 녹아들어간 것과도 같았다. 대자연 황무지에서 나는 죽음을 바라보는 존재를 예감했다. 그곳은 시간과 공간의 구별이 없는 오직 적막한 무인지경의 세계였다. 서둘지 않는 것과 그런 시간관념이 주를 이루어, 나 자신의 고뇌도 마침내 끝에 다다랐다. 그래서 사람은 모험으로 죽지 않고, 그 생이 오래 가는 모양이다.

고비 사막 단독행의 끝인 알타이 산맥을 넘고 나서 나는 전과 다름없이 산을 내려왔다. 산에 다니는 사람들 누구나 하는 식으로 천천히 내려와야 했다. 그것은 킬리만자로에서 아프리카 짐꾼들이 손님들이 힘을 아껴 쓰도록 하려는 것과도 같았다. "폴레, 폴레!" 하며 티베트의 양치기 유목민들은 사람들에게 '칼립페', 즉 '언제나 편안한 걸음으로'를 기원해준다. 나는 느림의 미학을 즐겼다. 나의 발걸음은 언제나 살아있는 시간을 의식하고, 나의 존재를 그 대가로 삼았다. 고비 사막 횡단 이전의 내 삶은 산을 오르는 것을 의미했다. 하지만 횡단을 하고 난 후 나는 산을 내려와 집으로 향한다. 발걸음을 재촉하지 않고.

6 7890I2345
노년

먼 길이나 이따금 교외의 황량한 길을 따라 저녁놀 속에 집으로 가면 세월이 가고 있다는 것을 느낀다. 이제 나는 시작과 끝을 뒤돌아본다. 나의 인생은 포럼에 참석하기가 점점 힘들어지고, 적당한 목표를 찾아 떠나기가 힘들어지면서 이미 하향곡선을 그리기 시작했다. 또한 나이가 들어감에 따라 명성도 줄어들었다.

높은 산간지대의 사회에서는 나이 든 것을 아무렇지도 않게 생각하고 있었다. 또한 그곳 사람들은 우리보다 일찍 죽어, 죽음을 많이 생각하는 것처럼 보였다. 그들은 인생의 경험을 다음 세대의 아주 유용한 기반으로 보고 있는지도 모른다. 그런데 우리는 정반대다. 문명사회에서는 나이 든 것이 다음 세대에게 짐이 되며, 그런 측면에서 보면 죽음을 생각할 시간적인 여유가 없다. 신세대는 자신이 마치 신처럼 죽지 않는다고 생각하며, 이 글로벌 시대의 실력자로서 없어서는 안 되는 존재로 여긴다. '프로젝트', '커뮤니케이션', '모티베이션' 같은 개념은 구세대의 노하우를 거절하는 신세대의 키워드들이다.

나는 죽을 뻔한 체험을 하면서도 죽음 자체와 만난 적은 없다. 나는 나와 싸웠지 죽음과 싸우지는 않았다. 하지만 죽음과 가까웠던 가장 곤란한 상황 속에서는 오히려 죽음이 가장 단순한 해결책인 듯 보이기도 했다. 이런 지혜는 마지막에 가서야 생긴다. 이런 일로 인생은 전보다 한층 더 수수께끼가 된다. 나는 몇 번 죽을 뻔한 경험을 한 후, 더 의식적으로 삶을 살았지만 그렇다고 탐욕적으로 소모하지는 않았다. 나에게는 생활이 소모품이 아니라 계속해나가는 것이다. 또한 결과를 이루기보다는 더 많은 경험을 쌓는 일이다. 나이가 들어가면서도 여전히 그렇다.

2004년 고비 사막을 걸을 때 나는 예순이었는데, 이제 나이에서 오는 핸디캡을 받아들여야 한다는 것을 깨달았다. 그로부터 10년 뒤에 히말라야로 가서, 라다크Ladakh와 솔루쿰부에서 일주일을 있었다. 이때 나는 완전히 다른 세계를 체험했는데, 그곳은 40년 전에 내가 알았던 세계가 아니었다. 루클라의 집들은 전혀 새로웠다. 투어리즘의 바람이 스쳐가는 곳은 모두가 그랬다. 루클라는 가파른 경사지였는데, 카트만두로 돌아가거나 히말라야의 더 높은 곳으로 가려는 여행자들이 비행장에서 북새통을 이루고 있었다. 셰르파들의 작은 무리가 지쳐서 산에서 돌아오고, 검은 옷차림의 여인네들은 무뚝뚝한 표정으로 집 앞의 길을 내다보고 있었다. 그들은 빨리 늙는 것이 아닐까? 트레커들과 등반가들이 끊임없이 경사지를 내려와서 솔루쿰부 쪽으로 갔다. 셰르파들을 데리고 마을을 지나 계곡 쪽으로 가는 사람들도 있었다.

태양이 숲이 무성한 계곡을 비치는 시간은 길지 않고, 히말라야의 큰 산들은 보이지 않는다. 여기서 비행기를 기다릴 수밖에 없는 사람들은 비나 서리에 짜증을 내고, 민가의 이와 길가의 오물에 화를 낸다. 일주일이나 또는 하룻밤이라도 형편없는 로지에서 지낼 수밖에 없는 사람들은 밤중에 짖어대는 개들을 피해 불법 항공편으로 카트만두로 도망간다. 아무도 여기에 남으려 하지 않는다. 이곳은 이제 여행자들에게 매력적인 곳이 아니다. 하지만 남쪽에서 에베레스트로 가려면 여기를 거치지 않을 수 없다.

2013년 5월 나는 세계 최고봉에서 경험할 수 있는 무한한 가능성을 별것 아닌 듯이 여기는 오만불손한 여행자들과 마주친 일이 있다. 일찍이 없던 일이었다. 체력과 기술, 기록이 중간 정도를 차지하는, 예측 불가능한 사람들이 떠들고 있었다. 한때 종교의 권위를 나타냈던 사원까지도 이제는 사람의 손안에서 놀고 있었다. "손 없이", "뛰어서", "팔순 노인이 세계의 지붕에", 이런 광고가 나돌고, 에베레스트를 등정하려는 무리가 베이스캠프에서 정상을 향해 떠났다. 오만과 경거망동이 실패나 사망으로 끝나지 않기만 바랄 따름이었다.

나는 한 번도 기가 죽어본 일이 없다. 아마도 모든 것이 가능하고, 또한 예측도 가능하다는 환상에 빠지지 않았기 때문인지도 모른다. 이 나이에 예전의 능력을 생각하고 그대로 해보겠다면 그것은 헛소리다. 이제는 지금 할 수 있는 것을 할 따름이다.

남체 바자르Namche Bazar는 루클라와 에베레스트 사이의 가파른 분지에 있다. 한때는 살기도 지루한 작은 마을에 지나지 않았으며, 학교는 물론 병원조차 없었다. 20채 정도의 돌집이 고구마 밭 위에 반원형으로 있었고, 텐트를 칠 곳이 있었다. 그 사이에 셰르파의 낡은 2층 돌집이 한두 채 있었는데 아래는 가축이, 위는 사람이 쓰고 있었다. 지붕은 얇은 나무판자로 덮여 있었다. 그런데 지금의 솔루쿰부는 큰 마을로 호텔도 있고, 밭보다는 골함석 집이 더 많다. 연중 여행자가 지나가며 축복과 죄악이 공존한다. 저녁마다 돈 많은 에베레스트 여행자들이 헬기로 날아와 식사를 한다.

1986년 나는 이곳 '히말라야 로지'에 있었다. 저녁에 파상 셰르파의 처제인 그 집 여주인이 주방에서 두 아이에게 먹을 것을 주면서 트레커 몇 사람의 식사를 준비하고 있었다. 식사는 짜파티에 계란과 누들수프가 따라 나왔다. 지금은 여기서 에베레스트까지 가는 것에 아무도 신경을 쓰지 않는다. 등반가들은 언제나 여기를 오가고 있다. 그들 가운데 한둘이 눈사태나 추락 사고를 당하면 주민들은 그때서야 그 일을 화제로 삼는다. 한때 그들의 '성역'이었던 산악지대에 우리 같이 반갑지 않은 사람들이 나타나면 바로 그들의 표정이 일그러지기도 한다. 만일 산에서 돌아오지 않는 사람들의 이름을 모두 기억하려 한다면 그것도 큰 부담일 것이다. 그만큼 여기서는 등반과 사망이 일상적이다. 그래도 그들의 영웅인 아파Apa 셰르파 이야기에는 진지하다. 아파는 에베레스트를 21번이나 올라갔던 인물이다. 대참사도 있었다. 2014년 4월, 셰르파 16명이 아이스폴 상부에서 희생당한 것이다. 셰르파족들은 이 재난이 업무 중 사고라며 연일 문제를 제기했다. 그들은 젊은 가장들로, 자신들이 닦아놓은 길로 베이스캠프에서 정상까지 가려는 여행자들 때문에 희생된 것이다.

어느 날 늦은 오후, 나는 파상 셰르파와 함께 있었다. 1980년 나는 로체를 서쪽에서 혼자 오르려 했다. 당시 파상은 원정대 사다였는데, 우리는 주방에서 이런 이야기를 주고받았다. "야크를 모는 사람들은 왜 고소 포터가 되지 않았을까?" "쿰부 아이스폴 지대나 로체 남벽에서 짐을 나르는 것보다 덜 위험하니까요.” 이렇게 말하는 그에게는 나이 들어가며 갖기 쉬운 선망 같은 것이 엿보이지 않았다.

나 또한 나이가 드는 것에 익숙해지고 있다. 아직까지 방향을 잘못잡고 헤맨 적은 없다. 그러나 내가 녹이 슬어가는 늙은이로서의 역할을 단념하지 않으려면 인내심을 갖는 노력이 필요할 것이다. 이탈리아인들은 이런 사람을 애정을 담아 “오래된 산vecchio della montagna”이라고 부른다. 마치 늙은이가 현명한 학자라도 되는 것처럼.

2013년 쿰중을 지나갈 때 셰르파들은 길고 힘들었던 겨울이 끝난다고 축제 분위기였다. 5개월 만에 비로소 얼었던 땅이 녹자 셰르파 가족들 모두 밭으로 나갔다. 밭을 일구고 감자를 심는 것은 그들의 다시없는 축제였다. 새떼가 하늘을 날고 눈 덮인 산 위에는 흰 구름이 떠있었다. 평탄한 이 분지 계곡이 일하는 사람들의 노래와 피리소리로 가득했다. 왼쪽은 숲이 우거진 능선이고, 쿰빌라Khumbila 오른쪽은 성역인 산악지대였다.

나는 연초에 카파 갈첸Kappa Gyaltsen의 집으로 올라갔다. 그는 히말라야의 생활을 그리는 소박한 화가다. 그러나 그는 죽고 없었다. 나는 페르템바Pertemba 셰르파 부부를 만났다. 그들은 나를 별실로 안내했는데, 길게 뻗은 돌집을 따라 연기가 흐르고, 여기저기서 기도용 깃발이 날리고 있었다. 돌담 사이로 나 있는 좁은 길은 1975년 페르템바가 에베레스트로 올라간 길이었다. 남서벽을 처음 올라갔을 때였다. 당시 그의 이름은 네팔뿐만 아니라 전 세계에 알려졌다.

나는 손을 내밀어 그에게 인사하며 얼굴이 붉어졌다. 가져온 것이 아무것도 없었기 때문인데, 그는 바로 눈치 챘다. 우리는 그 옛날 좋았던 때를 이야기하지 않았다. 금기사항이 그대로 금기로 남아있던 때였는데, 나는 그가 그것을 당연하게 받아들이며 살아온 것을 보고 놀랐다. 그는 네팔의 경제를 걱정했다.

셰르파들은 한때 나의 꿈을 비웃었다. 그들은 나의 꿈이 환상을 불러일으킨다며, 내가 금기의 파괴자라고 비난했다. 그러나 나는 페르템바가 나이가 들면서 겸허하고 유연하게 살고 있는 것이 부러웠다. 나는 지금 일흔 살에 불가피한 압박을 느끼고 있지는 않지만, 이런 부자유가 나의 인생 말년에 어떤 새로운 의미를 주기를 기대하고 있다.

일찍이 나는 남체 바자르에서 텡보체로 고소순응을 위해 달린 적이 있다. 흰 눈에 덮인 험준한 봉우리와 두드 코시Dudh Kosi 계곡 사이를 오르내리는 길은 이상적인 훈련 장소였다. 지금은 주위를 천천히 살피며 놀란다. 숲도 경사지도 울창했던 나무가 사라져 헐벗었다. 그늘이 없어 봄의 햇빛에 벌거벗은 내 등이 따갑기만 하다. 나는 뜨거운 태양열에 날뛰는 야크를 멈춰 세우려 하는 한 셰르파를 보고 놀랐다. 무거운 짐을 진 그 노인은 야크의 뿔에 팔이 찢겨서 피가 흐르는데도 붕대를 감지 않고 있었다. 그는 키가 작고 연약한 몸매였지만 조용한 사람이었다. 여기서는 모든 것이 일정하게 진행된다. 이따금 이어지는 야크의 행렬이 잠깐 소란스럽지만 머리 위의 눈 덮인 산은 변함이 없다. 이런 일상에서 사람들은 고통과 긴장을 이겨내는 법을 배우고 있다. 이런 일상에 마음이 편안해지자 내 마음도 다시 열려, 산에서 이것저것 편안하기만 바라는 생각이 사라졌다.

1975년 로체 남벽 원정이 끝난 후 나는 이곳 솔루쿰부로 왔다. 나는 8천 미터급 고봉을 2명의 자일파티로 오르기로 마음먹고 있었다. 그 무렵 사람들은 나를 비웃었지만 늘 새로운 것을 추구하는 내 마음은 변함이 없었다. 사실 그러던 사람들까지도 나에게는 도움이 됐다. 사람들은 정통 알피니즘을 소중히 여기고 병폐적인 여행을 억제하도록 나에게 힘을 실어주었다. 이렇게 해서 나는 나만의 알파인 스타일을 갖게 됐다.

페리체에서 헬기 주변에 사람들이 모여 있었다. 고산병에 걸린 트레커가 탄 헬기의 뒷좌석에 그의 여행 배낭이 있었고, 조종사 옆에는 의사가 있었다. 헬기의 프로펠러가 점점 빨리 돌아갔다. 배기관이 푸른 가스를 내뿜었고, 화물들이 쌓여있는 곳과 첫 아침햇살이 비치는 마을을 먼지가 뒤덮었다. 씁쓸함과 함께 지난날의 모험이 생각났다. 그것은 1986년 내가 쿰부 빙하지대에 있는 베이스캠프까지 헬기를 타고 갔다는 것이었다. 내가 겨울이 오기 전에 로체에 오르기 위해 그렇게 했다며 배타적인 질투와 소망이 나를 몰아붙였다. 그러나 나의 신념은 흔들림이 없었다.

며칠이 지나 내가 베이스캠프의 텐트에 갔을 때는 칠흑 같은 밤이었다. 그때 추위는 느끼지 않았지만 숨이 가빴다. 공기가 희박했기 때문이다. 눕체의 긴 만년설 능선이 별이 빛나는 하늘과 내가 서있는 땅과의 사이를 갈라놓고 있었다. 눕체의 얼음과 바위 능선 높은 곳에서 거친 바람소리가 들렸다. 옆에 있는 텐트에 불이 밝혀졌다. 알아듣기 힘든, 투덜대는 소리와 함께 어둠 속에서 담뱃불이 보였다. 나이 든 셰르파가 담배를 피우고 있었다. 이 황량한 지대에 버려진 늙은 인간이 담배를 피우며 인내를 삭히는 것같이 느껴졌다. 마치 그에게 던진 듯한 내 물음에 그가 자신의 나이를 한탄하는 것 같이. 그는 더 이상 산에 갈 수 없을 것이다. 나는 조용히 침낭 속으로 기어들어갔다. '아시아의 노인들'은 우리보다 시간이 가는 것을 잘 알고 있는 것 아닐까? 그래서 불교도와 힌두교도들은 나이가 들면 들어앉으려 하고, 활동적이었던 생활이 명상적으로 바뀌는 것 아닐까? 그러나 그들의 노년은 남다른 가치가 있다. 반면에 서양에서는 이와 반대로 점점 인생에서 밀려난다.

우리는 고산에서 활동하며 심신이 무기력한 피로를 느끼고 생활력에 제동이 걸리는 것을 느낀다. 더불어 신체의 활동과 두뇌의 사고도 느려진다. 타성이 우리의 결단력에 짐이 되고,

의지를 반감시킨다. 하지만 그것은 무기력이 아니다. 높은 곳에 올라갈 수 있도록 만들었던 힘과 감각이 떨어지는 것은 산소 부족에서 온다. 물론 나는 일찍이 이런 인생을 늙기 전에 알았다. 어느 누구도 산소 부족에서 오는 것을 피할 수 없듯이, 우리는 다가오는 노년을 피할 수 없다. 그 속에 생활의 기술이 있다. 사람이 나이 들면 자신을 매일매일 충족시키는 학습과정을 받아들여야 한다.

나이 든 셰르파들의 조용한 생활을 보면 나도 강해지면서 나의 노년을 받아들이게 된다. 셰르파들은 얼굴에 주름이 가고 눈가의 피부가 쭈글쭈글해진다고 노래한다. 그들은 내일 아침도 역시 살아있을 것이라고는 생각하지 않는다. 무엇보다도 그들은 추운 산에서 살며 지금을 중요하게 생각한다. 내가 이런 세상을 몰랐다면 내일을 위한 준비를 하려고 하지 않았을 것이다. 나는 오랫동안 이 세상이 나를 이끌어주기를 바라며 미래를 준비해왔다. 하지만 시간이 문제를 해결하리라는 생각도, 용기 있는 자의 정복도 덧없는 일이 아닐까? 느닷없이 마지막 날이 오면 무용無用과 무無는 하나가 된다. 죽음을 아무리 잘 받아들인다 해도, 일흔이라는 나이가 나를 죽음의 불안에서 구해줄까?

6 고통

열정은 언제나 고통을 동반한다. 그러나 우리가 등반을 하지 않는다면 고통만 남을 것이다.

우리는 정상에 늦게 도착했는데 동생이 무척 힘들어했다. 몇 시간 동안이나 상당히 빠른 속도로 나를 따라 올라왔기 때문이다. 낭가파르바트의 루팔 벽은 고산병에 걸린 사람이 자일 없이 내려가기에는 너무나 위험한 곳이었다. 우리는 도움을 받을 수 없어 좀 더 쉬운 디아미르 벽으로 내려갔고, 결국 귄터가 눈사태로 죽었다. 나는 이 이야기를 이미 여러 번 했다.

6월 29일 우리는 벽 밑의 빙하까지 내려왔다. 나는 모든 일이 잘 되기만 바랐다. 마지막 빙하지대는 돌아가야 했다. 나는 조금 앞서 가고 있었는데, 뒤따라오던 귄터의 모습이 보이지 않았다. 그로부터 35년이란 세월이 흐른 후, 빙하는 그대로였지만 그 이야기는 계속 이어졌다.

2005년 나는 트레킹팀과 함께 얼음 속에서 시신이 나타났다는 곳으로 갔다. 일말의 희망은 있었지만 불안은 없었다. 정오 가까운 시간, 벽 밑에서 3.5킬로미터 떨어진 곳이었다. 나는 원주민 한 명이 시신을 보았다는 곳으로 가서 직접 확인해보고 싶었다. 동생의 시신이 나타난 순간 나는 너무나 긴장했다.

그 비참한 모습을 보고 아무 말도 할 수 없었다. 검게 변한 등산화와 수많은 뼛조각들. 그 순간 내 머리에는 동생이 묻혀 있던 세락이 떠올랐다. 이상한 생각이 들었다. 당시 나는 "그는 죽었어."라고 했는데, 지금은 "이게 그의 등산화야."로 바뀌어있었다. 뼛조각들이 쌓여있고 얼음 밑에 등산화가 있었다. 왜 이렇게 된 걸까. 35년간 얼음 사태 밑에 쌓인 뼈를 계곡 쪽으로 흐르는 빙하가 서서히 여기까지 옮긴 것이다.

귄터의 유품은 별로 없었다. 우리는 남은 것들을 모두 베이스캠프로 가져왔다. 녹음테이프와 필름, 일기 등은 원정대장이 가져갔다. 나는 유품을 다시 살펴보았다. 산에서 함께 지낸 날들, 탈출로가 없어 무서웠던 메르클 걸리, 하산의 불안 등 모든 일이 화장이 진행되는 동안 주마등처럼 스쳤다. 의사인 히프 박사가 기도를 올리며 이렇게 말했다. "그때의 환경이나 상황에서는 어쩔 수 없었을 겁니다." 하늘 높이 솟은 웅대한 흰 산과 적막. 오랜 세월 그의 무덤은 빙하를 지키며 계곡 쪽으로 밀려 내려왔다. 다시없는 낭가파르바트에 끝내 귄터가 묻힌 것이다. 우리가 함께 지낸 세월이 바람처럼 지나갔다. 후회와 비애가 내 기억 속에서 하나로 녹았다. 그리고 낭가파르바트는 인류의 역사를 통해 인간의 대담한 삶을 상징하며 그 자리에 그대로 남아있었다.

몇 해가 지나 내가 브릭센의 국제 산악정상회의IMS에서 스티브 하우스Steve House의 낭가파르바트 강연을 들을 때 나는 그와 함께 그곳에 있는 듯한 착각에 빠져들었다. 강연의 내용은 그가 2005년 거대한 루팔 벽을 직등한 이야기였다. 스티브는 귄터가 죽은 해에 태어났는데, 나는 그의 불안과 회의, 고민의 감정을 고스란히 느낄 수 있었다. 그때의 감정은 바뀔 수 없고, 기록으로 남길 수도 없다. 화면자료도 별로 없어, 나는 다만 그의 설명으로 감동과 고통의 이야기를 들었다.

나는 동정이 아니라 그의 열정에 놀랐는데, 내가 이런 감정을 그와 나눌 수 있다는 것이 그저 고마울 따름이었다. 이런 식의 공감은 나도 체험한 적이 있다. 그것은 대탐험, 즉 난센Nansen과 쇠클턴Shackleton, 맬러리와 보나티 등의 이야기를 읽었을 때였다. 내가 감동받은 것은 나를 압도하는 영웅적인 행위가 아니라 인간을 감동으로 끌고 간 그들의 고뇌였다. 또한 그들 모두 자신들의 오만을 불살라버린 것은 놀라운 교훈이었다.

미국인 스티브 하우스의 명예는 타협 없는 정통 알피니즘의 위험한 세계에서 얻은 것이다. 그가 강한 것은 그의 정신력 때문이다. 낭가파르바트 같은 큰 산을 알파인 스타일로 오르려는 생각은 재고의 여지없이 어리석다. 그곳에서는 한 번의 실수가 곧 죽음이다. 스티브는 과감하게도 그것을 단독등반으로 해냈다. 그는 캐나다의 알래스카와 히말라야에서도 그렇게 했다. 그가 캐나다의 북 트윈 타워에서 빛나는 업적을 이룩했을 때 그의 파트너는 마르코 프레젤이었다. 그때 그는 이중 등산화의 외피를 잃어버렸다. 산에서 위기를 탈출하려면 임기응변에 능해야 한다. 그 상태로 하강한다는 것은 있을 수 없는 일이었다. 게다가 밤에는 폭풍설까지 몰아닥쳤다. 그는 아이젠을 등산화 내피에 밴드로 묶었다. 스티브는 모진 고생을 다하며 정상에 오른 다음, 빙하의 크레바스 사이를 뚫고 콜롬비아 빙원으로 돌아왔다. 그는 설맹까지 걸렸다. "일을 단순화하면 할수록 많은 경험을 얻는다."라고 그는 말했다. 이것이 그의 스타일이고 사람을 잡아끄는 매력이다.

나는 산에 대한 스티브의 태도에 감탄했다. 그의 한 걸음 한 걸음은 알피니즘의 역사를 새로 썼는데, 능력이 있는 그는 산을 바르게 대했다. 그는 뛰어난 역사 교육자이기도 하다. 그는 행동을 중심으로 살지, 결코 윤리에 초점을 맞추지 않는다. 그에게 가장 보람된 날은 모든 것에서 벗어나 고뇌가 존재의 당연한 귀결이 되었을 때다. 스티브는 기본적인 것들을 놓고 싸우지 않는다. 따라서 '승리'는 그에게 공허하다. 모험에는 고통이 따른다. 추운 비박, 고소에서의 육체적인 고통 그리고 고독은 모험의 친구다. 그는 알찬 주제로 강의하면서 이렇게 말했다. "행복이란 생을 다시 얻는 것 외에 아무것도 아니다."

그 말은 우리 모두에게 해당되지 않을까? 희생을 정당화하려는 그럴듯한 이상이나 고뇌를 나는 받아들일 수 없다. 소위 도덕적이라는 사람들과 독선을 일삼는 바리새인 그리고 이상주의자인 척하면서 보복심을 가진 자들 모두에게는 동정심이 결여되어 있으며, 음모만 알지 열정은 모른다. 그래서 나는 그들의 말에 귀를 기울이지 않는다. 얼마나 많은 모욕과 비난, 기만이 소위 이상주의 혹은 질투라는 것에서 나왔을까? 그럴듯한 해명으로 위장하고, 더욱이 등산의 세계에서까지.

나는 오랜 세월 나의 열정을 따라 살아왔기 때문에 사실상 남들처럼 평범하게 노동을 해 돈을 번 적이 없다. 그러나 그 대신 스트레스를 받지 않는 다른 일을 해왔다. 나는 언제나 최대한 나 자신에게 도발했다. 물론 여기에는 고민과 긴장이 따랐다. 나는 그런 일들을 마음에 들 때까지 적극적으로 해왔다. 그러나 외부로부터 강요당한 적은 없다. 나는 자학적인 인간이 아니지만 '시시포스'를 행복한 인간이라 생각한다. 물론 나를 저 높은 곳의 목표와 동일시하려는 것은 아니다. 나는 올바른 양심으로 쓸모없는 것을 좇아왔고, 지금은 나이가 들어 인생의 말년을 즐기고 있다. 이제는 나와 관련하여 나돌고 있는 이런 저런 헛소문에 대해 더 이상 신경 쓰지 않는다. 다른 사람들은 곧이곧대로 받아들일지 모르지만, 사실 나로서는 견디기 어려운 일이다. 숨어서 하는 그들이 문제인데, 나는 '의연한 태도'를 유지하는 사람들에게는 박수를 보낸다. 하지만 거짓말을 일삼는 사람들은 다시는 내 앞에 나타나지 않았으면 좋겠다.

6 2

종교

사람들은 우리 알피니스트들이 저 높은 산에서 하늘과 가까이 닿을 것이라고 생각한다. 그 산에는 불확실 외에 아무것도 없지만, 신과 인간은 서로를 필요로 한다. 종교는 결국 사람이 만든 것이지 신이 자신을 증명하도록 만든 것이 아니다. 모세는 시나이 산에서 신으로부터 십계명을 받았다고 하고, 모하멧도 히라 산에 알라신이 나타났다고 하고, 석가모니는 히말라야에서 깨우침을 얻었다고 하는데, 이것은 모두 전설이다.

의심할 여지없이 산을 배경으로 한 이런 이야기는 강한 인상을 후세에 전달했지만, 그것을 증명할 길은 없다. 우리 알피니스트의 경우도 마찬가지다. 반면에 높이 오를수록 그리고 멀리 갈수록 나에게 분명해지는 사실이 있다. 그것은 이 세상은 내가 없어도 그대로 존재하고, 모든 신도 인류와 더불어 죽어 없어진다는 것이다. 지금까지의 신들은 모두 사람이 만든 것이다.

어려서 나는 산에 올라가 숭고한 세계와 만나는 일종의 실질적인 종교 분위기를 느껴보았고, 그때 마음에 싹튼 것이 훗날 행동으로 고양됐다.

종교는 인간의 언어와 고도로 발전한 두뇌로 발생했다. 그리하여 그 시작과 끝, 원인과 결과를 알아보고, 위험과 경위를 예견하며, 인간의 생존을 확실히 하는 일과 관계를 갖게 됐다. 종교는 자신이 선택해 육체적·정신적으로 살아가는 것만이 아니라 정서적인 것까지 그것에 의지한다. 그리고 인간은 어디서 와서 어디로 가는가 하는 문제까지도 다룬다.

사람이 만든 신의 모습은 모두 자신의 초상을 투영한 것이다. 그래서 인류가 멸망하면 신적인 것도 끝나지 않을 수 없다. 나는 무신론자는 아니지만, 신이 없다기보다는 있다고 증명할 수 없다. 우리의 인식능력 저편에는 생각이 미칠 수 없는 것이 많다. 나는 그런 큰 의문을 갖고, 내 생활에 도움이 되는 쪽으로 생각을 해왔다. 그것은 영원한 것, 정당한 것 그리고 인간을 초월한 것에 대한 희망이며, 일상을 움직이는 힘이다.

나는 기독교 전통 속에서 자라면서 기독교적 교육을 받았고, 유사한 많은 기독교적 전통에 감탄했다. 신자들은 모두 존경의 대상이다. 호화찬란한 모스크와 교회 그리고 사원들은 삶의 문화적 표현이다. 물론 그렇다고 해서 그곳이 곧 깨달음의 장소는 아니다. 그 옛날 사람들은 함께 모이기 위해 종교를 만든 것이 아닐까? 하지만 그들이 신을 그리워한 것은 행복에 대한 동경에서 온 것인데, 결국 헛수고였다. 불변의 진리는 자연에 있고, 행복은 산의 정상이 아니라 우리의 마음에 있다. 즉 자신이 확실히 자신이라는 것을 깨달았을 때다. 처음에 아메리카 인디언의 '토템'은 산이 신앙의 상징이었다. 그것은 샘물처럼 사람이 사는 데 없어서는 안 될 대상이었다. 그들은 흐르는 물에 함부로 발을 담그지 않았다. 옛날 사람들에게 서있는 나무는 누구나 찾는 예배 장소였다.

옛날부터 산은 실질적인 인식의 공간이었다. 무엇인가 하려면 그 시작은 산이었다. 인간이 마음대로 해보고 싶은 의욕이 거기서 나타났다. 스스로 자신의 재주를 알고, 그 재주를 믿고 기회를 노렸다. 그때 자연은 초연했다. 옛날에 종교의식을 산에서 했듯이 우리는 등산을 통해 다시 산으로 돌아가는 것일까? 그렇지는 않다. 교회의 강령과 제도는 지금도 그 권위를 보호하는 역할을 한다. 그들이 절대적이고도 확실하게 유지하는 교권은 오랜 반이성反理性을 의미하며, 그들의 설교를 받아들이라고 강요하는 것이다. 하지만 자연과 자연법칙은 대단한 것이며, 나는 그것을 교회가 아닌 산에서 체험해왔다. 이때 자연과 맞서는 과시는 곧바로 죽음을 의미한다. 산에서는 돈이나 힘으로도 이에 저항할 수 없다. 오직 자신의 능력과 실천 그리고 자연에 대해 존경을 갖는 길밖에 없다.

나는 비교적 이른 시절부터 산의 길을 가고 지킨 보람이 있었다. '성스러운' 때였다. 천 년 전 히말라야에서 명상을 한 밀라레파는 가족의 재물과 불안을 떠나 산에서 자신의 길을 찾았다. 쓸모없는 일을 거절하고 깨달음을 얻은 것이다. 아시시Assisi의 성 프란시스코는 자기 고향의 장터를 떠나 페닌 산맥의 고소에서 그와 같은 금욕생활을 했다. 그는 수도원 독방에 살며 꽃과 새, 늑대에게 설교했다.

나는 은자와 요가 수행자를 위해 남 티롤 보첸 가까운 지그문츠크론 성城의 산악박물관에 명상 공간을 만들었다. 글로벌 경제 시대에 하나의 중요한 사례를 보여주려는 것이 아니고, 욕망의 단절을 위하여 우리의 둥지를 소중히 여기고, 동시에 그것을 부수자는, 두 가지 중요한 메시지를 위해서다. 여기에 '신'이 달리 결정할 게 없다. 인류가 스스로 멸망하기 전에 알아서 인류를 파멸시키는 힘이 우주에 있다. 태초부터 그랬다.

6789012345

자일파티

함께 한다는 것은 함께 있을 때 당연하고 자연스럽다. 함께 등반할 때도 그렇다. 나는 자일파티가 언제나 좋다. 어려운 상황이라도 파트너와 함께 인내심과 용기를 갖고 최선을 다하면 위기를 탈출할 수 있다. 이때 자일파티는 언제나 두려움과 불안을 공유하게 된다.

그러나 큰 무리가 대자연 황무지를 갈 때는 사정이 다르다. 그런 경우에는 위험이 한층 더 커지며, 무리와 가능성이 클수록 불안도 크다. 불안은 많은 사람들과 공유하면 일종의 정신분열paranoia 현상을 일으키고, 히스테리가 사람들 사이로 번진다. 그래서 나는 2인조 자일파티를 제일 좋아하며, 지금도 그렇다. 그것은 어느 특정인의 일반적인 인간성에 관심을 갖기 때문이 아니며, 안전과 체력과 신뢰가 등반의 리듬 속에서 커지기 때문이다. 2인조일 경우가 특히 그렇다.

생각을 명료하게 하기 위해서는 언제나 몸이 따라주어야 한다. 우리는 많은 것을 기억하지 못하기 때문에 세부적인 것은 중요하지 않다. 나는 일기를 자주 쓰지 않는데, 후회는 없다. 나는 내가 있다고 해서 내가 아니며, 동반자가 있을 때 내 존재를 인식한다. 둘이서 모험을 할 때가 그렇다. 나는 경험을 중요하게 여기며, 경험을 통해 세상을 이해한다. 이렇게 세상을 자신에게 적응시키면 자기 자신을 알 수 있다. 둘이서 황무지를 가면 나는 완전한 내가 되고, 생각과 몸이 파트너와 하나가 된다. 그때 우리는 미지의 세계로 한 걸음 한 걸음 들어간다. 그러면서 지금 하고 있는 것이 무엇인가를 알게 되고, 그것이 세상 그리고 파트너와의 감정이입이라는 것을 인식하게 된다. 나는 한 번도 등반이나 모험에서 파트너와 싸운 적이 없다. 목표를 달성했어도, 혹은 실패했어도 그랬다. 우리는 서로 노력해서 자신의 능력을 발휘했으며, 그것으로 마무리 지었다. 이때의 경험은 철저히 나의 것으로, 더 이상 바랄 것이 없다.

대자연 황무지에서는 분명한 리더십이 언제나 직감적으로 작용하며, 일방적이고 직업적인 리더십은 사람들이 따르지 않는다. 사법당국이나 관료는 물론이고 하물며 산악연맹도 산에서 이래라 저래라 할 수는 없다. 모험의 세계에서는 어떤 힘도 독점되어서는 안 된다. 서로가 최선을 다하는 것이 살아남는 기본공식이다. 성공 역시 그렇다. 그런데 '대단한 자일파티'가

지금도 독일 산악연맹 주도하에 여전히 작센 산악지대에서 행세하고 있다. 그것은 산을 보호한다는 명분을 앞세워 아무 자격도 없는 '좋은 사람들'이라는 집단이 외친 "베르그하일!(산 만세!)"로, 위임된 권위를 이용해 등산 스포츠를 더욱 강화하겠다고 연맹이 나선 것이다. 그리하여 존경받아야 할 연맹이 노신사들의 한가한 시간을 이용해 그들을 앞세운 다음, 산을 살린다는 미명으로 이익이 되는 사업을 꾸몄다. 즉 실내암장, 산악지대 모험여행과 보험사업 등이 그것이다. 이 모두는 멋진 일이지만, 연맹이 100만 명이 넘는 회원을 구실로 통제력 없이 독선적으로 주도하는 데 대해 나는 우려를 금할 수 없다.

연맹의 회원들은 연맹으로부터 대체로 유리한 보험 혜택을 받고, 산장이나 실내암장을 저렴한 비용으로 이용하기를 바란다. 하지만 연맹은 사업체나 이익단체가 아닌 것이 분명하고, 투명도가 결여되어 이 사업을 할 수 없다. 그런데도 그들은 회원 대다수의 동의를 얻을 수 없는 사업을 '진실'이라고 발표하고 있다. 내가 보기에, 그렇게 하는 것은 단세포적인 개발 사업이거나 외부 로비스트들의 의견을 반영해서라기보다는 남을 배제하고 독선을 정당화하려는, 도의적 가면을 쓴 오만이나 다름없다. 전통적인 알피니즘의 영역을 넘어 작센 산악지대에 대한 권한을 남용하고 있는 독일 산악연맹은 이제 갈 데까지 갔다.

원정을 다녀와서 나는 파트너와 의견을 교환한 적은 있었지만 별다른 문제는 없었다. 원정 중에도, 도중에 파트너가 바뀌었을 때도 마찬가지였다. 2인조의 한계 도전자가 목표로 하는 것을 다른 사람들이 왈가왈부하는 것은 의미 없는 일이다. 원정이 진행 중일 때 일어나는 일들은 현장의 일이다. 모든 것이 참가자가 관여한 일이며, 그렇게 하기로 되어 있다. 파트너가 하는 일이 마음에 들지 않는다고 어떻게 할 것인가? 방법이 없다. 오직 근심과 불안을 함께 나누며, 상대방의 감정을 이해하고, 그의 능력, 즉 힘과 재주와 인내를 십분 발휘하도록 해야 한다. 이렇게 해나가는 것만이 상황에 따른 한계 도전의 노하우를 온전히 살리는 길이다.

세계대전 사이에 독일의 선구적인 등반가였던 안데를 헤크마이어Anderl Heckmair를 예로 들면, 그는 당시 '떠돌이 등반가들'의 혁신적인 집단에 속해있었다. 이 방랑자들은 세계경제 위기 속에서 실업 상태를 극한등반으로 대신했다. 1938년 헤크마이어는 5인조의 리더로 아이거 북벽을 해냈다. 그때 그는 어려운 구간만이 아니라 결정적인 때마다 앞장섰다. 즉, 자신의 의무를 수행할 때나 미묘한 상황에서도 그는 모든 악조건과 끝까지 싸웠다. 그가 없었다면 아이거 등반은 어려웠을지 모른다. 헤크마이어는 산에서의 자유를 완벽히 실현했다. 그는 자기 책임으로 해냈다. 그는 인간적인 모험을 통해 자기 자신에 대한 고도의 요청을 실천했다. 남의 일같이 정복이나 승리를 생각하지 않고 오직 경험을 쌓아나갔는데, 이것이 그에게는 생의 목표이기도 했다.

산에서 나의 강력한 파트너는 동생 귄터였다. 물론 우리가 최선을 다했다고 할 수는 없다. 하지만 우리는 도박을 하지 않았다. 항상 고도의 위험 속으로 뛰어드는 것이 중요한 것은 아니다. 우리는 어려운 벽에 도전했을 뿐이고, 더 큰 모험에 나서려 했을 따름이다. 위험이 커진 것은 우리의 모든 능력을 끝까지 발휘하고자 하는 욕구에서 비롯됐다. 이때의 안전은 각자의 책임이다. 우리를 보호하는 것은 아무것도 없고, 위기에 도와주겠다고 나서는 사람도 없다. 있는 것이라고는 오직 우리 자신뿐이다. 모든 일에 대비하고, 문제가 생기면 곧바로 빠져나가야 한다. 대처가 확실치 못하면 낮은 곳에 그대로 있어야 한다. 이래도 실패는 있기 마련이다.

나는 빙하의 크레바스에 떨어진 적은 있지만 선등자로 등반하다 추락한 적은 없다. 벽에서 떨어진다는 것은 있을 수 없다. 그렇게 되면 끝이나 다름없다. 오늘날 이것은 당연한 일이다. 굳이 말하자면 등반기술이 날로 좋아지고 있으니까. 발꿈치 골절을 당할 때까지 나는 떨어지지 않는다고 믿었고, 떨어지지 않았다. 그래서 지금 이렇게 살아있다.

자일파티는 우선 마음을 함께하는 것이 중요하다. 전통적인 알피니즘에서는 성공이나 실패가 중요하지 않고, 초등도 중요하지 않다. 그러나 문명사회로 돌아가면 이런 관계에서 멀어진다. 갑자기 앞으로 나가기 위해 애쓰는 한 개인이 되기 때문이다. 그것도 남의 힘으로. 대중은 문명화의 하나인 이런 행동을 조장한다. 이때 대자연에서의 상대방에 대한 당연한 의무는 시대에 뒤떨어진 것이 된다. 따라서 새로운 동경을 함께하려는 성공의 공유는 주어지지 않는다. 하나의 이상을 실현하는 것이 싸움 대신 힘을 필요로 한다는 것을 인식하려면 많은 공간이 필요하다. 원정대의 참가자들을 위해서 그렇다. 그래서 원정대 계약은 사람으로서 못 할 일이기도 하다. 비전과 실천 사이에서 얼마나 많이 노력했든 그 노력은 파트너들 사이에서 극대화된다. 이때 길게 앞을 내다보는 사람만이 멀리 간다. 날게 하기 위해서는 날개를 붙잡지 말아야 한다.

6 78901234 5
도덕

이것은 어설픈 대인 관계로 많은 증오를 샀던 나의 개성에 대한 고백이다. 이기주의가 이타주의를 대신하는 '도덕의 몰락'에 대해서는 사회가 공동책임을 지고 나서야 한다.

이런 비난 속에는 권력이 작용한다. 그렇지 않고서야 왜 종교나 정치에서 '정신적·도덕적 혁신' 이야기가 나오며, 사회적 도덕과 권력의 독점에 대한 문제 제기가 나오겠는가?

공동사회는 개인이 취미로 모이는 광장이 아니라, 개개인의 커다란 가능성을 위해 마련된 자유공간이다. 남을 생각하지 않는 이기주의는 집단이나 씨족사회, 또는 대가족에서도 행세할 수 없다. 큰 집단에서는 권력을 남용한 일이 많았고, 지금도 여전하다. 이런 집단과 맞서온 개인은 몰락했다. 앞으로 돌진하는 집단에 저항하는 사람은 무참히 짓밟힌다.

1993년 아라라트 산 정상에서 터키의 동쪽 광야를 바라보고 있을 때 해가 기울면서 빛이 바뀌어, 황량한 구릉지대의 주름이 만든 그림자가 마치 지구에 쐐기를 박고 있는 것처럼 보였다. 신화의 세계 그대로였다. 이 산에 전해 내려오는 전설은 어떤 것일까?

아라라트 산은 지형학적으로 성층화산이며 등산의 대상으로는 적합하지 않지만 세계적으로 지명도가 높다. 노아의 방주와 거기에 얽힌 이야기 때문이다. 이란과 이라크, 터키 삼각지대에서는 의인의 구원 역사가 수천 년 동안 전승되어 왔다. 이 전설은 하나의 명제처럼 들린다. 즉 도덕적으로 행동해야 구원을 받는다는 것이다.

이 지방의 쿠르드족은 예치덴Yeziden 공동체로 살았는데, 그들의 종교는 12세기에 레바논에서 이곳의 산으로 옮겨왔다. 그러나 그들의 조상은 이란의 예언자 조로아스터 시대로까지 거슬러 올라간다. 그들의 신은 스스로를 창조하고 초기 일신교를 이루어 오늘날까지 쿠르드 문화로 이어지고 있다.

유럽인에게 아라라트 산은 성서에 나오는 노아의 방주 전설이 있는 산으로 알려져 있다. 그래서 구원자 의인의 이야기도 알고 있다. 그런 대홍수가 언제 어디서 있었는지는 확실하지 않다. 그것은 구약성서에 나와 있는 것처럼 해발고도 5,000미터의 아라라트 산에서 일어나지는 않았을 것이다. 물이 그런 높이까지 찰 수는 없다. 오히려 오늘날 흑해에서 일어나는 대홍수로 해석할 수 있다. 방주의 전설은 성서보다 오랜 인간 역사의 뿌리 깊은 신화로 보아야 할 것이다. 과연 오랜 세월 동안 전해 내려온 이 이야기의 핵심을 그 당시 구체적인 사건으로 인용할 만했을까? 전설은 자주 상징적으로 묘사되며, 도덕을 근거로 생명을 위협하는 상황을 선善으로 전환시킨다. 의인의 이야기는 그전 역사에도 있었다. 이런 것은 생존자의 기억에 깊이 들어있으며, 그것이 신화로 전해 내려오게 된다.

인간이 아라라트 산을 신성하게 여긴 것은 그 산이 성서에 나오는 방주와 연결되어 전설로 남았기 때문이다. 아라라트 산 주변은 오랜 세월 농경지였다. 기원전 8500년에서 5500년 사이에 이 생활양식은 점차 서쪽으로 이동했다. 노아의 방주 이야기도 이렇게 전승됐다. 그런데 과연 대홍수가 구출된 자의 탈출을 도운 작동장치였을까, 아니면 흔히 있듯이 공포에 빠진 인간에게 퇴로와 거처, 방향을 제공한 메시아를 말하는 것일까? 성서 이전의 성산聖山, 즉 인간을 구출한 산의 높은 곳은 신과 자연이 하나가 된 곳이었을 것이다. 산은 최악으로 치닫기 전에 원주민들이 도망갈 수 있는 마지막 거점이었다. 도덕은 훨씬 뒤에야 생겼다. 종교의 창시자나 자칭 통치자가 도덕을 권력의 도구로 삼았다. 인간의 정착과 함께 권력의 도구로서 도덕을 중요하게 여긴 것은 논리적이다. 세월이 흐르면서 우리는 각자 도덕성을 갖추게 됐다. 그리하여 도덕의 사도가 — 인터넷과 독자투고와 온갖 종류의 네트워크가 — 오늘날 활발하게 활동하고 있다. 그런데 대부분이 익명인 이런 활동은 '악'과 싸운다. 이렇게 해서 도덕에 대한 스트레스가 생기고, 개성이 범죄가 되고, 자유가 제한된다. 이런 식이라면 우리 모두가 위선자들의 요구대로 우호적이며 고상하고 친절해야 한다. 어쩌면 네트워크를 통해 그 어느 때보다 더 강력하고 빠르게 표현되는, 법보다 높은 상급자가 생긴 것 같다. 이런 집단적 움직임으로 도덕적 일꾼은 그들의 힘 앞에서 무력감에 빠진다.

도덕적인 행동은 국가질서 이전에 이미 존재하고 있었다. 그것은 자연법칙으로 절차가 필요 없다. 인간의 본능은 생존을 위해 작용한다. 인구가 늘면 집단적 지식의 본능이 작용해 윤리가 발전하고 우리의 도덕에 영향을 미친다. 그러나 도덕이 반드시 윤리는 아니다. 그 가치는 선천적으로 존재해야 하는 것이 아니다. 계몽이라는 틀 안에서 이성을 지나치게 강조하다 보니, 우리는 뒤늦게 주어진 도덕에서 잘못을 범하기가 쉽다는 것을 깨달았다. 개인의 개성에 대한 인정과 인권은 근본적으로는 상당한 노력의 산물이며, 거기에는 신권神權정치도 도덕적 독재도 결국 끼어들지 못했다.

1970년 처음으로 히말라야 원정에 나섰을 때 원정대장은 좋은 사람이며 도덕적인 인물로 가장하고 자신의 대원들에게 절대복종을 요구했다. 이처럼 그는 산에 대한 자신의 생각을 확신했다. 그는 루팔 벽을 최고로 알고, 그 거대한 얼음의 벽을 완등하기를 바랐지만, 그것은 한낱 독선적인 생각에 지나지 않았다. 이 '좋은 사람'은 마침내 에고이스트의 가면을 벗었는데, 그는 더욱 더 인정을 받고 싶어 할 뿐 어떠한 반발도 견디지 못했다. 자신의 길을 간 사람은 이 자칭 대장으로부터 쫓겨났다. 이 좋은 사람은 삶을 마감할 때까지 저주받은 자신만의 도덕을 내세웠다. 그러나 나는 도덕은 오용될 수 있다는 중요한 인식을 그로부터 얻었다. 내가 어려서 가졌던 이상주의로부터 구출된 것은 순전히 그의 오만 덕분이었다.

1969년 가을, '지기 뢰브Siegi-Löw 낭가파르바트 추모원정'에 초청 받았을 때 나는 그 자리에서 승낙했다. 목표는 4,500미터 높이의 낭가파르바트 남벽으로, 완전히 내 마음을 사로잡았다. 아이거 북벽에 비하면 두 배 반이나 큰 벽이었다. 거기에 압도적인 고도와 완벽한 독립 벽. 당시까지 한두 차례의 시도가 실패로 돌아갔지만, 이 벽은 도전해볼 만한 대상이었다.

나는 안데스 원정에서 얻은 경험으로 8천 미터급 고봉 문제에 접근했다. 곤란과 위험과 긴장. 나는 이런 생각을 갖고 준비에 들어갔다.

원정에 참가하기 위해서는 돈을 내야 했으므로 나는 파두아 대학을 그만두고, 보첸의 한 중학교에서 수학과 자연지식 그리고 체육시간을 맡았다. 그리고 오후에는 체력 훈련을 했다. 나는 산을 오르내리며 달렸고, 보첸에서 예네지엔까지 나의 훈련 과정을 매일같이 실천했다. 그러면서 1,000미터 높이의 낮은 산을 쉬지 않고 발끝으로 오르내렸다. 당시 그 정도를 오르는 데 30분이면 충분했다. 동시에 나는 호흡을 조절하고, 식사는 극한등반에 맞추어 시간차를 두었다.

내 의견으로 내구력 훈련에는 세 단계가 있다. 첫 번째 단계는 건강한 사람이 서너 시간 동안 피로감을 느끼지 않도록 하는 것이고, 두 번째 단계는 간에 글리코겐을 저장해서 큰 원정에 대비하는 것이다. 이런 훈련으로 나는 하루 종일 등반하며 공복이나 갈증을 느끼지 않도록 했다. 세 번째 단계는 높은 고도에서 비박으로 밤을 지새워도 정신을 차릴 수 있도록 훈련하는 것이다. 이 방법은 그때까지 알프스에서는 체험하지 못한 것을 훗날 낭가파르바트와 뉴기니 밀림 속에서, 또는 고비 사막에서 체험한 것이었다. 이런 과정을 통해 나는 일찍이 경험하지 못한 극도의 긴장 속에서도 여러 날 동안 음식물을 섭취하지 않고 전진할 수 있었다. 내가 살아남은 것은 이런 훈련 덕분이었다.

극한상황에서는 순수한 육체적 힘보다 정신력이 중요하다. 시련을 이겨내는 능력은 자신의 내장에서 나온다. 간과 신장이 무엇보다도 예외적인 상황에 익숙해져야 한다. 이러면 사람은 죽지 않는다.

나는 훈련을 하면서도 낭가파르바트에서 예상되는 곤란한 상황은 머릿속에 담아두지 않았다. 그렇다고 등반을 과소평가하지도 않았다. 히말라야 경험이 없어 위험을 제대로 알지 못했지만, 나는 살아남았다. 위험은 고도와 비례한다. 하지만 예상되는 곤란과 미리 싸울 수는 없다. 다만 그것을 생각할 뿐이다. 그런 원정에 특별한 훈련 없이 참가한다는 것은 무책임한 일이다.

1969년 크리스마스 연휴 때 나는 펠모Pelmo 북벽을 시험 삼아 등반했다. 동계등반이었다. 마침내 동생 귄터도 원정에 초청되어, 나는 히말라야에서 요구되는 난관을 눈이 덮인 그 벽에서 해보고 싶었다. 그런데 벽의 3분의 2정도 올라가 두 번째 비박을 하고 나자 날씨가 악화되어 우리는 자일 하강을 했다. 후에 우리는 서로 간의 대화를 통해 죽음의 지대에서 일어날 수 있는 일을 눈앞에 그대로 그려보았다. 그리고 정상에 올라갔을 때를 이것저것 상상해보았다. 우리는 흥분 상태에서 원정대장의 계약내용을 자세히 보지도 않고 서명했는데, 그것은 그의 명령과 보고에 관한 것들이었다.

나의 상체 근육은 특수 주행훈련으로 하체에 도움이 되어 빠른 회복을 돕고, 맥박은 1분에 42까지 내려갔다. 훈련효과는 만족스러웠다. 그리고 마침내 떠나게 되자 성공에 대한 확신과 의구심이 반반이었다.

권터와 나는 거대한 낭가파르바트에서 처음으로 왜소하게 느껴졌다. 그러나 한 달 반이 지나자 우리는 벽 상단에 들어섰고, 6월 27일 드디어 정상에 섰다. 하지만 예상치 못한 상황, 즉 잘못된 기상 정보와 동생의 고산병, 자일이 없다는 점 때문에 우리는 하는 수 없이 더 쉬운 서쪽으로 내려가기로 했다. 모든 것이 잘 진행되는 듯했다. 그러나 디아미르 벽 아래에서 권터가 눈사태에 휩쓸렸다. 그를 찾았지만 헛수고였다. 나는 동상에 걸린 발로 디아미르 계곡으로 내려와, 나중에는 기다시피 해서 살아났다. 내가 이런 오디세이에서 살아남은 것은 놀랄 일도 아니며, 오히려 계산적이었다는 것이 대장의 판단이었다. 그리고 그는 자신의 명령을 듣지 않은 사람은 자신의 책임도 아니라고 주장했다. 그리하여 그는 내가 권터를 메르클 걸리에 죽은 채 내버려두었다고 허위 사실을 유포하고 자기주장만 되풀이했다.

이것이 그의 도덕이었다. 그는 앞뒤가 맞지 않는 사실을 세상에 내놓고, 화를 내며 내가 구조에 애쓴 것은 들은 척도 안 하고, 디아미르 계곡으로 가서 다시 수색하라고 했다. 겉치레로 내세운 도덕은 어떻게 할 수 없다는 것을 나는 뒤늦게 알았다. 도덕을 내세우는 자와 손잡는 자들은 많지만, 대중의 도덕 법전에 굴복하지 않는 자는 적다. 여기에 맞서면 상황을 악화시킬 뿐이다. 왜냐하면 도학자들은 올바른 편에 서있다는 오만함을 다른 도학자들과 만끽하고 싶어 하기 때문이다. 마치 자신들이 언제나 중심이고, 자신들의 도덕은 논박할 여지가 없다는 것처럼.

그러한 도덕으로부터 벗어난 절대적 개인으로서의 모험가는 본능적으로 자신의 행동에 대해 책임을 진다. 그는 어떤 권위에도 굴복하지 않고, 오직 자신의 양심에 따라 행동한다. 그리하여 그는 자신의 길을 가고, 자신의 역사를 창조하며, 예측할 수 없는 일은 물론이고 가능성에도 항상 대비한다. 그는 모든 외부의 압력에서 벗어나 자신의 활력과 본능, 비전을 따른다. 충격이나 감동이 일어나지만 운명은 스스로 대처해야 한다. 그가 가는 길은 이렇다. 이런 전통적인 등반가는 자신이 주인이며, 정의와 도덕을 내세우며 싸우자고 하는 어느 누구와도 상대하지 않는다는 것을 나는 잘 알고 있다. 자주적으로 행동할 능력이 없는 자에게 나는 관심이 없다.

귄터의 조난사고 보고에 대해 이론異論을 일삼는 자들과 싸운 것은 나의 실수였다. 그들이 유포한 허위 사실에 대해서도 반박하는 것이 아니었다. 동생의 죽음에 대한 책임은 전적으로 나에게 있다. 남들이 이 일에 대해 뭐라고 하든 그것은 그들의 일이다. 그래서 나는 앞으로 이 문제에 대해 더 이상 변명하거나 정당화할 생각이 없다.

독일 산악연맹이 개인의 등반에 간섭하는 것은 연맹 같은 큰 권위기관의 비협조성이 그 밑바닥에 깔려있다는 이야기밖에 되지 않는다. 나의 한계도전은 모두 나의 책임으로 이루어졌다. '고도'와 개인에 대한 규정은 이 일과 전혀 관계가 없다. 나는 '허가나 금지'를 문제 삼지 않으며, 오직 '가능이냐 불가능이냐'만 생각한다. 나의 행위에 대한 의미는 나만이 말할 수 있다.

이에 반해 '명예직'으로 그들의 연맹을 위해 봉사하고 있는 '좋은 사람들'은 연맹에 대한 문제 제기에 '이타주의'라고 대답한다. 그들이 잘못해 불이익을 초래한 경우도 그렇다. 여기 한 가지 분명한 것이 있다. 그들 '아웃사이더들'이 자기 생활에서 의미를 찾을 때 '니체식'으로 떠들다가 신용이 떨어질 수 있다는 것은 다행한 일이며, 분명히 그렇다. 나는 니체가 말하는 '초인간'이란 초인간적인 괴물이 아니라, 자주·자결적 인간이라 생각한다. 그들이 내세우는 도덕은 다름 아닌 우리를 구속하는 데 그 목적이 있다.

6 5
의식

2011년 가을 나는 아들 시몬을 데리고 돌로미테 셀라 산군의 보에제코펠 서벽 디보나 루트를 올랐다. 난이도 중급의 600미터 벽이었다. 등반에 나서기 이틀 전에 아내가 시몬을 제때 발견하지 못했다면, 아마 그는 죽었을 것이다. 그는 헬기로 유발성에서 보첸 병원으로 후송됐다. 자비네와 막달레나가 숨을 헐떡거리며 그를 성으로 옮겨, 의사 덕분에 안정을 되찾았을 수 있었다. 그는 어둠 속에서 쓰러져 충격을 받고, 자신을 어찌할 수 없었다. 그는 대두 콩 우유를 마셨는데, 그것이 강한 알레르기 반응을 일으키리라고는 미처 알지 못했다.

시몬은 가벼운 몸놀림으로 회색 암벽을 올라갔다. 이 벽은 상단의 절반이 수직이었다. 우리는 위험을 놀랍도록 잘 극복하면서 이 등반을 마쳤다. 나는 그가 마지막 어려운 피치를 오르는 것을 유심히 바라보았다. 그는 조금의 실수도 없이 손잡을 곳과 발 디딜 곳을 골라가며 오후의 하늘 속으로 올라갔다. 이런 그에게 잔소리할 것이 하나도 없었다. 이제 정상은 바로 눈앞이었고, 그의 등반은 재탄생을 축하하는 의식이었다. 나는 귄터와 등반할 때도 똑같은 감정을 느꼈었다. 수백 번을 그랬다. 우리는 일요일에 교회에 가지 않고, 바위를 올랐다. 우리에게는 삼림 한계선 너머에서 진리를 찾는 일이 더 중요했다. 넓고 고요한 세상에 돌로미테의 침봉들이 있었다. 밑의 계곡과 촌락에서는 척도와 기준을 삼을 것이 없었다. 남 티롤도 많이 변해서 자동차가 넘치고, 아파트와 회사, 공장이 들어섰다. 더불어 '금지'를 알리는 경고판이 숲을 이루고 있는 곳에 많은 사람들이 살고 있다. 하지만 삼림 한계선 너머는 다른 세계다.

우리의 조상들은 — 만 년, 2만 년, 3만 년 전에 산 사람들은 — 종교적인 확신이 있었을까, 아니면 생존을 위해 치열한 싸움을 해야 했을까? 혹시 그들에게 공동체 의식이 있었을까? 우리가 종교라고 말하는 것은 계몽이 진행되고 있을 때 생겼을까, 아니면 느닷없이 어떤 사건으로 생겼을까? 혹은 많은 이야기들이 이어지는 가운데 점차적으로 생겼을까? 사람들이 모여 신에 대한 의식을 거행하는 광장을 중심으로 마을이 형성되고, 종교적인 의식이 어떤 큰 공동체에서 처음 있었던 것일까? 어떻든 현대문명이 시작되면서 도시와 중앙집권도 함께 이루어졌을 것이고, 분명히 공동체 의식도 그때 있었을 것이다.

시몬과 함께 타실리Tassili 산맥과 와디 럼Wadi Rum을 여행하며 우리는 그 황량한 사막지대에서 석기시대의 유물을 많이 보았다. 점토 조각, 화살촉, 돌로 만든 수공예품과 의식용 기구 등. 암벽에는 사냥하는 그림, 싸움하는 그림 그리고 춤추는 그림과 그 밖에도 많은 동물 그림들이 그려져 있었다. 큰 공동체에서 예술과 종교의식은 그들의 정체성이었다. 도시가 처음 생겼을 때 비로소 지도자가 나타났는데, 그들의 지도력은 제대로 알려졌을까? 그리고 전쟁에서 어떻게 지휘가 이루어졌을까? 사냥꾼과 죽은 동물을 한곳으로 모으는 사람은 그들 주변의 모습을 어떻게 기술했을까? 그리고 그들의 종교와 당시의 알려지지 않았던 일들을 기록한 그 기능은 어떻게 보아야 할 것인가? 여기에는 창조신화와 죽음이 들어있는 것이 확실하다. 그들의 의식은 불안을 없애는 것이었다. 그러면 초자연적인 것에서 해방되고 마음이 편안해졌을 것이다. 권력은 처음에 많은 사람들에게 행사되고, 시위적인 행위와 사기·주술 등이 종교의식에 나타났다. 이때 핍박받는 사람들이 많을수록 효과가 컸다. 하지만 자일파티에는 그런 일이 있을 수 없다. 작은 공동체는 인간의 본능에 기초를 두고 있다.

제3자와 산악연맹의 이론가들은 등반을 종교적 차원으로 몰고 가기를 좋아한다. 그러자 많은 사람이 여기에 찬동하면서 열정적으로 등반을 미화美化하고 있다. 하지만 그 근원은 석기시대의 예술이나 언어 같은 것이 아니고, 현대의 예술과 언어다. 이것은 목적이 결여된 행위다. 목적도 아무런 쓸모도 있을 리 없다. 산을 오르는 것은 가능성에 지나지 않는다. 비밀이 없다. 따라서 이 가능성을 풀어보려 하지 않는다면 문제 삼을 것은 아무것도 없다. 그런데 왜 사람들은 아무 소용도 없는 일을 하는 것일까? 종교는 개인의 삶이란 죽어서 영원의 세계로 가는 데 의미가 있다고 말한다. 설사 그것이 아무런 과학적인 근거가 없어도 수많은 사람들이 그런 믿음을 갖고 따라가고 있다. 그래서 종교는 저마다 다른 종교보다 우세해야 하는가? 그래서 진리를 찾으려는 잔인한 의식이 있는 것일까? 적어도 3,000년 동안, 종교를 가진 자들은 이교도들을 짓밟고 죽이고 개종시켜 왔다. 마치 '적자생존適者生存'의 법칙이 종교에 밀착된 것처럼, 이 모든 것이 오직 신神이라는 이름 하나로 자행됐다.

나에게는 의식화된 것이 하나도 없다. '베르그하일'도 '요들'도 그리고 정상에서 취하는 승리의 자세도. 설사 등반가에게 원숭이 흉내를 내도록 시킨다 해도 인간의 등반기술은 오직 그의 정신력에 달려있다. 이때 의식 따위는 아무런 의미가 없다. 나는 황무지에서 나의 행위에 대해 어떤 주석도 달 필요가 없었다. 횔덜린Hölderlin(독일의 철학적 시인: 역자주)이 신적이라고 한 것을 나는 나의 감각을 통해서 받아들인다. 나는 그것을 저 세상의 것으로 존경하는데, 우리가 이해할 수 없거나 또는 접근할 수 없기 때문이다. 나는 가정된 초자연적 힘을 믿지 않는다. 우리가 의미도 모르면서 단서를 찾을 수는 없기 때문이며, 내용이 없는 교회의 의식을 마치 대단한 것처럼 가장하고 있기 때문이기도 하다. 이와 같은 것을 나는 알피니즘 옹호자들에게서도 보았다.

나의 원정에는 대개의 경우 특별한 동반자들이 있었다. 1985년에서 1986년에 걸친 동계 마칼루 원정 때 처음으로 그런 경험을 했다. 이때 촬영팀이 하루 종일 따라붙었다. 카메라맨과 녹음 기사들이 장비를 들고 소리를 지르면서 신비에 찬 우리의 세계를 마구 돌아다녔다. 그들이 그렇게 하는 것은 본질적이고 당연한 일이었다. 모든 일은 늘 하는 그대로였다. 배낭을 꾸리고, 루트를 살피며, 셰르파들은 운행을 시작하기 앞서 그들의 신에게 제사를 드린다. 모든 일이 차분히 이루어지는 가운데 극히 소수의 촬영기사들만 정신이 없다. 그 밖에는 적막하고 광대하며 무료하다. 이것을 필름에 어떻게 담을 수 있을까?

6 자유

알프스의 거벽 등반은 오늘날까지도 나에게 자유와 공간을 연상시킨다. 우리는 줄줄이 이어진 집, 카페와 좁은 골목길, 교회와 성당이라는 문명 속에 있다. 여기에 시민들이 도발하는 차가운 소외도 빼놓을 수 없다. 나는 건초가 있는 헛간이나 텐트에서 잠을 잤다. 정상 위로 허공이 펼쳐지고, 그 아래의 아무에게도 속해있지 않은 곳이 나의 공간이었다. 아무것도 부러울 것이 없을 정도로 이 공간은 소중했다. 나는 산을 사랑한 것이 아니라 무정부적인 삶을 사랑했다. 나는 옳다고 생각한 것을 하고, 가능해 보이는 곳을 오르고, 원하는 시간에 잠을 자고, 물이 있는 곳에서 물을 마시고, 배가 고프면 배낭에서 먹을 것을 찾았다. 내가 있는 곳은 아무도 없는 공간, 즉 세상에서 돈과 바꿀 수 없는 곳이었다. 나는 죽을 수도 있었지만, 죽지 않으려고 온힘을 다했다.

어렸을 때 고향의 가이슬러 산군에서 처음 느낀 자유에 대한 이런 감정이 기억 속에 단단히 박혀 있다. 그 세계는 넓었다. 나의 어린 시절은 규율을 완전히 벗어나지 못했지만, 그래도 자유로웠다. 양계장에서 일하고 주일에는 교회에 갔다. 언제나 이것저것을 살피고, 옳고 그른 것을 알아야 했다. 할 수 있는 일도 있었고, 할 수 없는 일도 있었다. 30년 뒤 에베레스트 정상에 섰을 때 그곳은 안도의 한숨을 내쉴 수 있는 자유의 공간이 아니었다. 숨을 쉬기도 어려운 희박한 공기, 서있기도 불안한 정상, 주위가 보이지 않는 눈보라. 오래 있을 수 없었다. 살려면 빨리 내려가야 했다. 페터 하벨러와 나는 지구의 최고점에 잠깐 있는 동안 자유라고는 느껴보지 못했다. 자연과 맞설 때 자유는 있을 수 없다.

어느 대피소에서나 많이 들을 수 있는, "산에는 자유가 있다."라는 노랫말이 있다. 이 노랫말은 우리가 자기 단련을 위해서 무엇이나 하겠다는 소망에서 나온 것이다. 편견과 강요와 상투적인 말에서 벗어나는 것도 자유의 한 방법이다. 비록 새로운 것이나 불확실한 것에는 불안이 따른다 해도, 이런 것과 마주하는 데는 또 다른 자유가 있다. 하지만 우리 사회가 안전을 지나치게 강조하다 보니 모험이 힘을 잃은 빛이 되어버렸다. 인간이 자유스럽지 못한 것은 죽지 않을 수 없는 것과 같다. 그러나 인간은 스스로 결정하고 달려들 때 구속과 부자유를 뿌리치고 자유로운 몸이 된다. 그때 우리는 자신의 비전은 물론이고 경험과 하나가 되면서 자신의 일을 해나간다. 그런 의욕은 오랜 과정에서 싹트며, 이때 우리의 자유에서 나온 결단은 인간의 본성을 따른다. 그러므로 자유는 우리가 가능성을 찾아가는 일이기도 하다.

한계 도전자에게 자유란 일면 자기 책임을 말한다. 그래서 "할 수 있는 것은 해도 된다."라는 것이 원칙이기도 하다. 나는 내가 원하는 것을 하는 것이 아니고, 내가 할 수 있으니까 할 따름이다. 이런 의지의 자유는 상대적이며, 집단에서는 이따금 다른 사람들의 입장도 생각해야 한다. 그러나 자율을 믿는 사람은 자기 결심이 확고해서 외부로부터 영향을 받지 않고, 그런 일로 부자유를 느끼지 않는다. 이런 자기 인식은 지식보다 중요하다. 하지만 미흡한 결정을 제멋대로 결행할 수 있어 한계 도전에서 비극적인 결과를 가져오기도 한다.

왕과 같은 지배자들이 자신을 신으로 여긴 일이 있었는데, 그들은 사람의 자유를 박탈했다. 그 신하들은 권력자의 잘못된 일도 참아야 했다. 그렇다면 오늘날의 우리 민주국가는 어떨까? 생활수준으로 보면 행복과 고뇌를 어느 정도까지 우리 자신이 결정하는 셈인데, 나는 그것을 미결정 상태로 놔둔다. 지금과 같은 글로벌 사회에서는 그 문제에 대해 만족할 만한 답이 없다.

고대의 무정부적인 행위 같은 모험은 근본적인 인식과 결부되어 있기 때문에 긴장의 실험이기도 하다. 그래서 모험의 가능성도, 따라서 자유의 가능성도 크다.

오늘날 우리는 자유공간처럼 보이는 문명사회에서 살고 있지만, 그 속에서 단념하며 산다. 이 세상의 많은 사람들이 그렇게 산다. 그러다 보니 개인이 자유를 누리는 범위가 날로 좁아지고 있다. 사회는 정상적으로 돌아가는데도 그렇다. 내가 보기에는 우리의 자유공간이 아주 좁아진 것 같다. 우리는 지금 이런 자유 속에서 마지막 희망을 붙잡고 있다.

나는 인터넷보다 산을 좋아한다. 나는 눈사태는 피할 수 있지만, 인터넷의 사이버 공격은 피하지 못한다. 우리는 온라인 상에서 가장 큰 자유를 누린다고 말한다. 그러나 또한 아무런 어려움 없이 개인의 신용을 떨어뜨릴 수도 있다. 이렇게 보면 온라인 상에서 누리는 자유도 파괴되고 있는 것이나 다름없다. 책임이 없는 자유는 위험하다. 인터넷의 대중이 그렇다. 아수라장 같은 세상에서는 관용보다는 오만과 명분, 공격이 날뛰고, 때로는 인종차별과 외국인 배척 등이 널리 퍼진다. 자유라고 하면 거기에는 언제나 다양한 사상의 자유가 있기 마련이다. 이것을 지키지 못하면 자유는 환상에 지나지 않는다. 이때의 자유는 산의 정상에서 듣는 공허한 메아리다. 그러나 최소한 산의 정상에서는 자유라는 이름으로 누군가를 해치지는 않는다.

이제 모험도 디지털인 세상이다. 오늘날의 도전자는 다만 대중을 필요로 한다. SNS에 자신의 한계도전을 발표하고, 위성을 통해 '대자연'을 보여준 다음, 마지막으로 '모험'이라고 올리기만 하면 된다. 이렇게 되면 결국 자유와 통제가 하나가 되면서 한때 위험공간이었던 것이 마치 여전히 위험공간인 것처럼 보일 뿐이다. 이로써 나의 전통적인 모험 — 무산소, 무볼트, 무통신, 무약물 — 의 원칙은 불합리해지고 말았다.

67 가족

어머니의 소원은 우리가 1년에 한 번씩 만나는 것이었다. 서로의 사정에 따를 수밖에 없겠지만, 한 명도 빠짐없이 모이기를 바라셨다. 어머니는 사는 동안 단 한 번도 미래에 대한 두려움을 표현한 적이 없다. 다만 한 가지 소망은 우리 형제자매가 사이좋게 잘 지내는 것이었다. 대가족은 함께 뭉쳐야 살아남을 수 있다는 굳은 신념을 우리에게 물려주고 싶었을까. 우리 형제자매들은 유럽 각지에 흩어져 살지만 정기적으로 만난다.

사람은 50년 인생을 내다보지 못한다. 자유로운 활동의 범위가 좁아지면서 생활은 더욱 삭막해지고 있다. 관료주의가 심해지고, 일상은 더 지루해질 것이다. 나는 이런 사회에 나의 아이들을 부분적으로라도 대비시킬 수밖에 없다. 사람은 사회가 어떻게 변하든 상관없을 것 같지만, 꼭 그런 것만도 아니다. 우리는 남 티롤에 살고 있다. 다행히 가족은 지방 생활에 잘 적응하고 있다. 여행도 자주 한다. 그만큼 남 티롤의 생활수준이 높다. 나는 이 작은 지방에서 살며, 별다른 일 없이 극히 만족스럽다. 이따금 마음에 안 드는 일도 있기는 하지만…. 나는 남티롤에서 마음에 안 드는 부분을 자주 언급해왔다. 그럼에도 우리 가족은 이 지방을 떠나지 않고 있다. 긍정적인 면이 더 많기 때문이다. 특히 남쪽에 위치해 있어 날씨가 좋고, 독특한 풍경이 있으며, 여러 언어가 통하는 것이 좋다.

나는 지금 아이들에게 세상과 그들이 살아갈 인생을 내다보도록 하고 있다. 그것은 내가 어려서 보았던 것과도 다르고, 체험하지도 않은 세상일 것이다. 그들의 세상은 오직 그들의 것이다. 하지만 나는 아이들과 함께 많은 시간을 보내고 있다. 여류 미술사가인 막달레나와는 박물관 구상을 함께 하고, 풋내기 식물학자인 시몬을 데리고 등반을 하며, 안나Anna와 함께 산책을 즐긴다.

2011년 8월 11일 정오 무렵에 나는 열한 살 난 안나를 데리고 쾨니히스안거슈피체 정상에 올랐다. 쾨니히스안거슈피체는 남 티롤 한가운데에 있는 산이다. 우리는 라츠폰에서 소나무 숲을 뚫고 기복이 심한 고원지대를 지나 곧바로 올라갔다. 길 옆의 케른을 보고 돌로 된 인간들이 줄지어 올라가며 남긴 발자국을 상상하면서. 그런데 정상에 커다란 석조 인간상이 있는 것을 보고 놀라지 않을 수 없었다. 작은 표지석이 좁은 정상 능선에서 서쪽과 동쪽을 가리키고 있었고, 정상을 나타내는 십자가가 주봉이 아닌 전위봉에 고색창연하게 서있었다.

우리가 오른 산은 불과 2,500미터 고도밖에 되지 않지만 전망은 다른 산이 흉내를 낼 수 없을 정도로 뛰어났다. 서쪽으로는 쾨니히스 산군, 체브루, 오르틀러, 북쪽으로는 외츠, 스투바이, 칠러 계곡이 있는 알프스를 조망할 수 있다. 또한 동쪽으로는 리에저페르너, 하운올트, 드라이슈스터며 가이슬러와 컨투리네스, 셀라 그리고 남쪽으로는 로젠가르텐이 보인다. 이렇게 사방으로 남 티롤이 지평선 끝까지 두루 뻗어있고, 팔라와 아다멜로, 브렌타까지도 시야에 들어온다. 내가 어려서 여름 한철을 보냈던 그슈마겐하르트 고원지대가 있는 가이슬러슈피체가 아주 가까이에 있다. 안나도 나도 이렇게 사방을 둘러보고 감격에 젖어 오랫동안 서있었다.

사람은 어느 누구도 어떻게 무無에서 나와 무無로 돌아가는지 실증적으로 설명하지 못한다. 따라서 인류가 지구에 어떻게 나타났는지 알기는 어려울 수밖에 없다. 그러나 인류는 환경조건에 따라 어떤 기회에 나타나, 갖은 재난을 뚫고 살아남았다.

쾨니히스안거슈피체는 중간 정도의 산으로, 남 티롤과 그 인근에 무게감을 안겨주는 중요한 곳이다. 이곳에는 동굴과 바위, 숲이 있고, 가더 계곡의 크로이츠코펠과 필뇌스의 루펜 그리고 슐레른이 여기에 어우러져서, 인간적이고 신적인 것이 모두 모여 있다. 그래서 우리 같은 방랑자들은 여기를 두고 달리 순례의 길을 떠날 필요가 없다. 예를 들면 바이에른의 안데크나, 그로스글로크너에 갈 필요가 없다는 이야기다. 안나도 정상에 쌓인 케른에서 어떤 감회를 느낀 듯 주위의 산들을 둘러보았다. 그 모습은 마치 어떤 것에 감전된 듯했다. 자연이 우리에게 어떤 의미를 던져주는 것이 아닌, 아무 의혹도 없는 특별한 분위기라고나 할까? 어떤 깨우침이 아니고 중도적인 체험과 존재 그리고 상호 친근성의 느낌이랄까?

서쪽에서 솜털구름이 가까이 다가오자 갑자기 구름이 모여들었다. 순간 초자연적인 현상이 벌어질 것 같았다. 신적인 것과 세상이 하나가 되는 것이다. 나는 하늘 높은 곳에 있는 신의 뜻은 알지 못해도 주위의 산들을 둘러보면 모든 의구심을 떨쳐버릴 수 있다. 이것이 해방이며, 그 옛날 이 세상에 주어진 것으로, 지금은 가족 속에서 찾게 되는 안도감이다.

“남 티롤은 정말 아름다워요.” 안나가 말했다. 우리는 더할 나위 없이 좋아서 십자가를 지나 산을 내려갔다.

“좋지? 십자가가 주봉에 있지 않은 것이….” 하고 안나에게 말하자 안나도 “맞아요. 모든 것을 볼 수 있잖아요.”라고 대답했다. 정상이란 전망이 중요하지, 어떤 상징물이 있을 곳이 아니라는 것을 안나도 알고 있었다.

가족이란 서로 함께하는 것이다. 책임도 함께 진다. 나는 형제자매들과 남다른 관계가 있다. 동생 귄터와 지그프리트 Siegfried의 죽음을 통해 그렇게 됐다. 만약 내가 귄터에게 기회를 주지 않았다면, 그는 낭가파르바트에서 죽지 않았을 것이다. 그리고 내가 형이 아니었다면 나를 따르지 않았을 것이며, 루팔 벽에서 뒤따라 올라오지도 않았을 것이다. 내가 남이라면, 그가 그런 모험을 했을까? 우리는 서로 책임을 지고 있었기 때문에 당연히 함께 행동했다. 나는 죽지 않고 살았으며, 충격을 받은 가족을 위해 책임을 다해야 한다는 것을 배웠다. "그가 눈사태로 죽은 것은 내 책임이 아니야."라고 내가 말할 리가 있겠는가? 동생의 죽음은 나의 책임이다. 나는 그 짐을 지고 살고 있다. 그런데 왜 다른 사람들이 헛소문이나 퍼뜨리면서 날뛰는지 나는 이해할 수 없다. 지그프리트는 1985년 — 이때 나는 티베트의 카일라스에 있었는데 — 돌로미테 암벽에서 벼락을 맞고 며칠 뒤 뇌 손상으로 죽었다.

이런 일에도 불구하고 나는 등반을 포기하지 않고 계속했고, 다리가 견딜 때까지 지구의 오지를 두 번이나 돌아다녔다. 나는 오를 수 있는 끝까지 올랐지만 그 이상은 가지 못했다. 그리고 가족과 농장이 있는 유발 성으로 돌아왔다. 이렇게 내 세상으로 돌아오니 거기에 참다운 생활이 있었다. 깔끔하게 깔린 보도와 주위를 둘러싼 푸른 숲, 양과 말들 그리고 농가의 뜰과

패놓은 장작들, 거기에 고요와 신선한 공기까지…. 이런 행복이 어디 있을까? 나는 오랫동안 꿈만 꾸며 살아왔는데, 일흔 살의 나이에 새로운 일을 갖게 됐다. 이제는 농장이라는 둥지에서 친구와 가족들 그리고 특히 나를 위해 헌신해온 아내와 함께 더 이상 나 자신을 고집하지 않고 살 것이다. 나는 이들 덕분에 자유를 되찾게 되어 인생의 말년에 에너지를 다시 얻고, 잘 자라는 아이들과 행복하다. 착한 아내는 책을 직접 쓰지 않았지만, 인생에 대한 자신만의 이야기를 갖고 있다.

68 이웃

어려서 나는 어떻게 자랐을까? 나는 이웃 아이들과 마을이나 남 티롤 필뇌스 계곡의 핏자크에 있는 페터 성에서 지금 아이들과는 전혀 다른 체험을 했다. 우리는 함께 몰려다니며 숲과 냇가 그리고 마을의 거리에서 놀았다. 오늘날 아이들은 어두컴컴한 방에 틀어박혀 혼자 비디오 게임을 하거나 텔레비전을 본다. 그들이 집을 떠나는 것은 겨우 학교나 갈 때다.

나는 언제나 밖에서, 양계장이나 농가 뜰에서 다른 아이들과 놀았다. 그런데 지금은 어쩌다 지나가도 아이들이 고향의 계곡에서 노는 것을 보지 못한다. 내가 어렸을 때는 산악지대에서도 멀리 떨어진 이웃과 노는 것이 보통이었다. 그것이 학습과정이고 문화를 습득하는 길이었다. 그런 인간관계에서 의식과 오랜 세월의 유대, 이웃에 대한 사랑이 마련됐다.

고원지대 사람들은 그들 인생의 대부분을 친척이나 친구들과 함께 마을이나 인근에서 보낸다. 그렇게 사는 것이 각자의 책임이었으며, 당연한 것이었다. 이때 사람들은 자기 집안보다는 남들과 더 가깝게 공동체를 이루며 살았다. 밖은 바로 산이며 안은 작은 전통사회로, 100명 남짓한 이웃은 서로가 잘 알고 지냈다. 여기에 외로움 따위는 없었다.

결혼 후에 사람들은 대부분 그들이 태어난 곳을 떠나 아주 멀리 간다 해도 결국은 친척이 때때로 찾아올 수 있는 곳으로 이사 갔다. 그 옛날, 국가라는 형태가 생기자 그런 감정이 더욱 심해졌다. 그러다 많은 전통사회가 통폐합되거나 사라졌다. 그러나 고산지대는 당당한 이주민 체제가 남아있어서 왕래는 자유롭지 못해도 집단으로서의 강력한 공감을 유지하는 생활 형태를 갖고, 상호 간의 책임의식과 자기 이해가 공동체에서 형성됐다. 계곡의 주민들은 그들 나름대로 자부심이 많았다. 그것은 오만이 아니라, 자기들이 그곳의 주인이라는 강한 의식에서 온 것이었다.

근 100년 전만 해도 이 작은 공동체 안에서 때때로 의견 충돌이 일어났다. 나는 고원지대가 아닌 평지에서도 논란이 일어난다는 것을 알게 됐다. 이웃 간의 갈등이 벌어지는 일이 점점 빈번해졌기 때문이다. 멀리 살든, 아니면 정말 바로 옆집 이웃이든 사람들을 쫓아내 버리는 일까지 생겼다. 사람들은 이웃을 못살게 하기 위해 건축허가를 방해하고, 때로는 길을 막아버리거나 당국에 민원을 제기한다. 그러면 고발장이 접수되고 통행

권이 거부당한다. 이것은 모두 이기주의 때문이다. 하지만 사람은 누구나 곧 누군가의 이웃이다.

마흔 살에 나는 생명보험에 가입하는 대신 농가를 샀다. 처음에는 아무런 문제가 없었다. 시비를 거는 이웃이 있을 것이라고는 생각하지 않았다. 망가진 집은 다시 지어지기를 누구나 바란다. 밭은 황폐하고 집은 파손됐으며 길은 다닐 수가 없었다. 언젠가 원정에서 돌아오니, 주 진입로가 폐쇄되어 농가에 접근할 수 없었다. 가장 가까이에 있는 이웃이 내가 옆에 있는 것이 싫었던 것일까? 나는 곧바로 나의 권리를 내세워서 길을 터 농가를 고치고 수로를 만들었다. 그리고 숲길과 고원목장 사용에 관한 복잡한 관습법을 터득했다.

처음에는 내가 나타난 것에 반대하는 사람이 아무도 없었다. 그 뒤에도 그랬다. 그런데 이웃 하나가 자기의 낡은 집을 현대식 휴양용 별장으로 수리하려 한다면서 400년 된 목조 건물 하나를 나더러 사라고 했다. 나는 그것을 사서 원형에 가깝게 다시 건축했다. 그렇게 해서 400년이나 된 건물이 사라지지 않고 남아있을 수 있었다. 이후 지방 자치단체에서 이곳을 모범보호구역으로 설정해, 이 지역이 경제적으로 이득을 볼 수 있게 했다. 그런데 이것이 지금까지의 좋았던 이웃 관계를 무너뜨리기 시작했다. 바로 옆의 낙농 농가가 나의 주차장을 자기 것이라고 주장한 것이다. 나는 주차장에 차를 대려다 거부당했다. 결국 개인의 영역과 이웃을 나의 비용으로 지켜주는 꼴이 됐다. 슈날스 계곡에서는 자기들의 결속을 강조하기 위해 말도 안 되는 소문을 퍼뜨렸는데, 그것은 내가 한 가족을 '고향'에서 추방시키려 한다는 것이었다. 다행히 이웃의 주장이 근거가 부족해, 내가 문화재 하나를 구한 것으로 끝이 났다. 내가 원했던 것은 농장을 개발하고 건물을 유지해 산악 농부의 문화가 쇠퇴하는 것을 막는 것이었다.

나는 그런 역사를 많이 알고 있어서 자료를 통해 사실을 알렸다. 그 역사는 질투와 위선과 밀고가 널리 퍼졌다는 이야기나 다름없다. 그리하여 이것이 작은 공동체와 오랜 세월 전해 내려온 생활방식을 끝내 무너뜨리고 말았다. 이제 이웃은 거리를 따질 것 없이 서로가 불안해하고 있다. 시골이 도시처럼 되고 있는 것이다. 나도 포수가 주위를 살피고 나서 잡은 것을 모으듯 달라지기는 했지만, 해마다 관대해졌다. 이런 것보다 더 중요한 것이 이웃과 잘 어울리는 것이 아닐까? 이웃의 가치가 어쩐지 만년설과 바위 그리고 그 땅덩어리가 하나로 된 산에서보다 덜하다고 느껴진다. 그러나 사회는 이웃 없이는 존재하지 않으며, 만약 서로 침해한다면 도시문화는 성립되지 않는다. 산에서 살아남지 못했다면 나는 내 자영농장의 미래를 걱정했을 것이다.

나는 지금도 정해진 일을 답습하는 나의 모습을 상상할 수 없다. 나는 노동자들을 존경하는데, 이들은 내가 한 번도 속해 보지 못한 세계에 있기 때문이다. 나는 끝까지 그 세계에 다가갈 수 없었다. 내가 귀족이나 특권층이라는 이야기가 아니라, 새장과 같은 그 속에서 타임 레코더처럼 사는 것을 나 자신이 견딜 수 없다는 이야기다. 본능을 동물의 세계로 추방한 지식인도, 영웅적이고 낭만적인 이상을 그리워해 박물관에 모신 전통적인 알피니즘도 나는 믿지 않는다. 동물처럼, 나는 이성적인 인간이 멀리하는 세계에서 본능을 따라 나의 살길을 찾았다. 그것은 사회가 가르친 도덕이 아니고, 단단한 이웃의 유대와 관용, 공감이 하나의 공동체를 만드는 실제 경험에서 배운 것이다.

6 해방

산악지대를 뒤덮었던 몬순기의 안개가 갑자기 걷혔다. 수목이 울창한 계곡 위로 산들이 모습을 드러냈다. 단순한 흑백 대비에서 벗어나 바위와 눈, 흰 뭉게구름이 하나가 되어 산기슭을 둘러쌌다. 하늘을 찌를 듯이 솟아있는 마칼루의 눈부신 봉우리, 믿어지지 않는 높이였다. 정상은 아직 몬순의 짙은 잿빛에서 벗어나지 못했다. 그 모습이야말로 뭐라고 형언할 수 없었다. 마칼루가 세계 제5위의 고봉이라는 것을 나는 잘 알고 있었다. 그 왼쪽으로 좀 떨어져 로체와 에베레스트가 흩어진 안개 속에서 보일 듯 말듯 눈에 띄었다.

이 순간의 광경은 다시 오지 않을 것이다. 기억이 새록새록 솟아올랐다. 내가 이 산을 처음에는 어떻게 바라보았는지, 이 산을 네 번째 올랐을 때의 느낌이 어떠했는지, 아내 자비네와 집으로 돌아가는 길 또한 어떠했는지. 행복에 충만한 그 감정이란…. 과연 원정등반이 그리울까? 아니다. 나는 다시 그렇게 높이 올라갈 수 없는 것을 아쉬워하지 않는다. 히말라야는 이미 충분히 경험했다.

전진이란 계속해서 더 멀리 그리고 높이 가는 것을 의미하지 않는다. 오늘날 나에게 자기 결정이란 다른 사람들을 위해 더 많은 시간을 쓴다는 뜻이다. 지난 30년 동안 나는 산에서 내려온 사람이었으며, 언제나 그렇게 했다. 더 이상 높이 오르지 못하는 것은 일단 정상에 선 사람에게는 당연한 이야기다.

나에게는 비밀이 없다. 물론 다른 사람보다 경험이 더 많을지 모른다. 그럼에도 나에게 인간은 대단히 비밀스러운 존재로 다가온다. 인간은 열정으로 무엇이든 도전하기도 하고, 탐욕으로 모든 것을 망치기도 한다. 이 내면적 분열을 해소하는 것이 모험이라는 나의 전략이었다. 감동 없는 성공은 없다. 하지만 성공이 오직 성공을 위하다 보니 모든 것을 빨리 잃고, 지난날의 성공이 별것 아닌 것이 된다. 세월이 흘러가면서 생활이 날로 새로워진다. 많은 사람들이 지금까지 쌓아올린 것을 자랑하지만, 나는 오직 나의 목표에만 집중했다. 세월이 흘러가는 가운데 나는 나의 뜻을 좇아 미숙하고 느릿하게 지낼 수밖에 없었다. 생각하는 것도 그랬다. 광야에서 생사의 갈림길에 섰을 때 나는 온갖 고투 끝에 살길을 찾았고, 결국 살아남았다. 그런데 문명사회에서 나는 사람을 현혹시키는 것과 싸워 이기지 못했다. 무엇보다도 인내가 필요했다. 그것은 예기치 않았던 불가사의한 일들로 때때로 나를 꼼짝 못하게 만들었다. 나는 많은 것을 포기하겠다는 심정으로 관례와 싸웠다.

나의 모든 진실은 거의가 다 실천적인 생활 덕분이다. 학습이나 몽상에서 온 것이 없다. 이때 나는 다분히 이질적인 결정을 일삼고, 문명과 잘 맞지 않는 요구를 해왔다.

나는 행복했던 지난날을 돌아보지 않고, 자연에 나 자신을 맡겨 그 안에서 살아남았다. 쉽게 초조해지고 격앙하기 쉬운 기질임에도 그랬다. 이렇게 해서 나는 고뇌와 불안을 스스로 억제하고 극복하는 법과 책임 있게 행동하는 법을 배우고, 이에 적응했다. 언제나 한 분야에서 가능한 모든 노력을 다하고 나면, 그때마다 새로운 종류의 도전 과제와 함께 새로운 목표가 생겼다. 나의 도전은 단순히 '무한'을 노린 것이 아니라, 나 자신에 대한 표출이었다.

나는 한 번도 행복을 붙잡아두려 하지 않았다. 나는 대부분 행복하다는 사실을 인지하지 못한 채 행복을 누렸다. 나의 삶을 가치 있게 만든 것은 생각이 아니라 행동이었다. 하지만 언제나 그랬던 것도 아니다.

이제 더 이상 따질 것 없다. 나는 마침내 해방됐다. 계속 의미를 찾다가는 결국 행복마저 잃는다. 그러면 의미도 행복도 사라진다. 사실 그 의미와 행복은 나 자신에게 있다.

문명사회에서 우리는 내면의 가치가 아니라 겉치레로만 평가된다. 그래서 이 문명을 유지하고 있는 사람들이 나의 본보기다. 이들에게 자기 결정이란 없다. 이들은 자신의 의무를 다하면서 초조해하지 않고 남을 도울 줄 안다.

이 일꾼들은 자신이 하는 일 — 농사를 짓든 공장에서 일을 하든 — 에 맞추어 살아간다. 불만의 목소리도 없다. 이들은 응급상황에서도 정신을 바싹 차리고 남을 도울 줄 안다.

나는 어떤 모험가들보다도 이들을 보며 경탄한다. 이들이 해내는 일은 참으로 훌륭하다. 하지만 이들이 해내는 일이 대수롭지 않게 평가되기도 한다. 이들보다 성취가 적은 사람들이 인정을 받고 이들이 무시되는 경우가 많기 때문이다. 나는 내가 특권을 갖고 있다는 것을 아는데, 내가 하는 일은 중요하거나 유용하지 않다. 나는 산에 오르고, 극지에 갔으며 수직의 벽을 올라갔다. 나는 인간으로서 할 수 있는 것을 일상생활에서 해보였을 뿐이다. 지적 고민을 가진 사람은 나가서 탐구하며, 참고 견딜 수 있는 사람은 자신이 하고 싶은 일을 한다. 또한 재주 있는 사람은 수공업을 하고, 예술가는 자신을 표현한다. 그리고 용기 있는 사람은 자신의 의무를 다하며, 모험가는 미치기를 좋아한다. 그러나 이때 더욱 중요한 것은 그 용기를 행위로 나타내는 것이다.

유익하다는 것이 무엇을 말하는지 사람들이 묻는다. 그것은 어떤 것이며, 누구를 위한 것인가? 주식배당이 보장되는 일이나 하는 자, 즉 필요한 일을 하려 하지 않고, 필요 없는 것을 사기 위해 마음에도 없는 일을 하는 자는 결코 자유로워질 수 없다. 또한 모든 것을 가지려 하고 아무리 가져도 만족하지 못하는 자는 자기가 결정하는 삶에서 결코 자신의 기대치에 도달할 수 없다. 무엇을 하든지 간에 인간이 받는 보상이란 노력 그 자체다.

귄터와 내가 낭가파르바트로 떠났을 때 우리는 젊은 지그프리트('니벨룽겐의 노래'에 나오는 영웅: 역자주)였다. 우리는 중산층 출신이 아니라 가난한 남 티롤 출신이었다. 우리는 동물적인 본능 외에 불굴의 정신과 산에서 죽을 수도 있다는 단단한 마음을 갖고 갔다. 우리에게는 신앙고백이나 이에 따르는 법전 따위란 없었으며, 성공 뒤의 일을 생각하지도 않았다. 우리에게는 고원지대와 걸리와 암벽이 있을 뿐, 산장이 없었다. 대신 비박을 할 곳과 마실 물이 있었다. 시간도 많이 걸리지 않았다. 장엄한 대자연을 오롯이 기대할 수는 없었다. 우리는 그저 방랑자 신세였지만 모든 일이 무리 없이 진행되었으며, 시민생활과 완전히 동떨어진 나날이었다. 신변의 안전을 두려워하는 사람은 우리와 같이 불안을 꿈꾸는 곳에는 절대로 나타날 수 없다.

거의 반세기가 흘러간 지금에야, 세상에는 실로 다양한 삶이 있다는 것을 깨달았다. 그런 가운데 우리는 우리의 길을 올바르게 찾아갔다.

언제나 나의 방향을 제대로 잡아준 것이 비극과 사고, 비방하는 사람들이었다. 나는 도움이 되는 정보를 받은 적이 없고, 돈이나 명예에 현혹되지도 않았다. 나는 그저 저항만을 뚫고 나갔다. 물론 나는 온힘을 다해야 했으며, 다행히 그렇게 할 수 있었다. 이것이 나에게 주어진 인생이었다.

7890123456
7 끝으로

젊어서부터 나는 배타적인 산악계와는 거리가 멀었다. 그런데 지금은 내 경험의 세계를 다른 사람들에게 나누어줄 수 있어 무척 기쁘다. 나이가 들면 의욕이 점점 감퇴된다. 더불어 체력과 인내력이 소실되고 즐거움도 줄어든다. 우리는 누구나 죽음을 피할 수 없다. 나는 날이 갈수록 편안한 시간이 늘고 있다. 한때는 결과에 신경을 썼지만, 지금은 나이에 신경을 쓰게 됐다. 그러나 나이는 우리가 어떻게 할 수 없다. 이제 할 일을 다 했으니 무엇을 더 하겠는가. 하지만, 인생이 노년을 맞으니 거기서 의미를 찾는다. 나는 에베레스트에 올랐고, 고비 사막과 아이거 북벽도 체험했다. 그러니 이제 내 생의 의미를 더 물을 것이 없다. 나는 별것 아닌 나의 재능을 그나마 다 부렸고, 그것으로 나 자신을 모두 나타냈다. 그러나 이렇게 '쓸모없는 것'을 정복한 것으로 내 인생이 끝났다고 생각하지는 않는다. 내가 남달리 의무감을 느낀 것은 전통적인 알피니즘이었는데, 나는 그것을 위해 남 티롤 브루넥의 크론플라츠에 나의 마지막

박물관을 준비했다. 최후의 광야에서 체험한 것들을 중시해, 여기에 대자연 산악지대의 일부를 보존하려는 것이다. 산에 대한 도전은 규제 없는 위험공간을 전제로 하는데, 전통적인 등산을 규제하려는 모든 기도는 언제나 자의적이며 산의 도전에 반한다. 오늘날 "알프스를 더욱 안전하게"라고 크게 내세우는 일부의 흐름은 산이 원상으로 돌아가지 못하게 하거나 광범위한 '대자연'을 회피할 때 아무런 힘을 발휘하지 못한다.

내 친구 한스페터 아이젠들Hanspeter Eisendle은 토론할 가치가 없는 것에 대한 토론은 하지 않겠다고 말한다. "자연암장에서 필요한 곳에 쓰이는 볼트 하켄이나, 실내암장을 위한 합성수지로 된 빨갛고 파란 인공홀드는 특권층을 위한 것이 아니다.(기회균등!)"

그는 등반 확보용으로 복잡한 장치를 만들어낸 자를 용기있게 비판했다. 그리고 '독일 산악연맹'이 회원을 늘리려고 실내암장을 운영하거나 인기 있는 등반 루트를 사용자 기분에 맞도록 정비하는 일은 등반의 미래를 위해서도 방치할 수 없는 일이라고 비난했다.

오늘날 '돌로미테 인디언'으로 알려진 한스페터 아이젠들은 이렇게 반대이론을 펴고, 자기 고향의 산을 보호하기 위해 앞장서고 있다. 그리하여 그는 "등반 및 산 정화위원회를 만들어 난맥상을 이루고 있는 암벽을 조속히 원상으로 되돌려야 한다."라고 주장한다. 그의 결정적인 문제 제기는 "독일 산악연맹

DAV의 장래를 보장해야 하는가, 아니면 우리들의 자연을 지켜야 하는가?"이다.

독일 산악연맹은 특히 이 문제를 지금까지 소홀히 다루어 완전히 신뢰를 잃어버렸다. 산악연맹이 가장 먼저 해야 할 일은 이 분야에서 선동분자를 추방하는 일이다.

"하일리히크로이츠코펠에서 앞으로 30년 동안 사람들이 볼트 하켄으로 새로운 길을 내지 않는다면 추락 사고는 줄어들 것이다. 하지만 전적으로 도시생활 하듯 산에 가는 사람들은 어떻게든 자기의 놀이터로 만들고 싶을 것이다." 내가 이렇게 강한 의견을 피력하고, 한스페터 아이젠들 같은 친구들이 내 생각을 지지해주는 한 '전통적인 알피니즘'은 걱정 안 해도 될 것이다.

나에게 전통적인 모험가란 오직 자신에게 철저한 개인주의자로, 책임을 질 줄 아는 파트너다. 나는 산에서 다른 사람이 정서적이고 실천적으로 보이더라도 나와 맞는지 비교해본다. 문명사회에서는 정신적으로 파멸할 위험이 있으며, 나는 공동체와의 싸움에서 고통을 겪고 있다. 그러나 광야에서는 그런 일로 손해를 보지는 않는다. 만일 나의 개성이 병들어 세상에 의존하고 끌려 다녔다면, 나는 모험을 포기할 수밖에 없었을 것이다. 완전히 독자적인 나의 길을 어떤 권력의 간섭도 받지 않고 정신적인 안정 속에서 추구한 것이 내 생의 기술이었다. 왜냐하면 자발적인 동기를 구사하고 스스로의 책임으로 위험지대에 뛰어드는 데는 많은 경험과 앞을 내다보는 지혜가 전제되어야 하기 때문이다. 그것은 외부의 지시나 간섭으로 되는 일이 아니다.

이렇듯 인간의 본성은 오직 생존에 있다. 그리고 그 내면의 법칙에는 모험을 통한 단련이 따른다. 인간에게 법칙과 도덕, 전통과 종교가 없다면 우리의 존재는 무엇일까? 우리는 매우 비굴할 것이고, 진취적인 기상은 찾아보기 힘들 것이다. 그러므로 나에게는 살아남는 것이 '인생론'의 기초다.

자신의 길을 선택하는 권리에는 의무와, 인생을 성공적으로 살 수 있는 가능성이 들어있다. 이때 계속적인 발전과정에서 '허용'과 '금기'가 오가며, '가능'과 '불가능' 사이에서 긴장감이 형성된다. 자일파티는 복종이나 부담을 문제 삼지 않으며, 자발적이면서도 스스로의 책임으로 일을 추진하고 자신의 능력을 발휘한다. 그리하여 우리는 새로운 계획을 일삼고, 그것으로 자신의 존재를 확인한다. 스스로가 이렇게 하는 동안 동기가 발생하고, 자신의 이념을 현실화하기 위한 전제조건이 형성된다.

자일파티에서 개인주의의 본질은 불안에 있으며, 이것은 경험과 감동 그리고 정신력에 따라 좌우된다. 그리고 그 불안은 종교나 절대군주와 관계가 없고, 백일몽과 행위 자체에서 온다. 모든 결단은 공동으로 이루어지기 때문에 — 서로 말이 없어도

— 그들의 이상 성취는 배가된다. 우리가 살고 있는 작은 공동체에는 인간 본성의 법칙이 있는데, 그것이 우리가 살면서 하는 일을 이해하는 데 도움을 준다.

그러나 에베레스트에 오르고 싶은 생각에 사로잡혀도 몸이 아프고 나이가 들어 행동할 수 없으면, 우리는 자신의 한계를 알고 추억 속에서 살게 된다. 나는 인생의 모든 것을 바치고 그 대가를 받았다. 나는 정말로 자주 내가 바칠 수 있는 것을 모두 다 바쳤다. 죽지 않으려고. 그것은 내가 훗날 티베트에서 알고 나서 인상이 깊었던 일종의 만트라처럼 나 자신의 욕구였는지도 모른다. 티베트의 인사는 '칼립페', 즉 '언제나 편안한 걸음으로'이며, 길을 떠나는 사람에게 하는 말이다. 이 '칼립페'는 우리의 '베르그하일'과 같다. 나는 고향으로 돌아간 다음 모두에게 이렇게 인사하는데, 이것은 광야에서 모험을 일삼고 있는 사람들에 대한 인사며, 동시에 인간의 본성과 삶에 대한 모든 답이 들어있는 위험지대를 경험한 나의 철학이다. 적어도 산과 광야가 위험 공간으로 남아있는 한….

나는 환경에 순응하지 못한 채 대자연을 알려고 나선 사람이다. 나는 이상과 아름다운 것, 새로운 것들을 찾아 나섰다. 그래서 나는 멀고도 먼 광야로 갔으며, 그곳에서 있는 그대로의 자연과 만나고 싶었고, 참다운 인간성의 비밀을 알아보고 싶었다.

책을 옮기고 나서

지난 해 초 라인홀드 메스너가 인생에 대해 글을 썼다는 것을 알게 됐다. 그 책의 표제가 바로 『ÜBER LEBEN』, 영어로 말하면 'On Life'이니 '인생에 대해서'이다. 나는 이 새로 나온 책을 펴들자 메스너의 마지막 책이라는 생각부터 들었다.

메스너는 1944년생이니 그가 칠순을 맞으며 이 책을 펴낸 셈인데, 지금까지 많은 책을 썼지만 그중 단연 돋보인다. 간단히 말해서 지난날의 책들은 거의 산행기였는데, 이번 것은 그런 산행기와 전혀 다르다. 그렇다고 수상록이나 수필도 아니다. 메스너는 산행을 끝내면 으레 책을 쓰고 강연을 했는데, 이 책을 읽으며 나는 마치 그의 강연을 듣는 기분이었다. 강연에는 그때마다 주제가 있기 마련인데, 이 책에 나오는 70개 항목의 작은 제목들 하나하나가 바로 강연 제목으로 보아도 좋을 것 같다.

메스너는 알피니스트로 뛰어났을 정도가 아니라 세계 산악계에서도 보기 드문 존재다. 거기에는 남다른 글 솜씨도 한몫한다. 그는 대학에서 공학을 공부했는데, 그의 글과 생각은 공학도가 아니라 철학도 같은 느낌을 준다. 등산은 원래 사람과 산의 만남으로 이루어지지만, 메스너는 일반 산악인과 달리 자연과 인간의 관계를 보고 있다. 세상을 보는 눈이 다르다. 그의 인생론인 셈이다.

나는 긴 세월 등산세계에서 살아오며 역사적 인물과 그들의 책을 읽었으며, 메스너 책도 여러 권 우리말로 옮겼다. 그러면서 나 자신 그에게서 많은 것을 얻었다.

메스너의 인간성은 특이하다. 그처럼 자아의식이 강한 사람도 흔치 않다. 메스너의 산행기는 그런 인간이 살아온 이야기며 그것이 이 책에 잘 나와 있다. 그는 '자기 결정', '자기 책임'··· 식으로 '자기'를 강조한다. 남달리 한계 도전으로 일관했던 메스너로서는 당연한 일일 것이다. 죽음의 지대에서 혼자 싸울 때 믿고 의지할 것은 '자기'뿐이라는 주장이다.

사실 메스너만큼 그런 극한의 세계에서 싸우고 살아온 사람도 없다. 극한등반에 나오는 '한계상황'이나 '죽음의 지대'라는 말은 메스너의 조어造語나 다름없다. 뿐만 아니라 이른바 등반 난이도 체계에 제6급이라는 상한선을 없앤 것이 바로 메스너였다. 그의 책 『제7급』이 그것을 증명하고 있다. 지금은 산악계에 '익스트림 클라이밍'이라는 말이 유행하고 있지만, 그런 말이 나오기 전에 메스너는 혼자 그 길을 갔다.

이번에 메스너가 쓴 책은 그 표제부터 이색적이다. 'ÜBER LEBEN' 자체는 흔한 표현이지만, 그 말이 'ÜBERLEBEN'(생존)이라는 낱말에서 왔다는 것이 흥미롭다. 독일어에는 언어의 희롱이 적지 않은데, 그의 인생론 표제도 이런 말재주에서 왔다. 다시 말해서 'ÜBERLEBEN'이라는 낱말을 뗐다 붙였다 하며 그때그때 전용하는 솜씨가 남다르다. 그리하여 메스너는 인생론을 'ÜB ERLEBEN', 'ÜBERLEBEN', 'ÜBER LEBEN' 셋으로 전개했다.

메스너는 일찍이 히말라야 8천 미터급 고봉 14개를 인류 역사상 처음으로 완등하고, 그 체험기를 『ÜBERLEBD』(나는 살아서 돌아왔다: 김성진 역)로 내놓았다. 말 그대로 한계상황인 죽음의 지대에서 죽지 않고 살아 돌아왔다는 이야기다.

그는 1970년 낭가파르바트 원정에 참가하면서부터 극한세계에 뛰어들었다. 그 뒤 히말라야 고산군을 비롯해서 남극과 북극 등 극지 탐험에 몽골 고비 사막까지 뚫고 나갔다. 그 과정에서 에베레스트 무산소 등정을 성취해 알피니즘 역사에 획기적인 전기를 마련했으며, 이어서 낭가파르바트(8,126m)를 6일 만에 알파인 스타일로 등정해냈다. 이로써 '한 인간과 8,000미터'라는 참신한 등산 개념과 과제를 세계 산악계에 내놓았다. 그의 인생론은 그렇게 살아온 저변에 깔린 그의 감정이며 의식인 셈이다.

나는 인생을 지식과 체험의 누적 과정으로 보며, 산악인은 등산세계에서 바로 그 과정을 밟고 있다고 생각한다. 조지 핀치가 "등산은 스포츠가 아니라 삶의 방법"이라고 했는데, 그 이상 가는 말을 나는 등산에서 찾지 못한다. 나도 산악인의 한 사람으로서 그의 말을 전용해 "산악인은 생활인이어야 한다."라고 주장한다. 등산은 여가선용이나 건강을 위한 것이 아니며, 생활의 연장이고 생활 자체라는 이야기다.

라인홀드 메스너의 경우는 어떤가. 그에게 등산은 바로 인생이었으며, 등산을 빼면 그의 인생은 없다. 그는 평생 직업이 없었다고 스스로 말하고 있다. 그의 긴 인생에서 잠깐 색다른 시기가 있었다면 유럽의회 의원이었다는 것이나, 임기가 끝나자 그는 바로 몽골 고비 사막으로 가버렸다. 또한 고향에서 산간 농부 생활을 했지만 그것이 그의 직업은 아니었다.

역사상 뛰어났던 등산가는 보통 단명短命했다. 예외가 없는 것은 아니나 그토록 거칠고 험한 길에서 살아남기가 결코 쉽지 않다는 이야기다. 메스너가 자기 인생론을 쓰면서 그 주제를 '생존'으로 한 뜻도 이런 데서 찾을 수 있을 것이며, 내가 이 책을 메스너의 마지막 책으로 보는 이유도 거기 있다. 물론 그는 앞으로도 글을 쓰겠지만 그것은 필경 수상이나 수필일 것이며, 그의 인생론은 넘지 못하리라고 생각한다.

메스너가 칠순을 맞으며 70개 항목에 걸쳐 내놓은 이번 책은 결코 진부하고 천편일률적인 형식논리가 아니며, 더구나 교육적이거나 도덕적이지도 않다. 그의 주제 전개가 산만하지 않고 난삽하지도 않은 것은 그것이 바로 자기 체험의 소산이기 때문이리라. 그러면서 그 속에서도 유난히 돋보이는 것들이 있다. 가셔브룸1봉 도전 때의 이야기나, 히말라야 고봉 무산소 도전, 리카르도 카신을 대장으로 했던 이탈리아 로체 남벽 도전 등은 그 자체가 축소된 등반기면서 독특한 뉘앙스를 안겨준다. 그것은 메스너의 남다른 인간성에서 오는 것이 아닐까 생각한다.

산에 가는 사람은 많아도 자기 체험기를 남기는 사람은 적다. 그리고 등산가로 인생론을 쓴 사람은 거의 없다. 메스너는 명실공히 세계 최강의 알피니스트다. 그런데 그는 주변에 적지 않은 적을 가지고 있다. 그를 따라가지 못하는 자들의 질투와 불만에서 온 것이겠으나, 메스너 자신은 그들과 정면으로 싸우지 않았다. 그들이 메스너의 명성을 헐뜯어도 그가 이룩한 것을 부정하지는 않았기 때문이다.

메스너는 자기만을 믿다 보니 신神을 믿지 않았으며, 자기 일을 운명에 맡기지 않았다. 그는 언제나 자기 능력의 한계에 도전했지만 끝내 감정을 넘어서지 못했다. 1970년 낭가파르바트에서 동생 권터를 잃었을 때의 고난과 시련은 평생 그를 따라다녔다. 그처럼 절박했던 당시의 이야기가 짧게 압축된 글로 이 책 '죽음'에 나온다. 카오스나 다름없는 상황에서 길을 뚫고 나갈 때 으레 뒤에서 오리라고 믿었던 동생 권터가 보이지 않아 그는 오던 길을 되돌아갔다. 그때 그를 엄습한 회의와 공포와 절망은 제3자는 결코 알 수 없다. 당시 메스너는 산악계에 알려져 있지 않았을 뿐더러 히말라야 고봉과 처음 부딪친 처지였다. 그러나 그때를 기점으로 오늘의 메스너가 만들어졌다.

과거는 누구에게나 조용한 회상으로 남아있다. 그런데 메스너에게는 그렇지 않았으며 끝까지 자신을 괴롭혀왔다. 그가 살아오며 넘은 숱한 산과 고개에서 1970년의 낭가파르바트만큼 힘든 길은 없었다. 그러나 강철 같은 철인도 어려서 형제들과 겨울 산행하던 때를 잊지 못하고 있다. 얼어붙은 물을 찾아내 산장에서 그 물로 따끈한 커피를 끓이고 굳은 빵조각으로 얼고 지친 몸을 녹이던 이야기를 칠순의 노 산악인이 그의 인생론 한구석에 남기고 있다.

이 책은 『Reinhold Messner ÜBER LEBEN Piper Verlag GmbH, München 2014』를 번역 대본으로 사용했다.

2016년 7월, 김영도

세로 토레

메스너, 수수께끼를 풀다 • 체사레 마에스트리의 1959년 파타고니아 세로 토레 초등 주장은 오랫동안 논란을 불러일으켰다. 라인홀드 메스너가 세로 토레 초등의 진실을 추적했다.

라인홀드 메스너 지음 | 김영도 옮김 | 26,000원

Fallen Giants

히말라야 도전의 역사 • 높고 위험한 히말라야의 여러 산에서 기술과 담력을 시험하려 했던 많은 모험가들. 생생하고 풍부한 삽화, 사진과 함께 50년 만에 최초로 히말라야 도전의 방대한 역사를 정리했다.

모리스 이서먼, 스튜어트 위버 지음 |
조금희, 김동수 옮김 | 62,000원

FREEDOM CLIMBERS

자유를 찾아 등반에 나서는 폴란드 산악인들의 놀라운 여정 • 제2차 세계대전과 그에 이은 억압적 정치상황을 뚫고 극한의 모험을 찾아 등반에 나섰던 폴란드 산악인들. 이들은 결국 세계에서 가장 강인한 히말라야 산악인들로 거듭났다.

버나데트 맥도널드 지음 | 신종호 옮김 | 43,000원

중국 등산사

중국 등산의 기원과 발전 과정에 대한 철저한 기록 • 다음 세대를 위한 역사적 근거와 간접 경험을 제공하고자 중국 국가 차원에서 기획하여 고대, 근대, 현대를 아우르는 등산에 관한 자료를 최대한으로 수집하여 정리했다.

장차이젠 지음 | 최유정 옮김 | 47,000원

일본 여성 등산사

후지산에서 에베레스트까지 일본 여성 산악인들의 등산 역사 총망라 • 7년에 걸쳐 방대한 자료를 수집하고 정리하여 완성한 최초의 일본 여성 등산사이다. 부조리와 난관을 극복해 가는 일본 여성 산악인들의 위대한 발걸음의 궤적을 확인할 수 있다.

사카쿠라 도키코, 우메노 도시코 지음 | 최원봉 옮김 |
31,000원

더 타워

세로 토레 초등을 둘러싼 논란과 등반기록 • 자만심과 영웅주의, 원칙과 고생스러운 원정등반이 뒤범벅된 이 책은 인간의 조건을 내밀하게 들여다보게 하며, 극한의 노력을 추구하는 사람들의 존재 이유를 적나라하게 파고든다.

켈리 코르데스 지음 | 권오웅 옮김 | 46,000원

산의 전사들

슬로베니아 알피니즘의 강력한 전통과 등반문화 • 국제적으로 명성이 자자한 산악문화 작가 버나데트 맥도널드가 슬로베니아의 알피니즘이 그 나라의 험난한 정치 역사 속에서 어떻게 성장하고 발전했는지 읽기 쉽게 정리했다.

버나데트 맥도널드 지음 | 김동수 옮김 | 37,000원

WINTER 8000

극한의 예술, 히말라야 8000미터 동계등반 • 한겨울에 세계 최고봉들을 오르려 했던 얼음의 전사들! 그들의 고통과 노력, 성공과 실패에 대한 이야기를 버나데트 맥도널드가 상세하게 서술했다.

버나데트 맥도널드 지음 | 김동수 옮김 | 33,000원

에베레스트 정복

에베레스트 전설적인 초등 당시의 오리지널 사진집(흑백사진 101점 + 컬러사진 62점) • 에베레스트 초등 60주년 기념 사진집. 초등 당시 등반가이자 사진가로 함께했던 조지 로우가 위대한 승리의 순간들을 찍은 뛰어난 독점 사진들과 개인 소장의 사진들을 모아 펴냈다.

조지 로우, 휴 루이스 존스 지음 | 조금희 옮김 |
59,000원

꽃의 계곡

아름다운 난다데비 산군에서의 등산과 식물 탐사의 기록 • 뛰어난 등산가이자 식물학자이며 저술가였던 프랭크 스마이드가 인도 난다데비 산군에서 등산과 식물 탐사를 하며 행복하게 지냈던 넉 달간의 이야기가 펼쳐진다.

프랭크 스마이드 지음 | 김무제 옮김 | 43,000원

캠프 식스

에베레스트 원정기의 고전 • 1933년 에베레스트 원정대에 대한 따뜻한 기록. 프랭크 스마이드가 마지막 캠프까지 가져가서 썼던 일기를 토대로, 등반의 극적인 상황과 산의 풍경에 대한 생생한 묘사를 담았다.

프랭크 스마이드 지음 | 김무제 옮김 | 33,000원

하늘에서 추락하다

마터호른 초등에 얽힌 소설 같은 이야기 • 동반자이자 경쟁자였던 장 앙투안 카렐과 에드워드 윔퍼를 주인공으로 하여, 라인홀드 메스너가 마터호른 초등에 얽힌 이야기를 소설처럼 재미있고 생생하게 들려준다.

라인홀드 메스너 지음 | 김영도 옮김 | 40,000원

무상의 정복자

위대한 등반가 리오넬 테레이의 불꽃 같은 삶과 등반 이야기 • 그랑드조라스 워커룽, 아이거 북벽에 이어 안나푸르나, 마칼루, 피츠로이, 안데스, 자누, 북미 헌팅턴까지 위대한 등반을 해낸 리오넬 테레이의 삶과 등반 이야기가 펼쳐진다.

리오넬 테레이 지음 | 김영도 옮김 | 46,000원

나의 인생 나의 철학

세기의 철인 라인홀드 메스너의 인생과 철학 • 칠순을 맞은 라인홀드 메스너가 일찍이 극한의 자연에서 겪은 체험과 산에서 죽음과 맞서 싸웠던 일들을 돌아보며 다양한 주제로 자신의 인생과 철학에 대해 이야기한다.

라인홀드 메스너 지음 | 김영도 옮김 | 41,000원

엘리자베스 홀리

히말라야의 영원한 등반 기록가 • 에베레스트 초등부터 현재에 이르기까지 히말라야 등반의 방대한 역사를 알고 있는 엘리자베스 홀리의 비범한 삶과 세계 최고 산악인들의 이야기가 흥미롭게 펼쳐진다.

버나데트 맥도널드 지음 | 송은희 옮김 | 38,000원

RICCARDO CASSIN

등반의 역사를 새로 쓴 리카르도 캐신의 50년 등반 인생 • 초창기의 그리냐와 돌로미테 등반부터 피츠 바딜레, 워커 스퍼와 데날리 초등까지 상세한 이야기와 많은 사진이 들어 있는 이 책은 리카르도 캐신의 반세기 등반 활동을 총망라했다.

리카르도 캐신 지음 | 김영도 옮김 | 36,000원

하루를 살아도 호랑이처럼

알렉스 매킨타이어와 경량·속공 등반의 탄생 • 알렉스 매킨타이어에게 벽은 야망이었고 스타일은 집착이었다. 이 책은 알렉스와 동시대 클라이머들의 이야기를 통해 삶의 본질을 치열하게 파헤쳐 들려준다.

존 포터 지음 | 전종주 옮김 | 45,000원

마터호른의 그림자

마터호른 초등자 에드워드 윔퍼의 일생 • 걸출한 판각공이자 뛰어난 저술가이며 스물다섯 나이에 마터호른을 초등한 에드워드 윔퍼의 업적에 대한 새로운 평가와 더불어 탐험가가 되는 과정까지 그의 일생이 담겨 있다.

이언 스미스 지음 | 전정순 옮김 | 52,000원

ASCENT

알피니즘의 살아 있는 전설 크리스 보닝턴의 등반과 삶 • 영국의 위대한 산악인 크리스 보닝턴. 사선을 넘나들며 불굴의 정신으로 등반에 바쳐온 그의 삶과 놀라운 모험 이야기가 가족에 대한 사랑과 더불어 파노라마처럼 펼쳐진다.

크리스 보닝턴 지음 | 오세인 옮김 | 51,000원

프리솔로

엘 캐피탄을 장비 없이 홀로 오른 알렉스 호놀드의 등반과 삶 • 극한의 모험 등반인 프리솔로 업적으로 역사상 최고의 암벽등반가 지위를 획득한 호놀드의 등반경력 중 가장 놀라운 일곱 가지 성과와 그의 소박한 일상생활을 담았다.

알렉스 호놀드, 데이비드 로버츠 지음 | 조승빈 옮김 | 37,000원

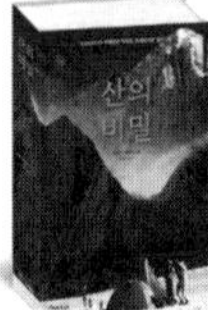

산의 비밀

8000미터의 카메라맨 쿠르트 딤베르거와 알피니즘 • 역사상 8천 미터급 고봉 두 개를 초등한 유일한 생존자이자 세계 최고의 고산 전문 카메라맨인 쿠르트 딤베르거. 그의 등반과 여행 이야기가 흥미진진하게 펼쳐진다.

쿠르트 딤베르거 지음 | 김영도 옮김 | 45,000원

太陽의 한 조각

황금피켈상 클라이머 다니구치 케이의 빛나는 청춘 • 일본인 최초이자 여성 최초로 황금피켈상을 받았지만 뜻하지 않은 사고로 43세에 생을 마감한 다니구치 케이의 뛰어난 성취와 따뜻한 파트너십을 조명했다.

오이시 아키히로 지음 | 김영도 옮김 | 30,000원

카트린 데스티벨

암벽의 여왕 카트린 데스티벨 자서전 • 세계 최고의 전천후 클라이머로, 스포츠클라이밍, 암벽등반 그리고 알파인등반에서 발군의 실력을 발휘한 그녀의 솔직담백한 이야기가 잔잔한 감동으로 다가온다.

카트린 데스티벨 지음 | 김동수 옮김 | 30,000원

Art of Freedom

등반을 자유와 창조의 미학으로 승화시킨 보이테크 쿠르티카 • 산악 관련 전기 작가로 유명한 버나데트 맥도널드가 눈부시면서도 수수께끼 같은 천재 알피니스트 보이테크 쿠르티카의 전기를 장인의 솜씨로 빚어냈다.

버나데트 맥도널드 지음 | 김영도 옮김 | 36,000원